U0567687

BLUE BOOK

智 库 成 果 出 版 与 传 播 平 台

北京蓝皮书
BLUE BOOK OF BEIJING

中国首都发展报告
（2024~2025）

DEVELOPMENT REPORT ON THE CAPITAL

OF CHINA (2024-2025)

组织编写／北京市社会科学院

主　　编／贺亚兰
执行主编／陆小成
副 主 编／何仁伟　刘小敏　贾　澎　徐　爽

社会科学文献出版社
SOCIAL SCIENCES ACADEMIC PRESS (CHINA)

图书在版编目（CIP）数据

中国首都发展报告 . 2024~2025 / 贺亚兰主编；陆
小成执行主编；何仁伟等副主编 . --北京：社会科学
文献出版社，2025.6. --（北京蓝皮书）. --ISBN 978-
7-5228-5175-4

Ⅰ . F127.1

中国国家版本馆 CIP 数据核字第 2025MN5663 号

北京蓝皮书
中国首都发展报告（2024~2025）

组织编写 / 北京市社会科学院
主　　编 / 贺亚兰
执行主编 / 陆小成
副 主 编 / 何仁伟　刘小敏　贾　澎　徐　爽

出 版 人 / 冀祥德
责任编辑 / 张铭晏
责任印制 / 岳　阳

出　　版 / 社会科学文献出版社 · 皮书分社（010）59367127
　　　　　地址：北京市北三环中路甲 29 号院华龙大厦　邮编：100029
　　　　　网址：www.ssap.com.cn
发　　行 / 社会科学文献出版社（010）59367028
印　　装 / 天津千鹤文化传播有限公司

规　　格 / 开 本：787mm×1092mm　1/16
　　　　　印 张：24.25　字 数：363 千字
版　　次 / 2025 年 6 月第 1 版　2025 年 6 月第 1 次印刷
书　　号 / ISBN 978-7-5228-5175-4
定　　价 / 158.00 元

读者服务电话：4008918866

主要编撰者简介

贺亚兰　北京市社会科学院党组副书记、院长，管理学博士、研究员。2009 年北京市宣传文化系统"四个一批"人才，2023 年北京市人民政协理论与实践研究会副理事长。主要从事宣传宣讲、文化发展和人民政协理论研究。参与党的创新理论宣讲、军工文化建设等相关文件起草。承担中央马克思主义理论研究和建设工程重点项目 1 项、北京市社会科学基金项目 3 项、北京市宣传文化高层次人才培养资助项目 1 项。在《人民日报》《求是》《光明日报》《人民政协报》《中国政协》《北京日报》《前线》等报刊发表论文 20 余篇，合作主编《社会主义 500 年编年史》（上、下卷）、《社会主义核心价值观若干重大理论与现实问题》等多部党员干部读本。

陆小成　博士，北京市社会科学院市情研究所所长、研究员，日本山梨学院大学公派访问学者，兼任北京世界城市研究基地秘书长、北京城市管理学会副会长、中国行政区划与区域发展促进会理事、中国城市经济学会理事等。主要研究方向为首都发展、公共管理、城市治理、低碳创新等。先后主持国家社会科学基金、教育部、民政部、北京市社会科学基金等项目 50 多项。出版专著《区域低碳创新系统》《城市转型与绿色发展》《首都生态文明体制改革》《首都发展核心要义》等 16 部。在《科学学研究》《中国行政管理》《城市发展研究》等 CSSCI 期刊、中文核心期刊及其他中文期刊公开发表论文 150 余篇，发表三报一刊理论文章 7 篇。获得省部级领导批示 20 余项。获得民政部、湖北省政府等研究成果奖多项。

何仁伟 博士，中国科学院博士后，北京市社会科学院市情研究所研究员，中国地理学会人口地理专业委员会委员，北京世界城市研究基地特聘研究员，10 余家 CSSCI 期刊的审稿专家。主要研究方向为乡村振兴、城乡融合发展、生态文明建设。主持国家自然科学基金和国家社会科学基金各 1 项，主持省部级重大项目、重点项目、一般项目 10 余项。在《旅游学刊》《地理研究》《中国人口·资源与环境》《地理科学》《经济地理》《光明日报》等重要核心期刊和报刊发表论文 50 余篇，其中，SCI 检索 3 篇，EI 检索 2 篇；出版专著 1 部，多次获得中国地理学会颁发的优秀论文奖。提交咨政报告 10 余篇，获得省部级以上领导批示 7 项。

刘小敏 中国社会科学院研究生院数量经济与技术经济研究专业博士，北京市社会科学院市情研究所助理研究员，主要研究方向为区域低碳经济发展、宏观经济模型构建与应用。主持北京市社会科学基金项目 2 项，参与国家社会科学基金青年项目、国家社会科学基金一般项目、其他重大项目多项，获得北京市调研报告一等奖 1 项，获得省部级领导批示 1 项。

贾 澎 中国人民大学哲学博士，北京市社会科学院市情研究所助理研究员，北京世界城市研究基地专职研究员。主要研究方向为哲学、美学与文化研究。主持省部级项目 3 项，参与国家社会科学基金重大项目、北京市社会科学基金重点项目及其他重大、重点课题 10 余项，获得北京市调研报告二等奖。

徐 爽 日本北陆先端科学技术大学院大学（JAIST）博士，清华大学博士后，北京市社会科学院市情研究所助理研究员。主要研究方向为科技创新、服务科学、知识管理。主持北京市社会科学基金一般项目"科技创新政策推动教育、科技、人才一体化发展研究"，参与国家社会科学基金重点项目、省部级重大项目、重点项目多项。公开发表 CSSCI 期刊论文《日本科技基本法设立以后科技政策的演变研究》《创建科学城过程中如何防止"筑波病"？——日本筑波科学城发展的历史经验、教训及启示》，公开发表中文期刊、日文期刊、英文期刊和国际会议论文 10 余篇。

摘　要

　　《中国首都发展报告（2024～2025）》分为总报告、"四个中心"建设篇、绿色低碳发展篇、首都都市圈篇、国际经验篇，重点研判2024～2025年首都发展的主要成效、基本现状、重点难点，注重学术研究与应用对策研究相结合，基于专业视野从不同维度提出新时代中国首都高质量发展的建议。

　　本书创造性地构建了首都发展综合评价指标体系。经过指标体系测评，2010～2023年，首都发展指数、城市发展指数和首都与城市协同发展指数均呈现整体上升的趋势。首都在自身发展、城市整体发展、首都与城市协同发展等多个领域取得了显著成就，发展水平稳步提升，发展规模不断扩大，发展质量逐步提高，整体朝着积极向上的轨道迈进。

　　本书评估了2024年北京在全国政治中心、科技创新中心、文化中心、国际交往中心"四个中心"功能建设上的重要成效。北京加强全国政治中心建设，注重服务保障能力提升，擎起了首都功能布局优化大梁，筑牢区域协调发展根基；加强国际科技创新中心建设，提升国家科技自主创新能力，推动京津冀地区协同创新；加强全国文化中心建设，注重文化遗产保护传承，推动文化产业高质量发展，促进公共文化服务升级；加强国际交往中心建设，成功服务保障中非合作论坛北京峰会等重大国事活动，提升了国际交往承载力，提升了城市文化软实力。北京面临的主要挑战与发展难题表现为：首都功能重组与资源错配难题亟待解决、基础设施承载力依然不足、文化遗产保护压力较大、文化市场主体创新发展能力不足、公共文化服务尚不

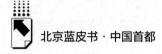

均衡、辐射力有待进一步增强、文化产品和服务国际竞争力不足等。

"十五五"期间，北京作为大国首都和超大城市，提出未来发展路径与展望。应以"首都发展"为统领，以培育新质生产力为动力，持续深入推动首都高质量发展。进一步优化首都功能分区，提升政治中心服务保障能力；进一步聚焦核心领域科技成果落地，完善科技体制机制，发挥企业创新主体作用，深化国际科技合作；进一步深化文化遗产保护传承与科技深度融合实现文化产业创新发展，提升公共文化服务效能和水平；进一步优化国际交往环境，提升城市吸引力，增加国际性元素；进一步优化绿色产业布局，调整能源结构，推动北京绿色低碳发展与国际一流和谐宜居之都建设；进一步推动非首都功能的积极疏解，促进产业、创新、人才的深度协同，加快首都都市圈高水平建设与京津冀世界级城市群高质量发展；进一步学习借鉴发达国家首都在产业集群、科技创新、夜间经济、就业圈层优化、城乡融合发展等方面的重要经验，打造首都现代化的产业集群与科技创新体系，构建完善首都城乡融合与新质生产力发展的支撑体系。

关键词： 中国首都　新质生产力　"四个中心"功能建设　和谐宜居之都

目　录

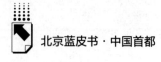

V 国际经验篇

皮书数据库阅读**使用指南**

总 报 告

B.1
2024～2025年中国首都发展状况与形势分析

陆小成 赵雅萍 刘小敏 任超 李原 田蕾 侯昱薇*

摘 要： 2024年是中华人民共和国成立75周年，也是"十四五"规划实施的关键期，首都各项事业取得新进展。2025年是全面检验"十四五"成果、实现战略转型、开启高质量发展的关键一年，对北京发展意义重大。本报告构建了首都发展综合评价指标体系综合测评首都发展成效，并具体评估北京在政治、科技、文化、国际交往等领域的建设成效。2024年，北京在政治中心保障、科技创新、文化繁荣、国际交往能力提

---

* 陆小成，北京市社会科学院市情研究所所长、研究员，主要研究方向为城市治理、公共政策；赵雅萍，北京市社会科学院市情研究所助理研究员，主要研究方向为旅游经济；刘小敏，北京市社会科学院市情研究所助理研究员，主要研究方向为宏观经济模型及低碳经济；任超，北京市社会科学院市情研究所助理研究员，主要研究方向为首都发展、城市文化研究；李原，北京市社会科学院市情研究所助理研究员，主要研究向为金融理论与政策；田蕾，北京市社会科学院市情研究所助理研究员，主要研究方向为文化经济与城市发展；侯昱薇，北京市社会科学院市情研究所助理研究员，主要研究方向为绿色金融、金融监管、城市发展。

升及绿色低碳发展等方面取得显著成就。同时，面临功能服务保障壁垒、超大城市安全问题待破解、科技创新动能不足、文化辐射力欠缺、资源环境约束等挑战。展望未来，北京需加快数字化治理，强化公共安全，推进"四个中心"建设，以科技创新赋能新质生产力，发展高精尖产业，优化文化设施，提升国际竞争力，推动绿色低碳发展，建设和谐宜居之都。

关键词： 中国首都　首都发展指数　政治中心　科技创新中心　文化中心　国际交往中心

2024年是中华人民共和国成立75周年，也是实现"十四五"规划目标任务的关键期，首都各项事业取得新成效新进展。2025年是全面检验"十四五"规划成果，实现战略目标转型、开启新一轮高质量发展的关键一年，对北京在新时代的发展具有不可忽视的重要意义。为了"十五五"规划顺利开局，北京将全力推进"四个中心"功能建设，持续提升"四个服务"水平，进一步全面深化改革，深入实施人文北京、科技北京、绿色北京战略布局，让城市的发展兼具人文关怀、科技驱动与生态友好。坚持"五子"联动，积极融入新发展格局，高水平建设北京城市副中心，全力推动现代化首都都市圈建设，深度参与京津冀世界级城市群建设，助力京津冀打造中国式现代化的先行区、示范区。本报告主要从理论与实践方面进行研究阐释，构建了首都发展综合评价指标体系，并对中国首都在全国政治中心、文化中心、国际交往中心、科技创新中心方面的建设与发展情况进行评价，分析2024年中国首都在政治、科技、经济、文化、国际交往、生态文明等多个领域的发展成就与重要进展，提出新征程上北京加快培育和发展新质生产力、推动首都高质量发展的对策建议与未来展望。

一　首都发展综合评价指标体系构建

2014年，习近平总书记在考察北京时指出，要明确城市战略定位，坚持和强化首都全国政治中心、文化中心、国际交往中心、科技创新中心的核心功能，深入实施人文北京、科技北京、绿色北京战略，努力把北京建设成为国际一流的和谐宜居之都。① 这一重要论述明确了首都发展的"四个中心"的城市战略定位。在此指引下，北京要以"都"的功能谋划"城"的发展，推动首都城市发展方式实现深刻转型；以疏解非首都功能为"牛鼻子"，推动京津冀协同发展，实现了从注重自身单一发展向聚焦全局的首都发展的战略转变，朝着高端化、服务化、集聚化、融合化与低碳化的方向稳步迈进。基于这一发展脉络，本报告将首都发展界定为：以服务国家战略为核心要义，立足首都"四个中心"功能定位，统筹推进政治、经济、文化、社会、生态等多领域协同发展，构建形成具有首都特色的综合性发展模式。与一般城市发展路径不同，首都发展重在充分发挥其作为全国政治中心、文化中心、国际交往中心、科技创新中心的独特功能，使之成为引领国家发展方向、彰显国家形象、保障国家运转的核心引擎。为科学评估首都发展综合情况，本报告从以下三个方面构建了指标体系。

一是首都发展。主要围绕首都社会发展、首都文化建设和首都国际影响力进行评估，因为首都作为国家的核心，这些功能是其独特而重要的职责体现。科技创新中心的功能则更多地与城市的高质量发展相关联，因此被纳入对城市发展的评估范畴。首都发展的内涵丰富而多元，要对其进行全面评估，往往需要构建一个庞大的指标体系。然而，考虑到本报告指标选取的精准性、针对性以及数据可获得性、准确性，选择构建一个相对精简化的指标评估框架。这就要求在指标遴选时，必须注重其典型性和代表性。以首都文

---

① 《习近平北京考察工作：在建设首善之区上不断取得新成绩》，《人民日报》，2014年2月27日，第1版。

化建设为例，北京作为全国文化中心，文化事业和文化产业各领域均呈现快速发展的态势，保持着持续增长的良好势头。在指标选择过程中，若需选取最具代表性的指标，必须确保该指标能够充分反映这种持续增长的特征。经过系统比较分析发现，2014~2018年博物馆相关指标的增幅相对平缓，而公共图书馆总藏书册数等指标的增长趋势与2010年以来北京文化发展的整体特征高度吻合。因此，在选取单一指标的情况下，最终确定以公共图书馆总藏书册数作为核心评估指标。本报告其他指标的选取，同样遵循这一遴选原则。

二是城市发展。主要围绕科创中心建设、高质量发展和宜居城市建设开展评估。其中，科创中心建设是推动城市发展的核心动力，对于提升城市竞争力至关重要。高质量发展则是城市发展模式与发展成效的重要体现，关注数字经济增加值占GDP比重（超过四成则体现经济结构的优化升级）、全员劳动生产率等指标，这些都反映了城市经济发展的质量和效率。宜居城市建设涉及$PM_{2.5}$年均浓度、城市绿化覆盖率、人均公园绿地面积等指标，这些都是宜居城市建设的重要内容。

三是首都与城市协同发展。核心城区疏解方面，以中心城区人口总量指标和交通拥堵指数反映城市疏解对人口与交通压力缓解的成效；副中心建设则关注相关经济发展指标，旨在评估副中心在分担首都功能和带动区域发展中的作用。京津冀协同发展方面，京津冀地区高速公路总里程指标直观体现了区域间的互联互通水平；北京流向津冀技术合同成交额则反映区域间科技合作与协同创新的活跃度，这对于促进京津冀协同发展意义重大；京津冀地区$PM_{2.5}$年均浓度反映京津冀环境治理的综合效果。

（一）首都发展综合评价指标体系

本课题组构建了首都发展综合评价指标体系，以首都发展、城市发展、首都与城市协同发展为一级指标，包含9个二级指标，26个三级指标（见表1）。

表 1　首都发展综合评价指标体系及说明

一级指标	二级指标	三级指标	数据来源
首都发展	首都社会发展	政府财政透明度指数	2013~2024 年《中国市级政府财政透明度研究报告》
		年刑事案件发案数量（件）	北京统计年鉴
		资本存量（亿元）	参考田友春等 * 的结果及张军等 ** 的计算方法修正
	首都文化建设	商业演出活动场次（场次）	北京市文化和旅游局网站资料
		文化产业增加值占 GDP 比重（%）	北京统计年鉴
		公共图书馆总藏书册数（册）	北京统计年鉴
	首都国际影响力	实际利用外资（亿美元）	北京统计年鉴
		境外来京人数（万人次）	北京市文化和旅游局网站
		新增国外机构数量（个）	北京市文化和旅游局网站
城市发展	科创中心建设	R&D 经费占 GDP 比重（%）	北京统计年鉴
		发明专利授权数量（件）	北京统计年鉴
	高质量发展	全员劳动生产率（元/人）	北京统计年鉴
		数字经济增加值占 GDP 比重（%）	北京统计年鉴
		战略性新兴产业增加值占 GDP 比重（%）	北京统计年鉴
		单位 GDP 能耗（吨标准煤/万元）	北京统计年鉴
		$PM_{2.5}$ 年均浓度（$\mu g/m^3$）	北京统计年鉴
	宜居城市建设	城市绿化覆盖率（%）	北京统计年鉴
		人均公园绿地面积（米²/人）	北京统计年鉴
		人均水资源量（亿米³/万人）	北京统计年鉴
首都与城市协同发展	核心城区疏解	中心城区人口总量（万人）	北京统计年鉴
		交通拥堵指数	北京统计年鉴
	副中心建设	通州区一般公共预算收入（亿元）	北京统计年鉴
		通州区年度 GDP（亿元）	北京统计年鉴
	京津冀协同发展	北京流向津冀技术合同成交额（亿元）	相关网站数据
		京津冀地区高速公路总里程（公里）	相关网站数据
		京津冀地区 $PM_{2.5}$ 年均浓度（$\mu g/m^3$）	各地统计年鉴

　* 田友春、卢盛荣、李文溥：《中国省际和行业资本存量的系统估算》，《数量经济研究》2025 年第 1 期。

　** 张军、吴桂英、张吉鹏：《中国省际物质资本存量估算：1952—2000》，《经济研究》2004 年第 10 期。

（二）各项指标的权重系数

本报告采用德尔菲法，结合京津冀协同发展规划纲要等重大战略规划内容，计算各级指标的权重（见表2）。

表2　首都发展综合评价指标体系权重系数

一级指标	权重	二级指标	权重	三级指标	权重
首都发展	0.3	首都社会发展	0.4	政府财政透明度指数	0.4
				年刑事案件发案数量（件）	0.3
				资本存量（亿元）	0.3
		首都文化建设	0.3	商业演出活动场次（场次）	0.3
				文化产业增加值占 GDP 比重（%）	0.4
				公共图书馆总藏书册数（册）	0.3
		首都国际影响力	0.3	实际利用外资（亿美元）	0.4
				境外来京人数（万人次）	0.3
				新增国外机构数量（个）	0.3
城市发展	0.4	科创中心建设	0.4	R&D 经费占 GDP 比重（%）	0.4
				发明专利授权数量（件）	0.6
		高质量发展	0.3	全员劳动生产率（元/人）	0.2
				数字经济增加值占 GDP 比重（%）	0.3
				战略性新兴产业增加值占 GDP 比重（%）	0.3
				单位 GDP 能耗（吨标准煤/万元）	0.2
		宜居城市建设	0.3	$PM_{2.5}$ 年均浓度（$\mu g/m^3$）	0.3
				城市绿化覆盖率（%）	0.3
				人均公园绿地面积（米^2/人）	0.2
				人均水资源量（亿米^3/万人）	0.2
首都与城市协同发展	0.3	核心城区疏解	0.4	中心城区人口总量（万人）	0.5
				交通拥堵指数	0.5
		副中心建设	0.3	通州区一般公共预算收入（亿元）	0.4
				通州区年度 GDP（亿元）	0.6
		京津冀协同发展	0.3	北京流向津冀技术合同成交额（亿元）	0.4
				京津冀地区高速公路总里程（公里）	0.3
				京津冀地区 $PM_{2.5}$ 年均浓度（$\mu g/m^3$）	0.3

（三）首都发展综合评价结果分析

1. 首都发展综合评价结果

经指标体系评价，首都发展综合指数结果如图1所示。

（1）首都发展综合指数的整体趋势。2010~2023年，首都发展综合指数呈现整体上升的态势。2010年指数为2.76，2023年增长至12.68，表明北京在这期间，基于首都特定功能定位，在政治、经济、文化、社会、生态等多领域协同推进的综合性发展取得了显著成效。这与北京围绕"四个中心"功能定位，从注重自身发展转向聚焦首都发展，不断朝着高端化、服务化、集聚化、融合化、低碳化迈进的发展战略相契合。

（2）关键节点分析。2014年是一个重要的转折点，这一年习近平总书记考察北京，提出北京"四个中心"功能定位，此后首都发展综合指数增长态势更为明显，整体增长幅度增大，发展进入加速阶段。这说明明确的战略定位和发展方向对首都发展起到了关键的引领作用，促使北京在各项工作中围绕首都功能定位精准发力，推动城市发展方式深刻转型，从而带动首都发展综合指数不断攀升。

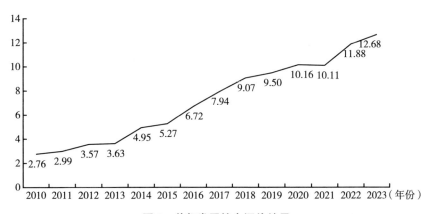

图1　首都发展综合评价结果

2. 首都发展指标

（1）整体特征。2010~2023年，首都发展指数呈波动式上升态势。尽管发展过程中存在阶段性波动，但整体保持稳健增长，从 2010 年的 2.38 攀升至 2023 年的 6.06。这一变化趋势表明，在多年的发展历程中，首都各项事业虽历经波折，但仍取得了显著进步，整体发展水平实现稳步提升。从增长幅度变化特征来看，首都发展指数可划分为三个主要阶段，2010~2013 年为平稳增长期，2014~2018 年进入快速增长期，2019~2023 年为波动增长期。值得注意的是，受多重因素影响，2019~2021 年，首都发展指数从峰值 5.18 回落至 4.64。

（2）首都发展结构性分析。从发展结构来看，首都发展呈现持续稳定态势。2010~2015 年，发展指数累计增长 0.97，其中首都文化建设发展贡献最为突出，贡献率为 68.4%；首都社会发展次之，贡献率为 32.4%；而首都国际影响力则呈现负贡献，贡献率为 -0.8%。2015~2023 年，发展指数增长 2.71，其中首都文化建设继续发挥主导作用，贡献率提升至 77.3%；首都社会发展贡献率增至 36.7%；而首都国际影响力贡献率进一步下降至 -14.0%。这一结构性特征表明，提升首都国际影响力已成为当前亟待加强的重点领域。

（3）波动原因分析。在前期阶段，首都发展指数呈现平稳态势，这主要归因于首都社会发展指数与首都文化建设指数的调整。第一，年刑事案件发案数量在 2010 年达到历史最优值后出现明显反弹；第二，政府财政透明度指数也处于阶段性低点。这两种因素共同作用，促使首都发展指数平稳回调。中期阶段，首都发展指数迅速增长得益于首都社会发展、首都文化建设以及首都国际影响力三个指标的稳步提升。后期阶段，首都发展指数呈现波动增长态势。2018~2023 年，指数先由 2018 年的高点 5.18 下降至 2021 年的 4.64，随后迅速回升至 2023 年的 6.06。从结构上看，首都国际影响力指数明显下降是导致发展指数调整的主要原因。从具体指标来看，境外来京人数变动最为显著，从 2019 年的 379.6 万人持续下降至 2022 年的 24.1 万人。此外，实际利用外资及新增国外机构数量也受到一定影响，但相对而言影响并不突出。

（4）关键节点分析。2014 年作为关键转折点，在首都发展进程中具有里程碑意义。此前，发展态势呈现不稳定特征，增长幅度波动频繁，整体处于探索与调整阶段，发展方向与策略持续优化方向逐步明晰。2014 年后，增长态势显著，虽在 2019~2021 年出现短期波动，但整体增长趋势依然强劲。这一转变主要得益于 2014 年出台的重大政策举措，为首都发展注入了强劲动力，推动其进入快速发展轨道。

综上所述，2010~2023 年首都发展指数虽历经波动，但整体呈现稳健上升态势。2014 年作为关键转折点，不仅为后续发展奠定了坚实基础，更在实践过程中展现了显著的韧性与适应性，为未来可持续发展提供了有力支撑（见图 2）。

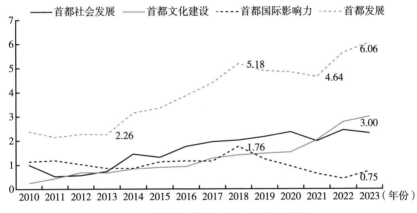

图 2　首都发展指数及各二级指标指数

3. 城市发展指标

（1）城市发展指数总体趋势。2010~2023 年，城市发展综合指数呈现整体攀升的强劲态势。从 2010 年的 0.98 跃升至 2023 年的 9.59，这一显著增长直观地展现了北京取得的全方位进步。城市发展的规模、质量与效益均实现显著提升，发展水平整体保持稳健上升态势。具体而言，城市发展呈现明显的阶段性特征：2010~2013 年为快速起步与波动调整期，2014~2018 年进入稳步增长期，2019 年经历短暂调整后，继续保持较高增长速度。

（2）城市发展结构性分析。城市发展呈现持续稳定态势。2010~2015 年，城市发展指数增长 2.63，其中高质量发展贡献率达 58%，宜居城市建设贡献率为 26.6%，科创中心建设贡献率为 15.4%。2015~2023 年，城市发展指数增长5.98，其中宜居城市建设贡献率为49.8%，科创中心建设贡献率为28.6%，高质量发展贡献率为21.6%。

（3）波动原因分析。城市发展指数首次波动出现在2012~2014年，主要源于宜居城市建设指数在2012年达到阶段性高峰，其中人均水资源量得分创历史新高，带动整体指数上升，随后于2013年回归常态。第二次波动发生在2018~2020年，2022年出现下降，直接原因是宜居城市建设指数的波动，特别是人均水资源量的变动较大。

（4）关键年份分析。2014年是城市发展的关键转折点。此前，城市发展处于波动增长期；2014年后，城市进入高速增长阶段（见图3）。

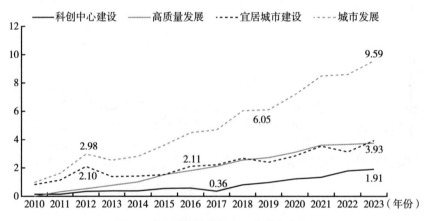

图3　城市发展指数及各二级指标指数

4. 首都与城市协同发展指标

（1）首都与城市协同发展的特征分析。从总体特征来看，2010~2023年，首都与城市协同发展指数呈现持续攀升态势，由2010年的0.38显著提升至2023年的6.63，充分展现了首都与城市协同发展取得的卓越成就。从发展阶段来看，首都与城市协同发展呈现明显的阶段性特征。2010~2014年为初步增长与平稳过渡期，2015~2023年则进入加速增长期，表明首都与城市协同发展正不断深化拓展，向更高水平迈进。

（2）首都与城市协同发展的结构分析。首都与城市协同发展指数的高速增长主要得益于三大驱动因素：副中心建设、京津冀协同发展和核心城区疏解。2010~2015 年，首都与城市协同发展指数增长 1.55，其中副中心建设贡献率达 63.8%，京津冀协同发展贡献率为 25.9%，核心城区疏解贡献率为 10.3%。2015~2023 年，首都与城市协同发展指数增长 4.70，贡献率排序发生变化，京津冀协同发展以 49.8% 的贡献率居首位，核心城区疏解贡献率为 28.6%，副中心建设贡献率为 21.6%。由此可见，京津冀协同发展与副中心建设在首都与城市协同发展中发挥着关键作用。

（3）波动原因分析。京津冀协同发展在 2014 年前增长相对平缓，主要归因于京津冀地区 $PM_{2.5}$ 年均浓度的上升，该三级指标指数从 2010 年的 0.27 降至 2015 年的最低点 0。2015 年后，该指数持续攀升，至 2023 年达到峰值 1。

（4）关键年份分析。2014 年是首都与城市协同发展的重要转折点。此前，核心城区疏解与京津冀协同发展均保持稳定增长，但在京津冀协同发展战略实施后，进入明显加速上升阶段，其中核心城区疏解呈波动增长态势。2019 年成为副中心建设与核心区疏解指标发展的另一关键节点，受外部因素影响，首都与城市协同发展呈波动性调整特征（见图 4）。

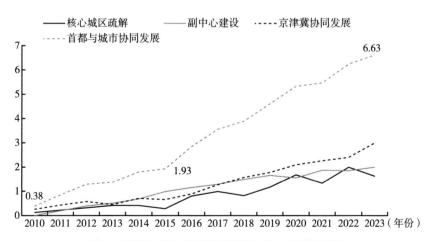

图 4 首都与城市协同发展指数及各二级指标指数

（四）主要结论

1. 总体发展趋势向好

2010～2023年，首都发展指数、城市发展指数和首都与城市协同发展指数均呈现整体上升的趋势。首都发展指数从2010年的2.38增长至2023年的6.06；城市发展指数从2010年的0.98跃升至2023年的9.59；首都与城市协同发展指数则从2010年的0.38升至2023年的6.63。这清晰地表明，北京在首都发展、城市发展、首都与城市协同发展领域均取得了显著成就，发展水平稳步提升，发展规模不断扩大，发展质量逐步提高，整体朝着积极向上的轨道迈进。

2. 关键节点影响深远

2014年，对于首都发展而言，是极为关键的一年。习近平总书记提出的"四个中心"首都城市战略定位，成为首都发展的重要转折点。此后，首都发展呈现更加明显的增长态势，"首都发展"和"城市发展"也迅速迈入快速增长或稳步提升的阶段。明确的战略方向引领着首都各项工作，围绕功能定位精准发力，推动城市发展方式的深刻转型。此外，2014年和2019年分别成为首都与城市协同发展进程中的关键年份。2014年标志着首都与城市协同发展从初步增长向快速增长的转变，而2019年则在持续高速增长阶段发挥了重要的推动作用。

3. 增长幅度各有特点

首都发展综合指数在前期的增长相对平缓，2014～2016年增速加快，随后保持在较高且稳定的水平。首都发展指数在2010～2013年波动较大，2014～2018年快速增长，2019～2021年则呈现先升后降的趋势，而2021～2023年又逐渐恢复增长。城市发展指数在2010～2013年迅速起步并经历波动调整，随后经历了稳步增长、高速增长及持续巩固的发展阶段。首都与城市协同指数则经历了从初步增长到平稳过渡，再到加速增长及高速增长阶段，最终进入稳步发展与深化的阶段，后期增速加快，对城市发展的推动作用愈发显著。

4. 三者相互促进

首都发展、城市发展、首都与城市协同发展之间存在紧密的相互促进关系。城市发展水平的提升为首都与城市协同发展提供了丰富的资源和良好的基础条件，而首都与城市协同发展的推进又进一步整合了城市资源，促进了首都与城市的整体进步。城市发展的增长幅度较大，首都发展的增长速度则显得相对稳定，而首都与城市协同发展在后期增长速度有所加快。三者在不同阶段的发展相互影响，共同推动区域发展向更高水平迈进。

5. 纵向对比的增长为横向不足的改善创造了条件

由于指标体系只能选择有限的指标，且主要侧重于纵向对比，因此测度重点集中于发展的纵向效果。测试结果显示，首都发展综合成效显著，但这并不能掩盖部分领域存在的不足。例如，在首都功能方面，京津冀地区的行政壁垒以及资源不均衡制约了服务保障的整体效能，公共场所和网络安全风险依然突出，文化的辐射力与国际影响力依旧不足。在首都发展方面，科技创新动力不足，关键核心技术亟待实现强势突破，而京津冀地区的成果转化障碍仍需消除，企业在创新中的主体地位也需要进一步巩固与加强；区域内碳排放与经济增长之间的矛盾较为突出，人口、资源与环境之间的矛盾也依然显著；城市治理的精细化程度有待提升，公共服务供给不足仍较突出，社会的低碳参与度较低。

综上所述，过去十多年来，以习近平新时代中国特色社会主义思想和习近平总书记对北京工作的重要论述精神为指引，首都北京坚持以人民为中心的发展思想，正确处理好北京"都"与"城"的关系，贯彻落实首都城市战略定位，首都发展态势良好，关键节点的战略定位和政策举措对发展起到了关键引领作用，各发展指数在增长幅度和阶段特征上虽有所不同，但紧密关联、相互促进，为首都未来持续高质量发展和区域一体化发展奠定了坚实基础。同时，针对首都发展存在的各项不足，需要在发展中逐步解决。

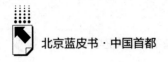

二　发展现状与主要成就

（一）中央政务服务保障能力不断增强，为大国首都治理作出重要贡献

2024年，北京在加强首都中央政务服务保障能力方面取得了显著成效，开展了多项重要活动，并为国家治理和首都发展作出了重要贡献。一是政务服务环境持续优化。北京深入推进"一业一证"和"一件事"集成服务改革，政务服务效能显著提升。在40个行业全面推广"一业一证"，平均压减材料50.6%，压减办理时限71.5%。同时，优化"京通"小程序，上线更多政务服务事项，推动电子证照在多场景应用落地。二是城市功能与环境显著提升。北京实施核心区控规新一轮三年行动计划，开展重点地区环境整治提升，优化中央政务环境。同时，推进中轴线申遗保护工作，加强老城整体保护，营造安全优良的政务环境。北京持续深化接诉即办改革，开展"每月一题"专项治理，解决医保支付、消防疏散通道等民生问题。同时，推进京津冀政务服务协同发展，推出"同事同标"政务服务事项。三是数字政务建设加速推进。北京市区两级政务服务事项基本实现"全程网办"，"京通"小程序上线"企业服务专区"，集成政策服务和办事入口。此外，推动政务服务数据与雄安新区互通，逐步实现"区域通办"。北京通过优化政务环境和提升服务保障能力，为中央政务活动提供了坚实支撑。北京积极服务保障中央单位标志性项目向外疏解，推动京津冀政务服务同城化，深化"三校一院"办学办医合作。北京通过接诉即办改革和数字政务建设，提升了城市治理的精细化水平。同时，通过优化教育、医疗资源布局，推动公共服务共建共享，为首都居民和中央单位提供了更优质的服务。2024年北京在加强首都中央政务服务保障能力方面取得了多方面的成效，开展了丰富的活动，并为大国首都治理、京津冀协同发展和城市治理现代化作出了重要贡献。

（二）全国政治中心安全水平持续上升，首都超大城市治理成效显著

2024 年，北京通过一系列创新政策实施和科技手段应用，不仅在经济领域取得了令人瞩目的成就，同时在维护居民生活安全、服务保障方面也展现出了卓越的成效。

整体社会环境更加安全有序。北京的社会安全环境正在逐步变得更加稳定和可靠。政府在维护社会秩序、预防和打击犯罪、保障公民的生命财产安全等方面采取了一系列行之有效的措施，为北京在 2024 年社会安全方面取得令人瞩目的进步奠定了坚实的基础。

公共安全服务的保障正逐渐实现智能化与智慧化。公共安全设施的建设与完善，对于确保北京作为全国政治中心的安全稳定，发挥着至关重要的作用。这些设施不仅是确保社会秩序、预防和应对各种安全风险的关键物质基础，也是保障措施的重要组成部分。2024 年，北京在公共安全智慧化方面的硬件投资达到了 6403.62 万元。这一投资额相较前两年有了显著的提升，具体来看，与 2023 年的 4894.39 万元相比，增长了 1509.23 万元，而与 2022 年的 3335.01 万元相比，增长了 3068.61 万元。这些数字不仅直观地展示了投资的大幅增长，也反映了北京市政府对于公共安全建设的高度重视和更好地服务首都安全的严格要求。通过这些投资，北京正在构建一个更加安全、更加智能的公共安全网络，以应对各种潜在的安全挑战，确保首都的长治久安。[1]

首都不断提升政务服务保障能力，推动全国政治中心建设与区域协调发展，逐步向区域协同化和数字化方向发展。2024 年 6 月，北京表示要加强"三医"联动信息化建设，推动医疗机构数据互联互通，标志着以科技创新为驱动力、进一步优化区域医疗一体化进程的开始，旨在确保北京主城区、郊区、与天津和河北接壤地区的医疗资源配置能够实现更加均衡的发展。

---

[1] 于小川、王成：《平安北京建设保障调查报告（2024）》，载张李斌、王建新主编《平安北京建设发展报告（2024）》，2024。

2024年6月，北京交通App发布"有偿错时共享停车信息"，进一步增强了城区之间的空间错峰利用效率，从而保障了首都交通运行的便捷和高效。2024年8月，又一项重要政策《京津冀市场监管部门跨区域信息资源共享实施工作方案》印发，推动京津冀地区市场监管部门之间的信息资源共享，通过进一步整合数据资源，利用数据共享共用的手段，提升京津冀信用监管的协同发展能力，从而更好地保障首都的食品卫生安全。

2024年的一系列措施和所取得的成就，毫无疑问为北京作为全国政治中心的外部服务保障工作奠定了坚实的数字基础。这些措施和成就不仅展示了高效、快捷、多维的服务保障，而且也体现了在数字化转型过程中的创新和进步。通过这些努力，全国政治中心的外部服务保障工作得到了显著的提升，为全国政治中心的稳定运行和高效决策提供了有力支持。

（三）国际科技创新中心建设蹄疾步稳，有力支撑新质生产力发展

建设国际科技创新中心，是推动首都新质生产力发展、率先基本实现社会主义现代化的重要支撑。2024年，北京国际科技创新中心建设成效明显，原创性、颠覆性科技创新竞相涌现，新产业、新模式、新动能应运而生。2024年11月发布的《自然指数—科研城市》显示，北京连续8年居榜首。创新人才、主体、平台和环境等综合优势，为北京发展新质生产力形成了有力托举。

一是科技创新资源丰富。科创人才方面，截至2024年底，北京拥有92所高校，1000多家科研机构，55万余名科研人员。2024年高被引科学家达431人次，居全球城市首位；科技创新人才整体规模和质量持续提升。2017~2023年，北京人才总量从713.8万人增长至802.9万人，位居全国城市第一；人才贡献率从53.0%升至58.1%。高精尖产业人才集聚效应突出，高精尖产业人才总量达210.6万人，占全市人才总量的26.2%。[①]研发人员折合全时当量超过37万人年，为2013年的1.54倍。研发机构建设方面，在京全国重点实验室总数已经达到77个，居全国首位；布局国家实验室

---

① 北京市人力资源研究中心、北京人才发展战略研究院：《北京地区人才资源统计报告（2023）》，2024；张天扬主编《北京人才发展报告（2024）》，社会科学文献出版社，2024。

体系和9家世界一流新型研发机构，支持科技领军企业组建24个创新联合体，打造7个国家技术创新中心，统筹20余所高校参与和承担科创中心建设重点任务；布局建设了8家新型研发机构，包括生命科学研究所、中心纳米能源所等，推动关键核心技术的发展。

二是科技创新平台阵地作用凸显。"三城一区"成为北京国际科技创新中心建设主平台。中关村科学城不断强化原始创新策源地功能，中关村国家自主创新示范区逐步成为北京乃至全国科技创新的重要阵地。截至2024年6月底，中关村拥有国家高新技术企业1.96万家，约占全市高新技术企业总量的35%，规模以上企业总收入超过8万亿元，拥有国家级专精特新"小巨人"企业316家，约占全市总量的四成。未来科学城"两谷一园"已建成国家和省部级重点实验室、工程技术中心95个，汇聚各类科技创新型企业1.3万家，软硬件环境和技术创新能力不断提升。怀柔科学城重大科技基础设施建设与开放共享加快推进，29个重点科技设施平台中半数以上已进入科研状态，初步形成世界一流重大科技基础设施集群；北京经济技术开发区、顺义创新产业集群示范区积极构建现代化产业体系，不断推动创新型产业集群承接更多的科技成果转化落地项目。北京科创集群效应显著，跻身世界知识产权组织发布的全球百强科技集群第三位。

三是高水平科技创新能力突出。企业是科技研发投入与应用主体，成为推动北京重大科技攻关的重要力量。目前北京共有各类孵化器和众创空间500余家，居全国城市首位。优质科技中小企业梯度培育成效显著，截至2024年底，北京专精特新企业累计认定10197家，总营业收入约1.15万亿元，企业数量和总营业收入实现"双破万"。其中，国家级专精特新"小巨人"企业1035家，自2022年以来连续三年保持全国"小巨人"第一城地位。北京专精特新企业发明专利占比进一步提升，达40.62%，较上年增长0.52个百分点，户均拥有软件著作权数量进一步提升，达40件/家。① 截至

---

① 《北京市专精特新企业月度发展报告（2024年12月）》。

2024 年底，北京市共有独角兽企业 115 家，总估值高达 5949 亿美元，持续领跑全国。人工智能产业成为北京独角兽企业数量最多的领域，拥有超过 20 家独角兽企业。大中型重点企业研发费用达 3500 多亿元。

北京市全社会研究与试验发展（R&D）经费投入强度自 2019 年以来保持在 6% 以上（见图 5），居全国第一位；基础研究经费占全国基础研究总经费的 23.3%，占 R&D 经费的比重为 16.6%，居全国第一位。截至 2024 年底，北京共拥有有效发明专利 66.35 万件，其中发明专利授权量 11.96 万件；万人发明专利拥有量 303.5 件，每万人口高价值发明专利拥有量 159.81 件，稳居全国第一位。① 认定登记技术合同 102910 项，技术合同成交额 9153.3 亿元。获评国家科学技术奖 58 项，占全国的 28.7%。②

图 5 2016~2023 年北京市 R&D 经费投入强度及经费支出

资料来源：历年北京市科技经费投入统计公报。

四是高科技产业引领高质量发展。北京科技创新发展链条深度融合，已培育形成新一代信息技术、科技服务业两个万亿级产业集群，以及人工智能、集成电路、医药健康等八个千亿元级产业集群。2024 年，战略性新兴产业和高技术制造业增加值占规上工业比重分别超过三成和四成，同比增速

① 北京市知识产权局：《2024 年度北京市专利数据》。
② 《北京 2024 年国民经济和社会发展统计公报》。

达 14.6% 和 9.6%，汽车制造业和电子信息业均实现 15% 以上的增长，新能源汽车产量约 30 万辆，同比增长近 3 倍，集成电路产量 258 亿块，智能手机产量达到 1.2 亿部。

2024 年，北京数字经济增加值达 2 万亿元，同比增长 7.5%，特别是信息软件业，营业收入突破 3 万亿元，跃升为全市第一支柱产业。大数据、信息安全市场占有率位居全国第一。数字产业化提速不断释放首都发展新动能，将人工智能作为数字经济的核心驱动力，海淀人工智能集群获评人工智能领域全国唯一的国家级先进制造业集群。现有人工智能企业超 2400 家，核心产业规模突破 3000 亿元。全市 105 款大模型通过中央网信办备案，数量占全国总数的近四成。[1]

（四）深入推进全国文化中心建设，促进首都文化繁荣发展

北京始终坚持以习近平新时代中国特色社会主义思想为指导，深入贯彻习近平文化思想，以社会主义核心价值观为引领，全力推进全国文化中心建设，加强历史文化保护与传承，不断繁荣发展首都文化。首都文化遗产保护取得标志性进展，以中轴线申遗带动老城整体保护，社稷坛、太庙恢复原有建筑格局，先农坛神仓、庆成宫向社会开放，完成钟鼓楼周边街区整治，实现中轴线南段御道景观贯通，壮美有序的城市景观日益彰显。[2] 统筹推进三条文化带系统性保护，构建涵盖老城、中心城区、市域和京津冀的历史文化名城保护体系。北京（通州）大运河文化旅游景区成功创建国家 5A 级旅游景区，开启北京城市副中心文旅高质量发展新篇章。促进历史文化遗产保护传承和活化利用有机结合。海淀"三山五园"国家文物保护利用示范区获首批授牌，中国长城博物馆改造提升加快推进，大葆台西汉墓遗址保护及博物馆改建工程项目建设完工，京冀两地"进京赶考之路"革命文物主题游径全线贯通，首钢石景山厂区入选第六批国家工业遗产名单。

---

[1] 北京市经济和信息化局。
[2] 北京市《2024 年政府工作报告》。

促进文化事业和文化产业繁荣发展，文化新业态带动文化新质生产力领跑全国。加快演艺之都建设，2024年全年营业性演出达5.7万场，同比增长16%，再创历史新高，票房收入超25亿元，举办市民系列文化活动1.6万场。持续深化文化和旅游交流交往，提升北京文旅国际影响力。《北京博物馆之城建设发展规划（2023—2035）》印发实施，试点推行20家博物馆延时开放，新增15家备案博物馆和29家类博物馆；推进书香京城建设，实体书店数量超2100家。① 目前北京共有备案博物馆241家，类博物馆为59家，居全国首位。全市博物馆共接待游客9000万人次，北京城市副中心三大文化设施接待参观共650万人次，成为名副其实的文化新地标。运营满一年的北京大运河博物馆接待游客260万人次。② 文化新业态发展态势迅猛。2024年1~11月，全市规模以上文化产业收入超过2万亿元，同比增长7.3%，其中，文化核心领域收入占比91.3%，收入同比增长8.5%，文化新业态实现营业收入14267.4亿元，占全市规模以上文化企业营业收入的71.3%（见图6），对全国文化新业态企业营业收入增长的贡献率为31.7%。③

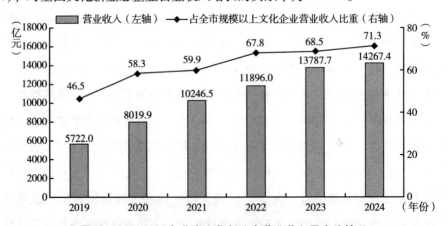

图6 2019~2024年北京文化新业态营业收入及占比情况

注：2024年数据截至11月。

---

① 北京市《2024年政府工作报告》。

② 《副中心"三大"已成为名副其实的文化新地标》，《北京城市副中心报》2025年1月16日。

③ 北京市统计局：《文化新业态发展强劲 文化新质生产力成果亮眼》，https://tjj.beijing.gov.cn/zxfbu/202501/t20250117_3991691.html，2025年1月17日。

健全文化与科技深度融合的有效机制，以科技创新提升文化产业创新能力。出台《关于培育新型文化业态　大力发展文化新质生产力的若干措施》，提出从促进文化领域技术创新和成果转化、加强影视新技术研发应用、推进超高清视听产业优化升级、拓展演艺新业态新空间、激发数字出版新动能、打造文旅消费新场景、创新文博数字活化利用、深化媒体融合数字化智能化发展、强化文化供给延链建设、支持优质市场主体和项目共 10 个方面发展文化新质生产力。

加快国际体育赛事名城建设，发挥"双奥之城"优势，积极发展赛事经济。以重点赛事为引领，优化体育场馆设施资源，打造"双奥 100"精品赛事体系。2024~2025 赛季，成功举办国际雪联单板及自由式滑雪大跳台世界杯等 9 项国际冰雪赛事、中国网球公开赛等高水平国际赛事。举办各级各类群众赛事活动 3.8 万场，冰雪运动参与群众超 630 万人次。①

推动首都精神文明建设走深走实走心。坚持人民群众的主体地位，弘扬以爱国主义为核心的民族精神和以改革创新为核心的时代精神，为首都培育和践行社会主义核心价值观提供丰厚精神滋养。统筹推进文明培育、文明实践、文明创建，全力打造全国精神文明建设示范区，推动形成共建共治共享的城市治理格局。在"北京榜样"主题活动开展的第 11 个年头，从各行各业各类人群中推选产生"北京榜样"共 134 组，包括 64 组月榜及月度特别榜、70 组周榜，共涵盖 23 个子品牌。

（五）以首都发展为统领，持续加强国际交往中心建设

2024 年是北京推进国际交往中心功能建设 10 周年。北京坚持以习近平新时代中国特色社会主义思想为指导，深入学习贯彻党的二十大，二十届二中、三中全会以及市委十三届四次、五次全会精神，认真落实中央外事工作会议精神，高标准服务保障国家主场外交和重大国事活动，高水平推进国际

① 《不断开创首都改革发展新局面　奋力谱写中国式现代化的北京篇章》，《北京日报》2025年 1 月 15 日。

交往中心功能建设，全力服务首都外事工作高质量发展和新时代中国特色大国外交的首都篇章。

一是超前谋划推进国际交往中心软硬件建设，提升外事活动承载能力。促进雁栖湖国际会都功能扩容提升，推动国家会议中心二期、新国展二期建设，完善北京国际交往中心建设的重要功能设施，增强重大国事活动服务保障能力。形成"一核两轴多板块"国际交往空间新格局，优化长安街及其延长线、中轴线北延长线的国际交往功能。

二是积极配合国家总体外交，精心策划组织高层次外事活动。巩固传统友好关系，推动开展新时代民间外交。全力服务保障中央政务职能，服务国家元首外交、主场外交，高标准完成中华人民共和国成立75周年庆祝活动、中非合作论坛北京峰会等重大活动服务保障工作。积极拓展全球伙伴关系网络。落实高质量共建"一带一路"的规制标准对接、互联互通、贸易投资、绿色发展等合作机制，加强与港澳台交流合作，开展"莫斯科日"系列活动、北京与河内建立友好城市关系30周年系列活动。

三是高标准服务保障重要国际活动。服务保障中关村论坛年会、金融街论坛年会、北京文化论坛、北京接诉即办改革论坛等市级平台，外籍人士出席占比不断提高。充分发挥中国国际服务贸易交易会等平台的国际影响力，持续优化国际化营商环境、工作环境和生活环境，促进招商引资工作。北京对外资企业、国际组织和国际化人才的吸引力不断增强，在世界城市体系中的地位和作用不断提升。根据清华大学中国发展规划研究院、德勤中国联合发布的《国际交往中心城市指数2024》，北京在国际交往中心城市排名位居全球第七，是唯一跻身前十名的中国城市。①

四是持续优化涉外服务和国际化环境。优化境外人士的教育、医疗、通信方面的服务便利，推出咨询、支付、旅游、交通、电信等一体化服务。《境外初次来京人员城市服务指南》的发布、"标译通"的上线，满足境外

---

① 《2024北京外事的"20+N"件大事》，https：//wb.beijing.gov.cn/home/index/wsjx/202501/t20250117_3991905.html，2025年1月17日。

初次来京人员最基础、最重要的生活需求，以系统集成方式展示各类必要生活服务信息，提升外籍人士访京体验感、便利度。涉外管理服务水平不断提升。践行外事为民，为市民和企业海外安全保驾护航，加强外国驻华使团、驻京境外媒体、非政府组织的管理和服务。

（六）持续推动绿色低碳发展，加快打造国际一流的和谐宜居之都

绿色低碳发展与和谐宜居城市建设相辅相成、密不可分。在持续推进生态文明建设的同时，全市各级党委、政府始终坚持以人民为中心的发展思想，着力提升城市品质，不断增进民生福祉，推动新时代和谐宜居之都建设迈上新台阶。2024 年，北京在建设和谐宜居之都方面取得了显著的进展，展现了城市治理与民生改善的双重成效。

一是政策引领与创新试点成效显著，绿色低碳转型步伐加快。北京实施了包括先进低碳技术、低碳领跑者、气候友好型区域等低碳试点项目，为北京的绿色低碳转型提供了强有力的技术支持。积极开展"气候友好型区域"建设，通过选择具有良好基础和实施意愿的社区和村庄进行试点，探索低碳生活方式。例如，平谷区万庄子村加强分布式光伏和智能微网建设，年减碳量约 3100 吨；顺义区江山赋社区通过垃圾分类和生态堆肥等活动，促进社区居民参与绿色生活。建立零碳服务中心，助力企业绿色转型。2024 年 5 月，北京市首个零碳服务中心在经济技术开发区成立，为企业提供节能减碳、碳足迹核算等咨询服务，进一步推动企业的绿色转型。[1]

二是技术创新与金融支持力度加大，绿色发展动能强劲。第一，绿色技术创新取得突破，发明专利数量显著增长。截至 2024 年 6 月，北京市绿色技术发明专利数量已达 57000 项，反映北京在绿色项目上的显著进展。[2] 第二，绿色金融支持力度加大，绿色信贷规模快速扩张。绿色信贷余额超过 2 万亿元人民币，其中绿色建筑贷款同比增长 40.5%，为绿色发展提供了强

---

①《北京亦庄加快打造绿色低碳发展高地》，《新京报》2024 年 5 月 16 日。

②《北京绿色发展"成绩单"，多项指标全国领先》，《新京报》2024 年 8 月 15 日。

有力的资金保障。① 第三，可再生能源利用水平提升，能源结构持续优化。可再生能源发电装机容量达288.8万千瓦，占全市总装机容量的20.8%，表明北京在推动可再生能源利用方面取得了实质性进展。②

三是污染治理与产业结构调整效果明显，生态环境质量持续改善。在生态环境方面，北京市积极实施绿色发展战略，打好蓝天、碧水、净土三大保卫战。2024年，北京共记录290个优良天，占比近80%，比2023年增加了19天。这是有监测记录以来的最高水平，与2013年相比，优良天数增加了114天，相当于多出了将近四个月。同时，重污染天数仅2天，较2013年的58天减少了96.6%。③ 2024年，水环境治理也取得了显著成效，五大水系河流优良水质河长占比达70%。④ 这些措施不仅提升了城市的生态品质，也增强了居民的幸福感和获得感。2024年，北京市空气质量在多个方面取得了显著改善，展现出良好的环境治理成效。根据最新数据，2024年北京市$PM_{2.5}$年均浓度为30.5微克/米³，同比下降6.2%。⑤ 标志着北京市的空气质量持续向好，连续四年稳定达到国家空气质量二级标准。产业结构调整深入推进，污染源得到有效控制。截至2024年底，通过累计搬迁3000多家一般制造企业和累计建立112个国家级绿色工厂，北京市有效减少了污染源，提升了环境涵养水平。

四是加大基础设施建设投入，推动交通、园林绿化等领域的发展。截至2024年12月，北京市城市轨道交通运营总里程已达879公里，继续保持全

---

① 《北京绿色发展"成绩单"，多项指标全国领先》，《新京报》2024年8月15日。
② 《北京市上半年能源工作取得积极成效》，https：//www.cpnn.com.cn/news/dfny/202408/t20240808_1726224_wap.html，2024年8月8日。
③ 《2024，北京290个"好天儿"》https：//baijiahao.baidu.com/s？id=18201250632684199956&wfr=spider&for=pc，2025年1月2日。
④ 《全市优良水体比例提高到目前总体保持在70%以上》，https：//zyk.bjhd.gov.cn/ywdt/xwfbh/202501/t20250109_4753251_hd.shtml，2015年1月9日。
⑤ 《2024，北京290个"好天儿"》https：//baijiahao.baidu.com/s？id=18201250632684199956&wfr=spider&for=pc，2025年1月2日。

国第一的位置。① 城市绿地面积不断扩大，人均公园绿地面积达 16.9 平方米，成为"千园之城"，公园绿地的 500 米服务半径覆盖率将达到 91%。② 这意味着大多数居民在步行 500 米内就能找到一个公园，极大地方便了市民的日常休闲活动。这一系列举措使得城市空间更加宜居，为居民提供了更好的生活环境。

五是优化公共服务体系，提高教育、医疗等领域的服务质量。随着非首都功能的疏解，越来越多的优质资源向城市副中心和周边区域转移，促进了区域协调发展。例如，通州区作为北京城市副中心，不断完善其行政、文化和商业功能，为居民提供更为丰富的生活选择。

六是积极推动京津冀协同发展，实现资源共享与优势互补。这不仅有助于缓解北京市内的人口压力，也为周边地区的发展注入了活力。各项政策的落实，使得京津冀地区交通更加便捷，经济联系更加紧密，为实现区域内可持续发展奠定了基础。2024 年，北京市实施一系列政策和措施，不断推进和谐宜居之都建设，使得城市环境更加优美、生活更加便捷、社会服务更加完善。这些成就标志着北京在实现高质量发展与提升民生福祉方面迈出了坚实的一步，为未来的发展奠定了良好的基础。

三　主要挑战与发展难题

（一）首都功能服务保障存在壁垒，超大城市安全问题亟须破解

一是首都功能服务保障存在壁垒，服务保障能力亟待提升。2024 年，京津冀一体化进程取得显著进展，为北京全国政治中心建设提供了更顺畅的外部保障。然而，一体化服务保障仍面临诸多挑战。首先，政策执行力度和

---

① 《轨道交通运营里程全国第一！2024 年北京多项基础设施升级》，北京市发展和改革委员会网站，2024 年 12 月 25 日。
② 《每 500 米就要有 1 个，北京为什么钟爱建公园？》，https://news. qq. com/rain/a/202410 23A02SGZ00，2024 年 10 月 24 日。

标准不一,服务保障的无缝对接和高效协同不足。其次,资源分配不均衡,部分地区在资金、人才配套方面滞后,影响整体效能。最后,信息共享机制不完善,不利于高效应对突发事件。为此,北京市政府需采取有力措施,打破壁垒,推动资源共享,为全面政治中心建设提供更坚实的保障。

二是首都公共安全问题亟须高度重视,新型安全问题不容小觑。北京整体的安全感呈现积极向上的趋势。但2024年首都地区公共场所安全感下滑至自2018年以来的最低水平(见图7),特别是公共领域的安全发展,将引发更多的关注,成为影响首都安全的重要因素,例如,人流密集的大型交通枢纽,如地铁站、火车站和机场,以及那些充满活力的购物中心和旅游景点等地。

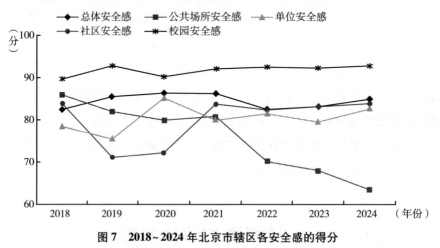

图7 2018~2024年北京市辖区各安全感的得分

资料来源:张李斌、王建新主编《平安北京建设发展报告(2024)》,社会科学文献出版社,2024。

随着科技发展,新型安全威胁不断涌现。网络攻击、信息泄露等数字化安全问题已成为新挑战,不仅可能破坏城市关键基础设施,还可能对社会秩序造成深远影响。因此,加强网络安全防护、提升数字治理水平已成为北京市政府亟待解决的问题。为提升政治中心公共安全水平,北京市政府需加强国际交流合作,借鉴先进安全管理经验和技术手段,提升安全防范和应急响应能力。同时,加强公众的安全教育和意识提升,也是提高公共安全水平的重要途径。

（二）首都科技创新动能乏力，新质生产力发展面临掣肘

北京丰富的科创资源和产业禀赋，为发展新质生产力奠定了良好基础。但自主创新能力不足、创新成果转化效率不高、生产要素市场建设不充分、市场主体创新活力不足等诸多挑战不容忽视。

一是自主创新能力有待提高，关键核心技术存在"卡脖子"风险。支柱产业关键核心技术亟待提升。在计算、推算、计数（G06）等领域，北京高价值专利占比仅为2%，远低于纽约和东京。射频芯片和光通信芯片等先进元器件需要进口，限制了北京在科技领域的创新发展。基础研究力量尚需强化，高校和科研院所开展原始创新与成果转化的动力不足，市场化评价机制还不够完善，使现有技术优势难以快速充分转化为产业优势和发展新动能。

二是创新成果转化应用仍然存在堵点卡点。目前，北京高精尖科技成果转化过程中还面临着基础研究成果供给不足、创新成果承接能力不强等的制约。部分前沿领域科技成果受场景拓展和制度机制限制，前沿技术与实体经济融合较慢。例如在量子信息等领域，很多企业对其规模化、产业化前景预期不高，认为短期内投入高、风险大，难以提高经济效益，使得创新成果难以在产业链中得到及时转化与应用，价值难以得到充分发挥，制约了新质生产力的提升。

三是新型生产要素市场建设不充分，数字赋能新质生产力效能未充分发挥。数字技术与数字经济成为北京新质生产力发展的重要支柱，但数据价值尚未得到充分释放。新型生产要素的市场建设不充分，数据资源的整合和共享程度不高，相关数据资源分散在各个领域和部门，导致数据资源实际利用率不高。部分新型技术推广仍然存在制约因素，如在算法和算力领域，仍存在技术门槛高、人才储备不足、政策支持不够等限制，成为制约新质生产力快速发展的重要影响因素。

四是市场主体创新活力不足，企业创新主体地位有待提升。北京R&D经费投入中政府科研机构和高等院校占比较高，企业投入经费所占比重不足50%，低于全国平均水平，企业的创新主体性相对较弱。科技创新资源分配

结构不合理，资金投入主要倾向于应用研究，基础研究投入相对较少。企业间的创新合作和协同创新机制尚不健全，科技企业以单独研发为主，导致产业研发成本过高、过度竞争或恶性竞争的情况时有发生，不仅影响了企业创新主体地位的稳固，也制约了新质生产力的发展。

（三）文化科技融合深度不足，首都文化软实力和影响力有限

从全国文化中心建设来看，主要存在三个方面的不足。一是全国文化中心的示范引领作用有待提升。北京作为全国文化中心，在挖掘和阐释中国特色社会主义文化、推动文化协同发展方面的作用尚未充分发挥。京津冀三地在文化园区共建、文化资源共享等方面缺乏明确思路和成熟经验，对全国其他区域的文化辐射带动效应仍需加强。二是文化产品和服务的国际竞争力较弱，首都文化软实力有待增强。尽管北京积极推动文化领域有序扩大开放，但政策效应尚未充分释放，文化软实力和影响力与大国首都地位不匹配。三是文化新质生产力的发展环境有待优化，文化市场主体创新能力有待提高。国有文化企业存在"散、弱、小"问题，数字化战略推进缓慢，文化产业布局有待完善。同时，文化科技人才短缺，尤其是技术开发类和跨学科复合类人才。

（四）国际人才服务环境有待优化，国际交往中心建设有待增强

从国际交往中心建设来看，存在三个方面的不足。一是国际服务环境有待优化，国际人才吸引力有限。北京的外籍人口比例呈下降趋势，长期定居就业的国际化人才偏少。居住、教育、医疗、政务便利、语言标识、营商环境等领域的公共服务水平，还有较大提升空间。二是重大国事活动保障能力有待提升，服务保障机制、国际交往空间布局、专业化服务能力都需要在服务新时代中国特色大国外交的功能下提升优化。三是国际交往中心的软硬件条件建设有待完善，高水平国际高端要素聚集不足。与伦敦、纽约等城市相比，国际组织和机构的数量和影响力仍需提升，吸引跨国公司地区总部、研发中心、国际功能性平台落户相关政策含金量不高，配套资源和环境有待优化。

（五）发展模式转型压力较大，资源环境约束趋紧

在肯定 2024 年取得成绩的同时，也要清醒地认识到，北京在绿色低碳发展与和谐宜居之都建设方面仍面临一些挑战，存在一些亟待解决的问题和不足。一是碳减排与经济增长的关系问题。北京市在碳排放"双控"方面取得了一定成效，但要在经济持续增长的背景下实现更大幅度的碳减排仍然面临巨大压力。特别是在建筑、交通等高耗能行业，如何平衡经济发展与环境保护，依然是亟待解决的难题。二是人口与资源环境的关系问题。北京作为超大城市，人口密集带来的资源短缺、交通拥堵、环境污染等问题日益严重。在非首都功能疏解背景下，如何加强流动人口有效管理与资源高效配置，是当前面临的重要挑战。三是生态环境治理压力加大。尽管北京市在空气质量改善方面取得了一定成效，但水污染、土壤污染等问题依然突出。特别是城市周边的生态环境保护压力加大，需要进一步完善治理措施，以实现人与自然和谐共生。

（六）创新驱动力仍须加强，绿色技术应用与公共服务供给存在短板

一是绿色技术与市场应用不足。虽然北京市积极探索先进低碳技术和管理创新，但在实际应用中，许多新技术尚未得到广泛推广。尤其是在建筑行业，绿色建筑的比例仍然较低，传统建筑模式依然占据主导地位，导致整体能耗和碳排放水平难以有效降低。二是公共服务供给不足。随着城市化进程加快，公共服务需求不断增加，但现有教育、医疗等公共服务设施仍显不足，特别是在城市副中心和新开发区域。提升公共服务水平、满足居民日益增长的生活需求，是实现和谐宜居目标的重要基础。

（七）城市治理精细化水平有待提升，绿色低碳发展的参与度有待加强

一是城市管理精细化水平不高。城市治理能力与管理水平亟待提升，目

前在交通管理、环境治理等方面仍存在不少短板。面对复杂的城市问题，需要进一步推进精细化管理，提高治理效率，以提升居民的生活质量。二是社会参与度不足。绿色低碳发展需要全社会的共同参与，但目前公众对低碳生活方式的认知和接受度仍有待提高。缺乏有效的激励机制，使得个人和家庭在选择绿色产品和服务时缺乏动力，影响了整体减排效果。三是社会治理与安全风险。随着社会结构和经济形态的变化，北京市面临新的安全风险，包括社会治安、公共卫生等领域。如何建立健全社会治理体系，提高应对突发事件的能力，是当前亟待解决的问题。

四　未来展望与形势分析

（一）提升北京数字化治理效能，强化公共安全问题治理

当前，强化数字治理在超大城市管理中已成为一项紧迫的任务。这不仅是为了满足现代城市发展的需求，更是为了有效降低北京的公共安全风险，保障城市运行的稳定性和市民生活的安全。因此，采取切实可行的措施，增强数字治理能力，是当务之急。为此，必须积极寻求数字技术在公共安全领域的创新与应用，构建智能监控、社会预警系统，以及推动家庭和个人预警系统的联网。在交通安全方面，加快建立智能交通系统，实时监控交通流量，优化信号灯控制，缓解交通拥堵，提升道路通行效率。在环境安全方面，利用物联网技术和大数据分析，精确监测空气质量、水质等环境指标，及时发现并解决环境污染问题。推动大数据、人工智能、云计算等新一代信息技术创新与应用，进一步增强北京超大城市的数字治理效能与水平，为全国政治中心的建设和安全发展提供更强有力的技术支持。

（二）整合全国政治中心资源与优化环境，全面推进"四个中心"建设

一是建立健全跨区域协调机制，加强政策沟通和提升政策执行力度。通

过定期召开京津冀三地联席会议、设立专项工作组等方式，加强信息共享和沟通协作，及时解决一体化进程中遇到的问题和困难。二是制定财政补贴、税收优惠等政策措施，鼓励和引导优质资源向欠发达地区流动。同时，加强人才培养和引进工作，提高服务保障工作的专业化水平和整体素质。三是搭建信息共享平台，构建信息共享机制。加强技术研发和应用，提高信息传递和处理的效率，推动京津冀一体化的深入发展，为政治中心建设和高质量发展提供更加坚实的安全与服务保障。

（三）以科技创新赋能新质生产力发展，加快构建高精尖产业结构

一是提升原始创新能力。强化科研实力，在基础研究和原始创新领域树立标杆，推动科技领军企业、中国科学院等国家级科研机构、研究型大学、新型研发机构等开展联合攻关，加强高能级创新联合体建设。充分发挥怀柔综合性国家科学中心科创平台和重大科技基础设施作用，实施重大战略性、前瞻性科技项目，全面提升关键共性技术、颠覆性技术的攻关能力，努力将北京建设成为全球重要的科学策源地。

二是提升转化创新质量。建立健全具有北京特色的技术转移转化服务体系，大力推动科技成果转化应用。持续扩大战略性新兴产业的领先优势，前瞻布局未来产业，形成覆盖原创技术、创新要素、创新链产业链关键环节、应用场景等的全方位支持政策矩阵。探索推进场景驱动创新的新机制新范式，在高精尖经济发展、产业创新升级、智慧城市建设中深度挖掘应用场景，推动自主创新成果在融入生产生活中实现迭代升级。

三是提升协同创新质量。运用链式思维优化创新资源配置，注重创新资源的释放与科技成果转化后的经济反哺效应。打造以科技为纽带的经济共同体，构筑高质量经济形态，实现创新与经济的良性互动。注重以"链"带"群"，立足首都创新优势，依托中关村国家自主创新示范区，形成以中关村为龙头的京津冀区域创新协同生态网络，打造世界级创新集群，在京津冀协同创新方面勇开新局。

四是提升开放创新质量。在营造国际化创新环境方面走在前列，在知识

产权、数字经济、服务贸易、金融服务等关键领域先行先试，凸显北京国际科技创新中心的国际属性。积极推动科技创新国际合作，充分发挥在京大院大所在扩大国际科技交流合作方面的"先锋队"和"排头兵"作用，对接世界科学前沿、技术前沿和工程前沿。以双边或多边联合项目研究为中心，搭建深层次、多学科、多元化国际科技创新合作联盟网络。

五是提升产业创新质量。在科技创新与产业创新深度融合上争做示范，推动基础研究、应用基础研究、技术开发和产业创新实现更加高效融合互动。加快建设世界领先的科技园区，充分发挥中关村国家自主创新示范区的主阵地作用，深化"三城一区"联动发展机制与路径，促进"三城"科创成果赋能转化，形成创新型产业集群发展优势，做强创新型产业集群示范区。进一步升级十大高精尖产业集群发展能级，建设国家级战略性新兴产业发展基地。加快数字经济全面赋能，以新一代人工智能融合应用为主导，推动"数据—算力—算法"创新循环，实现数字技术赋能、数字产业赋能、数据要素融合渗透相得益彰。

（四）加快培育文化新质生产力，增强大国首都文化软实力

一是强化文化传承与创新，加强历史文化街区的保护，推动文化遗产与现代城市生活的融合。打造供给丰富、便捷高效、富有活力的现代文化服务体系，围绕"博物馆之城""书香京城""演艺之都"建设，在北京中轴线、大运河文化带、长城文化带、西山永定河文化带推动地标性大型博物馆群落、演艺群落布局发展。二是促进首都文化与科技融合发展。加快提升文化科技创新水平，培育新型文化业态。夯实文化和科技融合的有效机制，落地更多先行先试政策，营造科技文化融合发展生态。推动文化智慧应用场景建设，营造文化新空间，催生消费新业态新模式，健全文商旅体深度融合发展机制。进一步深化细化实化数字文化产业相关政策，支持网络文学、网络游戏及影视业出海发展，拓展国际市场。三是发展壮大主流价值主流舆论，加快构建多渠道、立体式对外传播格局。充分调动全民参与和全媒体力量，深化国际人文交流合作。创新开展网络外宣，促进优质网络文化产品生产传

播，积极宣传介绍中国主张、传播中华文化、展示中国形象。扩大文化"走出去"影响力，促进文化交流、深化文明互鉴。

（五）优化国际人才服务环境，推进国际交往中心功能建设

一是优化国际人才服务环境，促进高端要素聚集。推进朝阳望京、中关村科学城、怀柔科学城等国际人才社区建设。简化外籍人才签证和落户程序，完善涉外教育与医疗服务体系，完善涉外公共服务与管理，建立一站式涉外服务中心。二是提升国际语言环境，吸引更多的国际组织和机构落户北京。贯彻实施《北京市国际交往语言环境建设条例》，出台支持国际组织落户的便利化措施，争取更多符合首都功能定位的国际组织及分支机构落地。三是创新建设国际交往新平台，高标准服务中国特色大国外交。持续完善雁栖湖国际会都、国家会议中心等重大设施的功能，打造全流程国际顶级峰会承载地。做优做强国际科技交流平台，办好中关村论坛、全球数字经济大会等国际活动。四是提升国际交往的软硬件环境，优化国际交往活动服务保障。健全重大国际活动常态化服务保障机制，完善国际交往活动的标准化资源供给。建设"会展+临空"双引擎的国际交往新平台，强化城市副中心剧院、首都博物馆东馆等文化设施的国际交流功能。推动国际文化交流活动常态化，举办更多具有国际影响力的学术会议和文化活动。

（六）推动绿色低碳发展，全面推进和谐宜居之都建设

一是深化绿色金融改革，撬动绿色低碳发展新动能。2025年，北京市将立足首都城市战略定位，以更高标准、更高质量推动绿色低碳发展与和谐宜居之都建设，努力打造人与自然和谐共生的中国式现代化城市典范。应持续完善绿色金融政策体系，积极探索绿色金融改革创新路径，打造国际绿色金融和可持续金融中心。引导金融机构加大对绿色低碳项目的支持力度，鼓励绿色信贷、绿色债券等金融工具的创新与应用，撬动更多社会资本参与绿色低碳发展。

二是强化绿色科技引领，构筑绿色低碳发展新优势。加大对绿色低碳技

术的研发投入，支持企业开展绿色技术创新，推动绿色建筑、绿色交通、绿色能源等领域的技术突破。加快先进适用技术的推广应用，鼓励企业应用节能减排技术改造升级传统产业，提升产业绿色化水平。

三是提升城市精细化治理水平，共建绿色低碳发展新格局。加强城市规划引领，优化城市空间布局，推动城市功能和人口合理分布，构建绿色低碳的城市发展格局。完善城市环境基础设施建设，提高城市绿化覆盖率，建设海绵城市、韧性城市，提升城市应对气候变化的能力。

四是倡导绿色低碳生活方式，营造全民参与新风尚。加强生态文明宣传教育，提高公众对绿色低碳发展的认知度和参与度。倡导简约适度、绿色低碳的生活方式，鼓励绿色出行、垃圾分类、节约用水用电等行为，营造全民参与绿色低碳发展的良好社会氛围。

五是优化公共服务供给，筑牢和谐宜居之都新保障。坚持以人民为中心的发展思想，不断优化教育、医疗、文化、体育等公共服务供给，提升公共服务均等化、普惠化水平，满足人民群众对美好生活的需求。加强社区建设，完善社区服务功能，打造宜居宜业的生活环境。健全公共安全体系，加强社会治安综合治理，提高应对突发事件的能力，保障城市安全运行和人民生命财产安全，维护社会和谐稳定。

参考文献

相均泳：《以新质生产力推动首都经济高质量发展》，《北京观察》2024 年第 1 期。

杨开忠、牛毅：《基于构建新发展格局的首都发展战略》，《北京社会科学》2024 年第 1 期。

李文钊：《超大城市治理的北京探索》，中国人民大学出版社，2024。

李国平、杨艺：《准确把握首都高质量发展核心要义》，《前线》2022 年第 5 期。

张凌云：《以人民为中心加快培育首都文化新质生产力》，《北京观察》2024 年第 11 期。

"四个中心"建设篇

B.2
北京全国政治中心服务保障能力提升难点与对策研究

曾祥明　王玉娟*

摘　要:　北京作为全国政治中心、文化中心、国际交往中心、科技创新中心,强化其政治中心功能具有擎起首都功能布局优化大梁、筑牢区域协调发展根基的重要意义。但当前面临诸多难点,首都功能重组、疏散及资源错配难题亟待解决,首都服务保障能力弱化导致其基础设施承载力依然不足,京津冀协同发展中区域一体化进程缓慢。为此,应优化首都功能分区,提升服务保障能力;孵化超级政务云,推进政务服务信息化和数字化进程;强化京津冀协同发展,实现资源的合理分布与共享,探寻提升全国政治服务保障能力的有效路径。

---

* 曾祥明,中国矿业大学(北京)马克思主义学院副院长,教授,博士生导师,北京市"国家创新治理青年学者",主要研究方向为中国特色乡村振兴;王玉娟,中国矿业大学(北京)硕士研究生,主要研究方向为中国特色乡村振兴、数字经济。

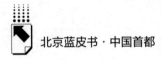

关键词： 北京 政治中心 服务保障能力 区域一体化

习近平总书记于 2014 年和 2017 年两次视察北京，并围绕“建设一个什么样的首都，怎样建设首都”的时代命题发表重要讲话，为北京市未来发展提供了坚实的理论根基。在习近平新时代中国特色社会主义思想的指引下，在《北京城市总体规划（2016 年—2035 年）》的指导下，作为集政治中心、文化中心、国际交往中心、科技创新中心于一体的首都，北京市的发展焕发全新面貌，北京市作为全国政治中心的城市定位不断增强，非首都功能不断疏散，紧密对接京津冀协同发展战略，为首都未来发展谋划更广阔的空间。

一 强化首都政治功能的意义

（一）强化北京全国政治中心功能，擎起优化首都功能布局大梁

北京市作为全国政治中心、文化中心、国际交往中心、科技创新中心，在新的历史时期，着眼于首都发展的新要求、新定位，强化其政治中心功能，保证北京更好地服务于全国政治发展，为中央党政军领导机关提供优质服务，全力维护首都政治安全，保障国家政务活动安全、高效、有序运行。[1]

强化首都的政治服务保障能力是优化首都功能布局的重要支柱，直接影响国家治理体系的高效运转和首都的全面发展。北京作为全国的政治中枢，其稳定和高效运转关系整个国家的政治稳定。通过明确政治中心功能定位，合理配置各类资源和管理结构，北京不仅能够更好地承担国家政治职能，还将带动京津冀协同发展，为首都的长远发展建设奠定更为深厚的基础。《北

---

[1] 《北京城市总体规划（2016 年—2035 年）》。

京城市总体规划（2016年—2035年）》指出，立足北京市实际，紧紧围绕建设国际一流的和谐宜居之都的总目标，为未来北京市发展设立了阶段性的发展目标，即2020年、2035年、2050年发展目标。政治中心建设目标分别是"中央政务、国际交往环境及配套服务水平得到全面提升""成为拥有优质政务保障能力和国际交往环境的大国首都""成为具有广泛和重要国际影响力的全球中心城市"。

从城市治理角度看，强化全国政治中心功能能够推动管理体系的精细化、科学化升级。凭借政治中心的权威性与统筹协调能力，打破部门壁垒、区域界限，实现城市基础设施建设、公共服务供给等全方位的互联互通、共建共享。以交通布局为例，为保障政治中心的高效运转以及市民出行便利，构建涵盖地铁、公交、快速路等多层次交通网络，辐射至城市各个角落，同步带动沿线商业区、居住区等功能区的优化升级，以点带面盘活首都发展棋局。优化首都政务服务和保障能力，进一步有序疏解非首都功能，合理优化城市功能布局，构建北京新的城市发展格局。

（二）强化北京全国政治中心功能，筑牢区域协调发展根基

强化北京全国政治中心功能，不仅关乎首都稳定繁荣，更是推动区域协调发展的关键。从宏观战略制定到具体政策支持，精准定位京津冀各城市及产业分工。在协同发展战略下，北京有序疏解非首都功能，将制造业和高校外迁，为天津、河北承接产业创造条件，优化区域结构，减少同质化竞争，推动产业协同升级。

北京作为政治中心，集聚了高端人才、先进信息和雄厚资金等资源。强化这一功能进一步吸引要素集聚，并通过首都地位辐射周边。人才流动带来知识外溢，促进科技创新和新兴产业发展；资金流动推动基础设施建设和产业升级。以交通一体化为例，北京推动京津冀城际铁路建设，降低要素流通成本，加强区域联系。此外，强化北京政治功能提升区域国际影响力和话语权，构建国际合作平台。北京举办高端国际会议，吸引全球目光，辐射京津

冀，吸引外资，推动区域企业与国际接轨，融入全球产业链。国际合作深化反哺区域产业协同，注入新动力。同时，北京营造稳定社会环境和法治秩序，为区域协同发展提供保障，增强企业投资信心和人才创业动力，为中国整体发展注入持久动力。

二　全国政治中心服务保障能力提升困境

（一）功能疏解与重组推进有待加强，资源错配难题依然存在

北京市功能重组与疏解是优化首都布局、提升政治中心服务能力的关键，但实施中也面临着挑战。北京作为全国政治中心，承载政务办公等核心职能，这些职能与城市定位紧密相关，难以轻易疏解。在缓解资源环境压力的同时保障政治中心职能不削弱，成为一大难题。北京市政府基于实际发展状况，采取了一系列疏解举措。首都功能核心区集中体现了北京作为政治中心的作用，但高度集聚也加剧了"大城市病"。如何在保留与转移间实现平衡，既满足国家治理需求，又缓解"大城市病"，成为关键课题。

京津冀协同发展长期存在资源错配、同质化竞争等难题。北京功能疏解成效依赖周边区域承接能力，但承接地在资源配置、政策支持等方面不足，影响疏解机构运转。职能转移需精准平衡核心功能，避免削弱首都政治中心功能。北京市中心城区作为政治职能主要承载区，是打造国际一流宜居城市的核心，也是非首都功能疏解重点区域。围绕核心区，在北京西北部特别是海淀区规划建设全球影响力的科技创新中心核心区，作为支持中央政务功能的重要区域，缓解核心职能疏解压力，为治理"大城市病"提供中国特色路径。通过优化城市规划，北京可提升治理水平，为京津冀一体化提供示范经验，推动区域资源配置均衡，助力全国各区域协同发展。

（二）服务保障能力有待提升，基础设施承载力依然薄弱

北京作为全国政治中心，承载着国家政治职能的核心任务，基础设施建设不仅要服务于北京市本地居民的生产生活，还必须保障中央政务、国际交往以及全国统筹协调等多重需求。2023 年，北京市接待会议 21 万个，接待会议人员 1349.9 万人次。然而，随着城市发展和服务职能的多样化，北京市作为"四个中心"的各项职能对其基础设施建设和保障提出了更高的要求。第一，基础设施建设总量不足。据统计，北京市基础设施建设投资略高于发展中国家的平均水平，但北京市作为全国超一线城市，其经济高速发展，人口密度相对集中，对于基础设施的需求较高。然而，交通网络的规划和供给相对滞后，导致区域性拥堵问题长期存在。第二，政务服务中心设施与服务水平参差不齐。北京城区与郊区在经济发展水平和人口规模上存在巨大差异，政务服务资源向核心城区倾斜。北京市对于政务服务提出了统一标准，但是在执行过程中，由于部门间协调不足以及区域间具体需求的差异，服务质量参差不齐。第三，数字经济的迅猛发展引领了各行业的数字化转型，政务服务数字化作为提高服务效率的重要手段，在实际工作中的应用是一大难题。部门工作人员缺乏数字化意识，缺乏资金、技术支持，部门区县数字化建设进程相对滞后。

（三）京津冀协同发展取得进展，区域一体化进程依然缓慢

第一，产业协同面临的困难尤为突出。京津冀三地在产业结构上存在明显差异，北京以高端服务业和科技创新产业为主，天津以装备制造、化工等领域为优势，河北则以传统钢铁、建材等重工业为重点。虽然这种产业梯度本应促成互补优势和协同发展，但现实中，产业转移的承接仍不顺畅。第二，交通互联问题也是制约因素之一。尽管京津冀的交通网络建设已有一定进展，城际铁路和高速公路日益完善，但仍面临"最后一公里"的瓶颈。城市内部、城郊及周边城市之间的通勤衔接问题突出，换乘烦琐耗时，严重降低了区域间人口流动的便利性，削弱了同城化效应，并阻碍了产业、人才等要素的深

度融合。第三，生态治理问题亟待解决。京津冀作为一个整体生态系统，在大气污染和水污染防治等方面任务繁重。然而，三地在生态治理方面的责任划分不清晰，监测标准也未能统一。区域整体空气质量的改善进展缓慢。

三 全国政治中心服务保障能力提升的实践路径

（一）优化首都功能分区，提升服务保障能力

优化首都功能分区是提升治理效率、推动可持续发展的重要手段。科学划分功能区域，合理界定核心功能的保留与疏散范围，可有效缓解核心城区资源压力，提高运行效率，为京津冀协同发展提供借鉴。首先，明确各区域定位。核心功能保留区集中在东城、西城及中轴线延伸区域，承担国家政治中心、文化中心和国际交往中心职能。同时，加快城市副中心建设，打造政务办公、文化创意、商务服务与宜居生活综合功能区。疏解核心区政治服务功能时，需提供高效便捷的政务服务，确保核心职能正常运行，形成"主导职能集中、辅助职能分散"的科学结构，实现人口与产业有序转移。其次，强化区域基础设施建设。完善配套设施，针对政务数据传输需求，扩容政务专网带宽，采用光纤通信技术，提升核心政治区与各部门、区县间的网络传输速率，确保政务信息畅通。加速5G基站在全市部署，重点覆盖核心政治区、重大活动场馆及科技创新园区，利用5G网络优势支持远程政务服务、智能安防监控和无人驾驶通勤等创新应用。此外，广泛应用物联网技术于城市基础设施与公共服务设施中，通过部署智能路灯、智能井盖和环境监测传感器等设备，实时感知与监控城市运行状态，为精准决策提供数据支持，优化资源配置，确保首都城市功能高效运转。这些举措将为提升国家治理能力和首都长远发展奠定基础。

（二）孵化超级数字云，推进政务服务信息化和数字化进程

随着信息技术发展，民众对政务服务的便捷性、高效性和精准性要

求日益提高。作为首都，北京承担着推动国家政务服务创新的责任，推进政务服务的数字化与信息化已成为必然趋势。这不仅有助于提升服务效率与质量，也能强化政府公信力，优化营商环境，为城市发展注入新动力。

第一，打造一体化政务服务平台。通过融合工商、税务、社保、公安等多部门业务系统，实现"一网通办"。提升平台界面友好性与交互体验，通过简洁操作流程和智能服务推荐，提供个性化办事指引。利用智能客服实时解答问题，结合大数据分析用户行为，精准推送政策信息与办事指南，提升群众满意度。第二，加强数据治理与共享。建立统一的数据采集、存储、传输与交换标准，确保数据一致性、准确性及完整性。推动跨部门数据无缝对接，消除数据壁垒，为政务服务协同办理提供基础。依托政务云平台，构建市级数据共享与交换体系，实现部门间数据实时对接与共享。第三，推动政务服务智能化应用。引入机器学习算法，运用人工智能技术实现部分标准化事项自动审批，缩短审批时间，释放人力资源，提升服务效率。同时，利用大数据分析与物联网技术，对政务服务全流程进行动态监控，实时跟踪办理进度与数据流向，及时发现并预警异常问题，确保服务质量，维护市场秩序公平与公正。

为推进北京市政务服务数字化转型，2024年1月组建北京市政务服务和数据管理局，统筹推进政府职能转变和行政审批制度改革，优化政务服务效能，推动"高效办成一件事"，强化"一张网"和一体化政务服务平台建设。2025年北京将加快建设全球数字经济标杆城市，提速建设光网之都，推动5G网络深度覆盖，推进双智城市延伸。通过建设综合性平台、加强数据治理与共享、推进智能化应用等措施，首都政务服务水平将大幅提升，更好满足人民群众对美好生活的期待，为国家治理体系和治理能力现代化贡献首都力量。

（三）强化京津冀协同发展，实现资源的合理分布与共享

京津冀三地地缘相近、人缘相亲，但长期以来，由于行政分割等多种因

素的影响，区域资源配置不均衡，发展差距明显。推动京津冀协同发展，关键在于打破资源流通的壁垒，实现资源在区域内的科学配置与高效共享，从而激发区域发展的内生动力，打造具备全球竞争力的城市群。这不仅是实现区域协调发展的重要路径，也是提升国家综合实力的战略选择。京津冀协同发展统计监测办公室对京津冀区域发展指数评价指标体系进行优化调整，并根据调整后的指标体系测算了2014~2023年京津冀区域协同发展指数，更好反映京津冀协同发展进程。其中，2019~2023年京津冀区域协同发展指数如图1所示，2023年京津冀区域协同发展总指数为148.8（以2014年为基期），比2019年提高24.1。其中，创新发展指数和绿色发展指数高于总指数，分别为180.9和165.8，比2022年分别提高12.4和0.8，是主要带动力量。①

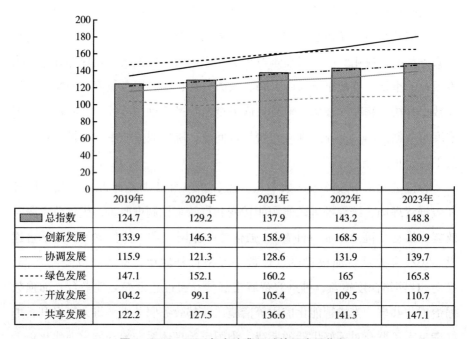

	2019年	2020年	2021年	2022年	2023年
总指数	124.7	129.2	137.9	143.2	148.8
创新发展	133.9	146.3	158.9	168.5	180.9
协调发展	115.9	121.3	128.6	131.9	139.7
绿色发展	147.1	152.1	160.2	165	165.8
开放发展	104.2	99.1	105.4	109.5	110.7
共享发展	122.2	127.5	136.6	141.3	147.1

图1 2019~2023年京津冀区域协同发展指数

资料来源：京津冀协同发展统计监测办公室。

---

① 北京市统计局：《纵深推进协同发展 2023年京津冀区域协同发展指数继续提高》，https：//tjj. beijing. gov. cn/zt/jjjjdzl/sdjd_4304/202501/t20250102_3979803. html，2025年1月2日。

贯彻新发展理念，推动京津冀协同发展，要牢牢牵住疏解北京非首都功能这个"牛鼻子"，坚持积极稳妥、稳中求进，控增量和疏存量相结合，内部功能重组和向外疏解转移两手抓，有力有序有效推进疏解工作。①

第一，推动产业协同，培育区域特色集群。北京市《2025年政府工作报告》强调加快"新两翼"建设，推进城市副中心高质量发展，保持千亿投资强度，加快第二批市属国企搬迁，促进通武廊等地区融合。依据非首都功能疏解清单，北京将一般制造业和区域物流基地转移至天津和河北。2023年，雄安新区中关村科技园运营，北京向天津和河北输出技术合同成交额748.7亿元，增长1.1倍。天津和河北应提前规划承接园区，完善基础设施和配套政策，如税收优惠和人才补贴，吸引企业落户。同时，建立产业转移服务机制，保障企业平稳运行，形成"北京研发+津冀制造"联动模式。

第二，交通一体化建设需加快区域交通网络优化。北京市《2024年政府工作报告》指出，2023年建立三地联合机制，实施三年计划，实现京雄高速通车、津兴城际铁路运行。加密京津冀城际铁路公路网，优化布局，实现核心城市1小时通达、大城市与周边节点城市半小时通勤。北京地铁应延伸至周边地区，与天津、河北轨道交通无缝衔接，设置同台换乘站，便利跨城流动。规划区域货运专线，连接产业园区、物流中心和港口，提升运输效率，降低物流成本，支撑产业协作。

第三，推动公共服务协同发展，促进优质资源共享。鼓励北京优质医疗、教育资源向津冀延伸，三甲医院可通过分院建设或专家定期坐诊提升津冀医疗服务水平；名校可与津冀学校合作办学，开展师资交流与联合教研，共享课程资源。同时，广泛应用远程医疗与在线教育技术，扩大资源覆盖，缓解供需矛盾。为吸引人才，三地应联合推出柔性流动政策，打破地域限制，促进人才流动与合作。2025年，北京将全力支持雄安新区建设，推进基础教育提升、医疗卫生发展、职业培训创新。

---

① 习近平：《以更加奋发有为的精神状态推进各项工作 推动京津冀协同发展不断迈上新台阶》，《人民日报》2023年5月13日。

第四，推动区域生态共建共治。科学划定生态保护红线，明确各方职责，建立生态补偿机制。北京、天津可根据生态服务价值评估，通过补偿基金支持河北，加强生态保护。建立大气与水污染联防联控平台，共享监测数据，协同治理污染，统一排放标准与执法尺度。京津冀协同发展具有长期性，需在产业、交通、公共服务和生态保护等领域消除行政壁垒，优化资源配置，实现优势互补与融合发展，打造世界级城市群标杆。

B . 3
北京市科技金融助力新质生产力发展研究

李 原*

摘　要：　新质生产力成为促进经济社会发展的最活跃因素，金融体系则深刻影响着新质生产力的发展速度、质量和效益，助力新质生产力发展成为科技金融发展的关键着力点。北京金融业发达，在金融供给、科技创新和产业发展等方面具有良好基础，发展科技金融大有可为，也应大有作为。本报告从科技金融融资、科技金融投资、科技金融产业培育和科技金融政策效率四个层面出发，编制包括26个二级指标的中国城市科技金融景气指数，测评城市科技金融助力新质生产力发展的效率。通过横向对比，发现北京在金融产品和服务供给、科创产业培育和科技创新成果应用等方面有显著优势，但在融资成本、资本市场活跃度及科技金融政策支持力度等方面存在不足。建议进一步从直接融资和间接融资两方面进一步优化科技金融产品和服务，为国家创新"攻难关、补短板、追前沿"、大力发展新质生产力提供强有力的金融支撑。

关键词：　科技金融　新质生产力　金融效率

一　引言

在经济发展方式转型的当下，新质生产力成为推动经济社会发展的关键因素，金融体系深刻影响其发展速度、质量和效益。新质生产力的发展依赖前沿科技创新推动产业创新，进而促进经济高质量发展，实现"科技—产

---

* 李原，博士，北京市社会科学院市情研究所助理研究员，北京世界城市研究基地专职研究员，主要研究方向为金融理论与政策。

业—金融"深度融合是必由之路。2023 年中央金融工作会议将"科技金融"列为金融"五篇大文章"之首，凸显其对科技自立自强和新质生产力发展的关键作用。

"科技金融"具有中国特色，源于中国科技创新与金融体制改革的实践。赵昌文等最早研究科技金融理论，将其定义为通过改革财政科技投入方式，实现科技创新与金融资本的有机结合，为科技企业提供融资支持和金融服务的政策安排。[①] 房汉廷认为科技金融是科技创新与金融创新的深度融合，肯定了其对科技企业资源配置效率的显著影响。[②]

2023 年中央金融工作会议要求引导更多金融资源支持科技创新，推动创新驱动发展战略。面对新质生产力发展的新要求，科技金融需更具精准性。提升科技金融有效性是"政府+市场"结合助力新质生产力发展的关键，对打通企业科技创新堵点具有重要意义。推进区域金融改革试点是探索金融与科技结合促进新质生产力发展的可行方向。

北京推进科技金融改革试验区建设，落实中共中央、国务院关于金融服务实体经济和创新体系建设的指示，支撑新质生产力发展。2023 年 5 月，中国人民银行等 9 部门印发《北京市中关村国家自主创新示范区建设科创金融改革试验区总体方案》，旨在发挥北京科创和金融资源的"双重"优势，推动中关村在科技自立自强中的示范作用，形成全国领先的科技金融环境，服务北京国际科技创新中心建设。北京金融业发达，具备发展科技金融的良好基础。

二 科技金融助力新质生产力发展效率测评

（一）景气指数编制及评价方法

1. 研究基础

相关学者对科技金融发展程度进行测评，方法主要有层次分析法、数据

---

① 赵昌文、陈春发、唐英凯：《科技金融：Sci-tech finance》，科学出版社，2009。
② 房汉廷：《关于科技金融理论、实践与政策的思考》，《中国科技论坛》2010 年第 11 期。

包络分析法（DEA）和熵值法等，多维度构建指标体系。在全国科技金融效率测评领域，王海和叶元煦运用层次分析法证明虽然我国科技和金融融合效率不断提升，但两者的结合效率仍有待提高;[1] 金融运行模式不能完全满足企业融资需求;[2] 从科技型企业融资视角来构建科技金融发展指数，结果显示我国金融对科技的支撑水平逐步提高，但存在结构失衡和资源错配等问题。[3]

在区域科技金融发展测度领域，相关学者研究显示科技金融效率存在较大的地区差异。杜金岷等、王健运用数据包络分析法测度科技金融发展效率,[4][5] 林瑶鹏等从科技金融规模、结构、支持力度和发展效率四个维度构建科技金融发展指数进行测评，结论均显示各省（区、市）的科技金融发展水平存在较大差距，不均衡问题突出;[6] 东部省份科技金融效率较高，表现优于中西部地区;[7] 科技金融水平的区域性差异明显但呈逐步缩小态势。[8] 还有一些学者对某个城市的科技金融发展效率进行了测评，如杨建辉等使用投影寻踪模型评价广东省科技金融的发展变化情况;[9] 周柯和郭凤茹使用复合熵值法评价中部六省份的科技金融发展水平;[10] 赵玲等通过指标体系测算

[1] 王海、叶元煦：《科技金融结合效益的评价研究》，《管理科学》2003 年第 2 期。
[2] 曹颢、尤建新、卢锐：《我国科技金融发展指数实证研究》，《中国管理科学》2011 年第 3 期。
[3] 黄德春、陈银国、张长征：《科技型企业成长支撑视角下科技金融发展指数研究》，《科技进步与对策》2013 年第 20 期。
[4] 杜金岷、梁岭、吕寒：《中国区域科技金融效率研究——基于三阶段 DEA 模型分析》，《金融经济学研究》2016 年第 6 期。
[5] 王健：《基于 DEA-Malmquist 指数的我国科技金融结合效率评价研究》，《上海金融》2018 年第 8 期。
[6] 林瑶鹏、林柳琳、高琦：《区域科技金融发展水平评价研究》，《技术经济与管理研究》2022 年第 6 期。
[7] 许世琴、尹天宝、阳杨：《中国省际科技金融效率测度及其影响因素分析——基于空间面板模型实证研究》，《技术经济》2020 年第 3 期。
[8] 徐宇明、熊琦哲、蒋筠：《科技金融发展指数的测度及其相关特征分析》，《金融与经济》2020 年第 12 期。
[9] 杨建辉、黎绮燡、谢洁仪：《区域科技金融发展评价指标体系——基于投影寻踪模型分析》，《科技管理研究》2020 年第 6 期。
[10] 周柯、郭凤茹：《中部六省科技金融指数构建与评价》，《金融与经济》2019 年第 6 期。

得出杭州市的科技与金融结合效率呈"U"形。①

总体而言，在构建科技金融效率评价体系方面，已有文献在指标选择上较为宏观，缺乏对科技方面金融指标的关注，选取的指标多为客观数据，缺少对科技型企业的问卷调查。研究对象上，多为全国层面或者"东部—中部—西部"等区域或省域层面，从城市层面测评科技金融发展效率的研究较少。

2. 编制方法

科技金融的本质要求是服务科技创新活动、助力实体经济发展，既蕴含科技产业及金融产业属性，也包含科技创新与金融赋能两者的相互作用。基于这样的特性，本报告采用编制景气指数的方法综合观察和评价城市科技金融的发展水平。"景气"一词是用来描述经济活动活跃水平的概念，景气指数时效性强，准确性强，具备可预期性，可以综合反映某一社会经济现象的发展情况及趋势，景气指数越高，经济活动越处于繁荣上升趋势，反之则为不景气。

北京市发展科技金融，支持新质生产力发展，关键在于打造适应新时代科技创新特点和区域发展特色的"最优科技金融结构"。作为一个完整的体系，科技金融发展要聚焦以下四个方面。

一是科技金融组织结构，即按照科技金融产品和服务供给的市场主体建立金融组织结构，包括银行、证券机构、保险机构、私募股权投资机构、地方金融组织和中介服务机构等。

二是科技金融产品结构，主要包括科创信贷产品、科创保险产品和科创融资担保。

三是科技金融市场结构，主要指服务科创企业直接融资的多层次资本市场，包括场内市场和场外市场。场内市场主要有主板市场、科创板、创业板、北交所等；场外市场包括新三板、区域性股权交易市场、证券公司主导的柜台市场等。

四是科技金融政策体系，指从中央到地方的关于金融支持科技创新的各种制度和政策。

---

① 赵玲、仰小凤、贺小海：《基于 AHP-DEA 法的杭州市科技金融绩效评价及对策研究》，《科技和产业》2022 年第 9 期。

3.评价体系

目前对科技金融尚无统一的评价标准，本报告根据科技金融特点及科技金融组成要素，搭建包含四个一级指标的城市科技金融景气指数评价体系。考虑到数据可得性及可比性，参考已有研究，本报告构建的中国城市科技金融景气评价指标体系包含客观数据及问卷调查数据，具体如表1所示。其中，问卷抽样评分参考了国家高端智库综合开发研究院（中国·深圳）设计、发放及收集的问卷统计结果。

表1　中国城市科技金融景气评价指标体系

	一级指标	二级指标	数据来源
中国城市科技金融景气指数	科技金融融资景气度	普惠小微企业贷款余额占本外币贷款比重	WIND 数据库
		每亿元 GDP 科创型企业直接融资增量	WIND 数据库
		科创型企业当前融资便利度	问卷抽样评分
		科创型企业当前融资成本优化度	问卷抽样评分
		金融机构科技金融产品供给丰富度	问卷抽样评分
		科创企业未来扩大融资意愿	问卷抽样评分
	科技金融投资景气度	全社会研发投入强度	统计公报
		财政科技支出占比	统计公报
		科创型企业研发投入扩大意愿	问卷抽样评分
		私募股权投资规模/GDP	问卷抽样评分
		私募股权投资需求扩大意愿	问卷抽样评分
	科技金融产业培育景气度	每亿元国家高新技术企业数	行业公开统计数据
		每百亿元专精特新"小巨人"企业数	行业公开统计数据
		每千亿元上市科创型企业数	行业公开统计数据
		每万人 SCI 论文发表数	SCI 索引查询
		每万人新增发明专利授权量	国家知识产权局
		本地科创产业整体发展评价	问卷抽样评分
		本地科创产业发展潜力	问卷抽样评分
	科技金融政策景气度	每百万人拥有国家级创新载体数量	科技部
		科技金融政策支持力度	问卷抽样评分
		政府引导基金作用发挥效果	问卷抽样评分
		获得政府性融资担保服务情况	问卷抽样评分
		科技保险渗透情况	问卷抽样评分
		金融基础设施平台建设情况	问卷抽样评分
		本地科技金融创新氛围	问卷抽样评分
		本地科技金融发展潜力	问卷抽样评分

4. 指数计算

采用国际最常用的合成指数计算方法，即美国商务部计算方式。先将各指标数据进行标准化处理，再根据指标权重合成指数。合成指数的基准年份定位于 2019 年，数据采用 2022 年统计数据，计算步骤如下。

第一步：求各个序列指标的对称变化率并将其标准化。

设 $Y_{ij}(t)$ 为第 j 指标组（$j=1$，2，3 分别代表先行、一致、滞后指标组）的第 i 个指标（$i=1$，2，$\cdots k_j$），求 $Y_{ij}(t)$ 的对称变化率，计算公式为：

$$C_{ij}(t) = \frac{Y_{ij}(t) - Y_{ij}(t-1)}{Y_{ij}(t) + Y_{ij}(t-1)} \times 200, \quad t = 2,3,\cdots,n \tag{1}$$

当 $Y_{ij}(t)$ 为零或者负值，或者指标是比率序列时，取一阶差分：

$$C_{ij}(t) = Y_{ij}(t) - Y_{ij}(t-1), \quad t = 2,3,\cdots,n \tag{2}$$

为避免变动幅度大的指标在合成指数中取得支配地位，对各指标数值进行标准化，平均绝对值等于 1。标准化率计算公式为：

$$S_{ij}(t) = \frac{C_{ij}(t)}{A_{ij}}, A_{ij} = \sum_{t=2}^{n} \frac{|C_{ij}(t)|}{(n-1)}, \quad t = 2,3,\cdots,n \tag{3}$$

第二步：求各指标组的标准化平均变化率。

$$R_{ij}(t) = \frac{\sum_{i=1}^{k} S_{ij}(t) W_{ij}}{\sum_{i=1}^{k} |W_{ij}|}, \quad t = 2,3,\cdots,n, \quad W_{ij} \text{ 是第 } j \text{ 组第 } i \text{ 个指标的权重。} \tag{4}$$

标准化平均变化率 $V_j(t)$ 为：

$$V_j(t) = \frac{R_j(t)}{F_j}, F_j = \frac{\sum_{t=2}^{n} |R_j(t)|}{\sum_{t=2}^{n} |R_2(t)|}, \quad t = 2,3,\cdots,n \quad F_j \text{ 为指数标准化因子。} \tag{5}$$

第三步：计算初始合成指数。

$$I_j(t) = I_j(t-1) \times Y_{ij}(t-1) \times \frac{200 + V_j(t)}{200 - V_j(t)}, \quad t = 2,3,\cdots,n \tag{6}$$

令 I_j（1）= 1

第四步：趋势调整并计算合成指数。

在初始合成指数基础上，对先行、一致、滞后指标组的标准化平均变化率 V_j（t）进行趋势调整，使三个指标组得到的合成指数趋势与计算一致指标组中采用的序列的趋势平均值一致。

$$CI(t) = \frac{I(t)}{I'} \times 100 \qquad (7)$$

最终景气指数得分在 0 ~ 200，100 为景气指数的临界值。当景气指数大于 100，则属于景气状态，表明科技金融处于扩张发展期；当景气指数小于100，则属于不景气状态，表明科技金融处于低迷收缩期。

指标体系赋权基于层次分析法，通过专家打分形式逐级分层确定各级指标权重（见表 2）。

表 2　中国城市科技金融景气指数指标权重分配表

单位：%

一级指标	二级指标	权重
科技金融融资景气度	普惠小微企业贷款余额占本外币贷款比重	6.25
	每亿元 GDP 科创型企业直接融资增量	6.25
	科创型企业当前融资便利度	2.5
	科创型企业当前融资成本优化度	2.5
	金融机构科技金融产品供给丰富度	2.5
	科创企业未来扩大融资意愿	3.75
科技金融投资景气度	全社会研发投入强度	6.25
	财政科技支出占比	6.25
	科创型企业研发投入扩大意愿	3.75
	私募股权投资规模/GDP	2.5
	私募股权投资需求扩大意愿	2.5
科技金融产业培育景气度	每亿元国家高新技术企业数	3.75
	每百亿元专精特新"小巨人"企业数	3.75
	每千亿元上市科创型企业数	3.75
	每万人 SCI 论文发表数	3.75
	每万人新增发明专利授权量	3.75
	本地科创产业整体发展评价	2.5
	本地科创产业发展潜力	2.5

续表

一级指标	二级指标	权重
科技金融政策景气度	每百万人拥有国家级创新载体数量	3.75
	科技金融政策支持力度	5
	政府引导基金作用发挥效果	3.75
	获得政府性融资担保服务情况	3.75
	科技保险渗透情况	3.75
	金融基础设施平台建设情况	3.75
	本地科技金融创新氛围	3.75
	本地科技金融发展潜力	3.75

参考中国金融中心指数相关研究成果,选取国内代表性36个城市作为样本,横向比较科技金融景气度。代表性36个城市名单如表3所示。

表3　代表性36个城市

区域	城市	区域	城市
华北区域	北京	南部沿海区域	广州
	天津		深圳
	济南		厦门
	青岛		福州
	石家庄		海口
长三角区域	上海	西部区域	成都
	杭州		重庆
	南京		西安
	苏州		昆明
	宁波		南宁
	无锡		乌鲁木齐
	温州		贵阳
中部区域	武汉		兰州
	长沙	东北区域	大连
	郑州		长春
	合肥		哈尔滨
	南昌		沈阳
	太原	—	—
	呼和浩特		

（二）评价结果

根据以上科技金融景气指数测算方法，得出 36 个主要城市科技金融景气情况（见表4）。将科技金融景气指数按照分数分为四个梯队，第一梯队综合景气度大于 100 分，处于良性景气状态；第二梯队综合景气度处于 80~100，为亚景气状态；第三梯队综合景气度小于 80，为严重不景气状态。

表 4　中国主要城市科技金融景气指数

景气梯队	城市	综合景气度	融资景气度	投资景气度	产业培育景气度	政策景气度
第一梯队	深圳	120.72	108.87	129.42	132.97	111.63
	北京	**118.44**	**107.17**	**123.88**	**134.49**	**108.25**
	杭州	112.00	112.54	106.52	118.69	110.26
	苏州	111.46	117.04	111.82	106.55	110.45
	上海	110.60	104.46	110.79	123.72	103.44
	南京	109.18	94.09	117.05	114.97	110.61
	广州	104.00	97.02	101.62	109.37	107.99
	西安	102.94	89.65	105.26	115.08	101.76
	武汉	102.39	90.44	102.33	110.02	106.75
	济南	102.37	101.11	105.18	92.92	110.28
	宁波	101.09	103.68	104.60	94.68	101.40
	青岛	100.03	92.77	103.42	95.33	108.62
第二梯队	无锡	99.74	108.74	106.14	83.95	108.62
	厦门	95.54	68.55	101.48	113.13	98.98
	成都	94.84	77.68	103.07	98.76	99.82
	长沙	94.52	82.34	90.16	106.85	98.72
	天津	94.42	84.18	95.77	91.94	105.78
	合肥	93.29	65.07	106.51	99.94	105.78
	沈阳	91.66	77.10	87.53	100.70	101.30
	福州	91.36	93.37	86.89	87.32	97.85
	哈尔滨	87.84	85.25	88.49	78.33	99.29
	温州	85.42	80.61	86.32	75.84	98.90
	郑州	83.14	72.19	88.51	80.34	100.09

续表

景气梯队	城市	综合景气度	融资景气度	投资景气度	产业培育景气度	政策景气度
第二梯队	长春	82.98	53.18	87.06	86.63	105.07
	兰州	82.75	69.20	81.39	80.34	100.09
	昆明	82.75	53.51	80.24	90.35	106.90
	大连	82.13	54.66	94.36	78.17	101.35
	石家庄	81.86	75.00	81.61	70.91	99.92
	太原	81.02	56.41	89.21	75.20	103.24
	贵阳	80.12	59.62	88.66	66.62	105.57
第三梯队	南昌	77.08	65.85	91.57	48.63	102.28
	重庆	76.53	67.28	81.80	62.20	94.83
	乌鲁木齐	76.15	58.84	72.61	77.02	96.11
	海口	74.29	47.50	81.09	78.92	89.65
	呼和浩特	73.44	55.45	85.56	54.79	97.98
	南宁	70.90	59.34	78.95	50.93	94.39

36个城市中共有12个城市处于良性景气状态。其中，北京科技金融综合景气度为118.44，为良性景气状态；长三角地区中杭州、上海、苏州和南京科技金融综合景气度处于第一梯队；在国务院批准建设国家科技金融改革试验区的7个城市中，北京、杭州、上海、南京和济南等5个城市的科技金融综合景气度处于第一梯队。

（三）北京科技金融景气度画像

2023年，北京金融业增加值为8663.1亿元，在选取的36个代表性城市中超过上海位居第一；金融业占GDP的比重为19.8%，居全国城市首位。从科技金融综合景气度来看，北京科技金融综合景气度为118.44，仅次于深圳；分项来看，投资景气度和产业培育景气度优势尤为突出，分别为123.88和134.49；科技金融融资景气度和科技金融政策景气度虽也处于第一梯队，但与城市整体金融产业体量相比尚有提升空间。

代表性城市科技金融景气指数二级指标指数如表5所示。

表5 代表性城市科技金融景气指数二级指标指数

一级指标	二级指标	北京	上海	深圳	济南	杭州	南京	城市均值
科技金融融资景气度	普惠小微企业贷款余额占本外币贷款比重	7.16	7.57	15.62	6.53	11.82	6.56	9.69
	每亿元GDP科创型企业直接融资增量	1.32	1.97	1.05	0.22	0.75	0.41	0.67
	科创型企业当前融资便利度	100.58	90.92	99.88	119.01	87.25	113.08	98.68
	科创型企业当前融资成本优化度	60.68	93.54	86.16	96.87	75.98	113.08	80.46
	金融机构科技金融产品供给丰富度	136.17	139.13	163.46	150.59	155.56	150.00	135.50
	科创企业未来扩大融资意愿	145.76	138.81	161.29	142.81	142.86	157.14	142.20
科技金融投资景气度	全社会研发投入强度	6.53	4.10	5.49	2.68	3.60	3.60	2.42
	财政科技支出占比	5.61	4.90	10.28	2.63	8.17	6.91	3.85
	科创型企业研发投入扩大意愿	150.00	154.93	185.94	169.11	164.29	175.00	167.18
	私募股权投资规模/GDP	9.08	4.97	5.94	2.71	4.81	2.12	0.57
	私募股权投资需求扩大意愿	151.16	140.54	152.50	178.13	135.71	164.15	148.17
科技金融产业培育景气度	每亿元国家高新技术企业数	0.89	0.49	0.88	0.47	0.73	0.53	0.28
	每百亿元专精特新"小巨人"企业数	1.40	1.10	1.33	0.71	1.10	0.63	0.74
	每千亿元上市科创型企业数	3.65	2.73	4.17	1.08	3.04	1.54	0.91
	每万人SCI论文发表数	81.62	35.54	21.01	29.76	37.69	72.51	5.52
	每万人新增发明专利授权量	40.26	14.78	29.50	12.67	24.68	30.03	5.65
	本地科创产业整体发展评价	165.96	171.74	190.57	155.56	181.08	174.32	150.81
	本地科创产业发展潜力	170.37	170.18	183.76	176.92	166.36	179.31	164.69

续表

一级指标	二级指标	北京	上海	深圳	济南	杭州	南京	城市均值
科技金融政策景气度	每百万人拥有国家级创新载体数量	8.50	5.38	7.24	5.03	11.39	11.04	2.40
	科技金融政策支持力度	168.22	163.50	168.42	171.77	168.27	171.43	163.61
	政府引导基金作用发挥效果	164.44	160.00	180.00	177.42	167.74	173.44	150.07
	获得政府性融资担保服务情况	139.35	116.68	148.56	133.58	133.52	121.31	139.84
	科技保险渗透情况	140.43	143.18	152.08	147.78	144.12	134.62	129.84
	金融基础设施平台建设情况	155.56	154.05	143.18	157.28	180.65	160.66	157.59
	本地科技金融创新氛围	143.18	143.90	165.22	173.39	158.06	158.82	150.05
	本地科技金融发展潜力	169.52	173.39	178.90	178.02	166.99	180.53	165.28

三 北京市科技金融的优势与短板

北京在科技金融产品和服务供给、科创产业培育和科技创新成果应用等方面有显著优势，同时，在金融生态环境、政策支持力度等方面存在短板。

（一）北京科技金融发展的主要优势

1.金融机构支持科创企业发展意愿强烈，融资供给总量可观

2022年，北京市科创企业直接融资总量有显著提升，每亿元GDP科创型企业直接融资增量指数为1.32，仅次于上海（1.97）。受益于北京证券交易所的就近"辐射"效应，科创型企业在北京直接融资存在明显便利。科创型企业上市融资方面，北京市每千亿元上市科创型企业数指数为3.65，仅次于深圳（4.17）。在科创板、北交所上市的科技企业总数突破了100家，且2022年上市科创型企业数量增加最多，达到30家，高于上海（25家）和深圳（21家）。私募股权投资规模较大，占GDP的比重为9.08%，远高于上海（4.97%）、深圳（5.94%）等城市，私募股权投资在支持科技型中小企业初期发展方面发挥了较大作用。调研走访的金融机构表示，为了满足科技型企业"全生命周期"资金需求，在京金融机构积极创新科技金融产品线，纷纷设置科技金融专项服务部门和专营机构，以更好地支持科创型企业高质量发展。问卷调查显示，北京市科创企业未来扩大融资意愿指数为145.76，高于全国平均水平，高于上海（138.81）、济南（142.81）和杭州（142.86）等城市。

2. 科创产业发展潜力巨大，科技金融服务市场广阔

在金融产业的支持下，北京市科技创新产出成果及产业培育优势显著，为科技金融试验区建设提供了广阔的空间和市场需求。科创型企业蓬勃发展，每亿元国家高新技术企业数达到0.89家，相当于北京市每创造出1亿元GDP就有0.89家国家高新技术企业做支撑，彰显了科技创新主体的强大活力。同时，北京市国家高新技术企业总数已经超过3.5万家，遥遥领先于其他城市。专精特新类科技型企业的培育发展同样呈现景气上升状态，每百亿元专精特新"小巨人"企业数指数为1.4，高于上海（1.1）和深圳（1.33），在全国处于前列；且专精特新"小巨人"企业总数居全国第一位，超过400家，同比增速超过80%。在全社会原始创新及成果产出方面，受益于科研院所密集，北京市创新活动增长势头强劲，2022年每万人SCI论文发表数指数为81.62，远远高于其他城市；每万人新增发明专利授权量指数为40.26，值得注意的是，北京是新增发明专利授权总量唯一超过8万件的城市，基础科学研究实力遥遥领先。

3. 科技金融政策支持效果持续显现，城市科创产业发展潜力较大

2022年，北京市每百万人拥有国家级创新载体数量指数为8.5，北京是全国唯一一个国家级创新载体数量超过300个的城市，在基础领域和前沿战略领域得到国家的大力扶持。政府引导基金作用发挥效果指数为164.44，高于上海（160.00），受访的金融机构对本地政府引导基金的支持力度普遍持积极态度，金融中介机构认为北京市政府引导基金尤其是战略性新兴产业的引导基金发展较好，对于创新型企业的扶持引导作用发挥到位。科技保险

渗透情况指数为140.43，高于全国平均水平，处于景气区间，金融中介机构认为北京市科技保险业务发展势头良好，但部分科创型企业对科技保险了解和接受程度还需要进一步提升。在科技金融政策加持下，北京本地科创产业整体发展评价指数为165.96，本地科创产业发展潜力指数为170.37，居全国前列，处于景气区间。

（二）北京科技金融发展的主要短板

1. 科技金融产品不能满足企业需求，科创融资成本较高

从总量来看，小微企业信贷投放总量不足，2022年北京市普惠小微企业贷款余额占本外币贷款的比重指数为7.16，低于样本城市平均水平，且与深圳（15.62）、杭州（11.82）和上海（7.57）相比有较大差距。由于目前没有针对科创企业贷款的官方统计数据，这里只能通过小微企业贷款数据间接一窥。大多数科创企业都属于小微企业范畴，从这个数据来看，北京市科技信贷总量的供给还不够。从结构来看，北京市金融机构科技金融产品供给丰富度指数为136.17，低于深圳、上海、杭州、南京和济南等科技金融改革试验区的指数，其中深圳指数高达163.46，济南、杭州和南京指数也在150以上，与这些城市相比，北京市金融机构在科技金融产品创新方面较为落后。从价格来看，北京市科创型企业当前融资成本优化度指数仅为60.68，低于城市平均水平（80.46），也远低于南京（113.08）、上海（93.54）、深圳（86.16）、济南（96.87）等城市，这与北京市金融中心城市地位极为不符。很多受访企业认为融资成本在提高，甚至超过半数企业对未来一年融资成本预期较为悲观，认为融资将更为困难。此外，科创型企业当前融资便利度和科创企业未来扩大融资意愿虽高于平均水平，但与其他城市相比也有差距，部分受访科创企业认为融资过程中仍然存在信息不对称、供需对接不充分等问题，计划减少未来融资需求。这从侧面反映北京市企业主体在创新活动中主体作用发挥不充分，需要科技金融给予活水灌溉。

2. 资本市场作用发挥不足，科创企业投资预期不乐观

景气度结果显示，北京市科创型企业研发投入扩大意愿处于不景气区间，指数仅为 150.00，低于城市平均水平（167.18）。造成科创企业投资预期不乐观的主要原因是资本市场发挥作用不充分，尤其是北交所作用发挥不够。睿兽分析数据显示，2023 年企业在京资本市场融资活动活跃度下降。2023 年北京市一级市场发生融资事件 1174 件，比上年减少 296 个，同比下降 20%；已披露融资总额 740.18 亿元，比上年减少 388.76 亿元，同比下降 34%。2023 年，北京市 31 家中国企业完成 IPO，比上年下降 44%；其中登陆 A 股 20 家、港股 9 家、美股 2 家，涉及募资金额总计 279.33 亿元，比上年减少 80%；其中 VC/PE 支持的企业数量为 25 家，VC/PE 渗透率为 81%；CVC 支持的企业数量为 17 家，CVC 渗透率为 55%。2023 年北京市一级市场参与投资的 VC/PE 机构有 1060 家，数量比上年减少 20%；参与投资的 CVC 机构有 142 家，数量比上年减少 22%。同时，中小企业上市融资意愿不强烈，通过对北京市科技型中小企业走访和发放问卷发现，不足 10% 比例的受访企业对于上市规则非常了解，有半数企业对上市规则不太了解。超过六成的受访企业认为北交所应当优化上市流程、简化审核程序、降低上市门槛。以北交所为例，其定位为支持科技型中小企业发展。然而，北交所现行上市标准中，对拟上市企业加权平均净资产收益率设定的最低要求为 8%，营业收入增长率的最低要求为 30%。在当前宏观经济环境下，中小企业业务拓展面临诸多困难，难以达到上述业务增长性指标。此外，北交所的融资能力与市场流动性相较于其他板块仍存在明显差距，且自开市以来估值中枢持续走低，这在一定程度上削弱了企业挂牌上市的意愿。

3. 科技金融政策支持力度不够大，在政策先行先试方面未能充分发挥领头羊效应

科技金融政策支持力度指数为 168.22，高于全国平均水平，但低于济南、杭州、南京等批准设立科技金融改革试验区的几个城市，有受访科创企业表示较难获得政府补贴。获得政府性融资担保服务情况不是十分乐观，指数为 139.35，远低于深圳（148.56），受访科创企业获得过政府性融资担保支持的比例不高，受访金融机构表示与其他城市相比，北京市政府性融资担保力度仍不够，很多金融中介机构都未能与本地政府建立融资担保关系。北京市金融基础设施平台建设情况指数为155.56，低于城市平均水平（157.59），低于杭州（180.65）、南京（160.66）和济南（157.28）等城市，受访金融机构表示，北京市在科创企业数据汇集平台建设方面较为滞后，尚未对金融机构开放涉企数据接口，部分政府掌握的数据也分散在不同平台渠道，影响信贷审批及融资支持等决策的速度。本地科技金融创新氛围指数较低，为143.18，低于城市平均水平（150.05），这说明北京科技金融产品、服务和政策创新步伐需进一步加快，力度需进一步加大。整体来说，科技金融创新氛围不佳的原因不是政府支持力度不足，受访金融机构表示，金融机构权限受限、对科创企业发展前景难以判断、创新风险大和服务成本高是制约产品创新的主要因素。相应地，北京市本地科技金融发展潜力指数为169.52，处于景气区间，但是与其他获批科技金融改革试验区的城市相比有一定差距。金融产业基础好、金融机构创新热情高、金融人才和金融资源丰富以及政府政策支持力度大是影响科技金融发展潜力的主要因素，与其他城市相比，北京市在金融产业基础以及金融资源等方面具有较大优势，金融产品创新氛围不浓以及科技金融政策力度不够可能是导致科技金融发展潜力不高的主要原因。

四　对策建议

未来要支持企业在国家科技创新体系及新质生产力发展中发挥主体作用，形成"有为政府+有效市场+有力主体"协同驱动模式。加大科技金融对基础性、颠覆性创新及人工智能、量子科技、数字创意、新能源、新材料、生物医药等重点领域核心技术攻关的支持力度，加大对企业重大基础性研发项目的资金投入力度，为"攻难关、补短板、追前沿"提供强有力的金融支撑。

（一）引导商业银行加快信贷领域科创金融产品创新

一是完善科技创新企业融资制度框架与运行机制。推动银行机构创新体制机制，建立贴合科创行业特性的信贷管理模式，提升金融服务效能。鼓励在京银行聚焦未来信息、健康、制造、能源、材料、空间六大前沿领域，细化对人工智能、6G、元宇宙、量子信息、光电子、基因技术、细胞治疗等产业的信贷政策，精准设计适配产品。二是研究制定科技金融特色信贷配套政策。激励商业银行、担保机构等参与认股权业务，创新融资工具，支持科创及专精特新企业发展。支持在京银行子公司、保险机构等参与创业投资基金，通过"投贷联动"提供多元化资金支持。三是优化科创企业风险补偿机制。引入国有担保公司、风险补偿基金等主体，完善风险补偿体系，调动银行积极性。完善风险分担政策，落实专项奖励、风险补偿资金，简化流程，引导银行加大对科创企业的信贷支持。

（二）以建设北京证券交易所为契机继续完善多层级金融市场

一是加强信贷与资本市场联动，推动"投贷联动"模式，鼓励银行与投资机构合作，为科创企业提供"股权+债权"融资。二是利用北交所"就近优势"，优化上市条件，简化流程，允许符合条件的企业直接上市，促进新三板与北交所融合，引导多层次资本市场衔接。鼓励市属科创企业赴北交所上市，构建专精特新企业上市全链条金融服务体系。三是建设区域性股权交易市场，以北京股权交易中心为重点，探索债券市场创新，细化非上市科创企业信用债发行细则，鼓励发行科技创新债及双创专项债。依托北京股权交易中心建立跨部门协调机制，打通税务等数据共享，助力企业上市。

（三）重视耐心资本对科创活动的支持

培育长期资本和耐心资本，引导其"投早、投小、投硬科技"，关键在于优化政府、投资机构与产业的协同关系，实现资源高效配置。打造"政府投资平台+专业管理机构"的新型引导基金模式，推动投资机构长期

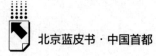

聚焦细分高科技领域，提升深度研究、项目发掘与定价、产业链协同等能力。坚持市场化与专业化原则，建立权责匹配、激励约束平衡的绩效考评机制，消除国有资本从业人员的早期投资顾虑。优化母基金与子基金退出机制，完善投后管理，赋能被投企业成长。支持设立 S 基金，推动 S 基金交易所建设，完善国企参与 S 基金交易的定价指引，培育 S 基金生态圈，促进资本高效流动。

B.4
2024年北京全国文化中心建设评价与2025年形势分析

贾　澎*

摘　要： 全国文化中心是北京的城市战略定位之一。2024年北京在文化遗产保护传承、文化产业高质量发展、公共文化服务升级、国际传播能力建设方面取得显著成效，全面推进全国文化中心建设。科技的迅猛发展、中央及北京市的政策支持、丰富的文化资源、群众文化需求的不断增长带来机遇；同时也面临文化遗产保护压力较大、文化市场主体创新发展能力不足、公共文化服务尚不均衡、辐射力有待进一步增强、文化产品和服务国际竞争力不足等挑战。展望2025年，北京将锚定全国文化中心的战略目标，进一步深化文化遗产保护传承，与科技深度融合实现文化产业创新发展，提升公共文化服务效能和水平，发挥文化和旅游融合发展的新优势，加强文化协同发展、拓展文化交流路径。

关键词： 全国文化中心建设　文化遗产保护传承　文化产业

　　全国文化中心是北京的城市战略定位之一。北京作为全国文化中心，既承载着中华优秀传统文化的深厚底蕴，又洋溢着中华民族现代文明的旺盛活力和国际化大都市的蓬勃生机。2024年是实现"十四五"规划目标的关键一年，在全国文化中心建设方面，北京进一步厚植文化土壤，文化发展愈发

---

　　* 贾澎，哲学博士，北京市社会科学院市情研究所助理研究员，北京世界城市研究基地特约研究员，主要研究方向为城市文化与美学研究。

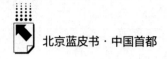

蓬勃，文化氛围日益浓厚，在北京文化论坛等平台的助推之下，北京全国文化中心建设不断加速推进，取得重要进展。

一　2024年北京全国文化中心建设成效

2024年，北京在文化遗产保护传承、文化产业高质量发展、公共文化服务升级、国际传播能力建设等方面取得了显著成效，进一步彰显了北京作为全国文化中心的示范引领作用。

（一）赓续历史文脉，文化遗产保护传承取得突破性进展

2024年，北京发挥全国文化中心的示范引领作用，深入学习贯彻习近平文化思想，以中华优秀传统文化的创造性转化和创新性发展进一步赓续历史文脉、厚植文化底蕴、激发文化活力、彰显文化自信，使老北京展新颜。

在物质文化传承发展方面，北京中轴线申遗圆满成功，使世界文化遗产数量达到8处，居全球城市之首。① 以北京中轴线申遗成功为契机，2024年北京加大了对故宫、天坛等世界文化遗产的保护力度。例如，故宫开展了新一轮的古建筑修缮工程，采用了先进的数字化技术对古建筑进行全面的测绘和结构分析。这不仅确保了古建筑的安全性，还为古建筑研究提供了精确的数据。修缮过程中严格遵循传统工艺，如榫卯结构的修复，邀请了经验丰富的老工匠参与指导，保证了修复的原汁原味。北京市第四次全国文物普查实地调查工作扎实推进。

在非物质文化传承发展方面，北京非物质文化遗产传承得到广泛的社会关注和支持，举办国际非遗传承展，推动非物质文化遗产的保护与传承。北京历史文化溯源工程、非遗传承发展工程实施，首个市级公益性非遗体验中心建成。

---

① 北京市《2025年政府工作报告》。

以中轴线申遗为契机，推动了北京老城的整体性和系统性保护。例如，恢复了社稷坛、太庙原有的建筑格局，向社会开放了先农坛神仓和庆成宫，钟鼓楼实现翻修，周边沿街区域整治一新，整治并开放了中轴线南段景观御道。此外，北京市研究起草中轴线保护传承三年行动计划，推出《关于加强北京中轴线文化阐释和传播的若干措施》。对于胡同和四合院的保护也取得了新的进展，市政府出台了一系列的保护政策，鼓励居民在保护传统风貌的前提下进行适度的改造，一些胡同被打造成文化街区，如南锣鼓巷周边的胡同，在保留传统居住功能的同时，引入了传统手工艺工作室、民俗文化展示馆等，让胡同文化重新焕发生机。

"三条文化带"建设亮点纷呈。路县故城遗址保护展示工程完工，北京（通州）大运河文化旅游景区创建成功，8条大运河主题游线路推出，"中国大运河申遗十周年暨2024大运河文化带京杭对话"成功举办，2024北京西山永定河文化节成功举办，"建设长城国家文化公园 彰显中华文明标识"入选2023年全国"文物事业高质量发展十佳案例"。北京落实习近平总书记给延庆区八达岭镇石峡村乡亲们的回信精神，加强长城文化带建设保护工作，开展"北京长城保护条例"立法调研，制定实施《长城国家文化公园（北京段）建设保护三年行动计划（2024年—2026年）》，中国长城博物馆建设稳步推进，完成中国长城博物馆改造提升工程地下主体结构施工，高标准举办2024北京长城文化节。三山五园文化艺术中心开放试运行。

（二）活力迸发，实现文化产业高质量发展

在发展文化新质生产力方面，大力书写北京样本，着力推动文化产业与科技深度融合，加快构建高精尖文化产业体系，促进文创园区差异化集约化发展。北京制定印发《关于培育新型文化业态 大力发展文化新质生产力的若干措施》《关于推进新时代首都影视产业高质量发展的若干措施》，加快培育文化新业态、新场景、新模式。2024年，全市规

模以上文化企业实现营业收入超 2 万亿元，同比增长 6.7%（见表1）。①
10 家企业入选"全国文化企业 30 强"及成长性榜单，5 家单位获评第五批
国家文化和科技融合示范基地，新增 22 个国家文化产业示范基地，入选数
量均居全国首位。北京推进 105 款生成式人工智能大模型备案上线，"电竞
北京 2024"系列活动开展，头部展会赛事落地北京。超高清电视全产业链
优化升级贯通试点在全国率先开展，超高清示范园项目启动建设，《北京市
超高清视听先锋行动计划（2024—2026 年）》发布。

在以"大戏看北京"为抓手推进"演艺之都"建设方面，构建起 600 余
个创作题材的"选题库"，900 余部作品的"剧本库"，"北京大视听"推出优
质项目 120 部，推出话剧《邓世昌》《永定门里》，京剧《白蛇传》，电影
《志愿军：存亡之战》《第二十条》，电视剧《欢迎来到麦乐村》《玫瑰的故
事》，网络剧《我的阿勒泰》，图书《百年文学中的北京》等优秀作品。13 部
作品荣获第十七届精神文明建设"五个一工程"奖，覆盖全部创作门类。1.7
万场首都市民系列文化活动举办，202 场演唱会、音乐节等大型演出活动亮
相，380 余场演出活动点亮中国戏曲文化周，113 部精品剧目闪耀"大戏看北
京"2024 展演季，5.7 万场营业性演出登场，城市文化风景生机盎然。②

表 1　北京市 2024 年 1~12 月规模以上文化企业情况

项目	收入合计(亿元)		企业营业收入(亿元)		利润总额(亿元)		期末用工人数(万人)	
	1~12 月	同比增长(%)	1~12 月	同比增长(%)	1~12 月	同比增长(%)	1~12 月	同比增长(%)
合计	23022.6	6.6	22512.4	6.7	3535.9	35.6	58.1	-5.1
文化核心领域	20951.5	7.6	20559.0	7.7	3406.7	36.3	48.8	-5.0
新闻信息服务	5933.7	5.6	5799.7	5.6	319.6	3.6	11.4	-4.0
内容创作生产	7662.2	14.3	7488.5	14.6	2733.0	45.6	18.1	-2.5

---

① 北京市统计局。
② 《"推动首都高质量发展"系列主题新闻发布会——践行"北京服务"首善标准 助力首都高
　　质量发展专场》，https://www.beijing.gov.cn/shipin/Interviewlive/1203.html，2025 年 3 月 25 日。

续表

项目	收入合计（亿元）		企业营业收入（亿元）		利润总额（亿元）		期末用工人数（万人）	
	1~12月	同比增长（%）	1~12月	同比增长（%）	1~12月	同比增长（%）	1~12月	同比增长（%）
创意设计服务	3961.0	2.3	3961.0	2.3	52.2	-42.4	9.3	-8.5
文化传播渠道	3145.5	3.8	3123.3	3.7	304.9	28.8	6.7	-8.7
文化投资运营	57.8	2.1	50.0	-4.6	21.3	139.7	0.3	-2.5
文化娱乐休闲服务	191.2	-4.1	136.4	-3.0	-24.4	—	3.0	-3.7
文化相关领域	2071.1	-2.5	1953.4	-2.7	129.3	20.0	9.3	-5.7
文化辅助生产和中介服务	1038.1	5.2	920.4	5.7	67.7	3.0	7.7	-5.8
文化装备生产	83.6	-10.3	83.6	-10.3	5.3	767.1	0.5	-8.3
文化消费终端生产	949.4	-9.0	949.4	-9.0	56.3	36.1	1.1	-3.3

资料来源：北京市统计局。

在影视产业方面，北京继续发挥其在全国的龙头作用。众多影视公司云集北京，2024年又有多部高质量的影视作品诞生。同时，北京积极打造影视产业全链条，从剧本创作、拍摄制作到后期发行、影视周边开发等环节都得到了进一步优化。例如，怀柔影视基地在2024年进行了扩建，增加了更多的拍摄场景和先进的拍摄设备，吸引了更多国内外影视剧组前来拍摄。

在文化与旅游深度融合方面，北京迈出新步伐，旅游景点的文化内涵得到了进一步挖掘。例如颐和园等景点推出了以清代宫廷文化为主题的深度游线路，游客可以穿上古装，体验清代宫廷礼仪，品尝宫廷美食。这种沉浸式旅游体验受到了游客的广泛好评。召开旅游发展大会，出台《北京市推动旅游业高质量发展的实施意见》，古北水镇成为全市首个国家级旅游度假区，"漫步北京""北京微度假""北京网红打卡地"等品牌引领文旅融合业态新风向，"漫步北京"120条主题游线路受到推崇。

（三）文化惠民，促进公共文化服务升级

北京持续深入实施文化惠民工程，出台《北京市科技赋能文化领域创

新发展行动计划（2025—2027 年）》，推动科技赋能文化、促进公共文化服务升级，实现文化基础设施智能化改造，利用虚拟现实（VR）、增强现实（AR）、超高清视听等技术，创新博物馆展览形式和文物活化模式。

北京举办丰富多彩的文化活动，各类文化活动蓬勃开展，提升市民的文化获得感和幸福感。全市范围内举办了众多的音乐节、戏剧节等，基层文化活动也十分活跃。有 51 万人次畅游 2024 年中秋国庆彩灯游园会，"京彩灯会"成为网络热词；20 个博物馆试点推行延时开放，新增 15 家备案博物馆和 29 家类博物馆；策划推出"中华文明起源""世界文明交流互鉴"两大系列展览，2024 年的首展"三星堆与金沙""希腊人：从阿伽门农到亚历山大"，震撼了来自世界各地的观众。

北京深入推进"书香京城"建设，春秋两季北京书市深入人心。全市实体书店数量超 2100 家，举办市民系列文化活动 1.6 万场，开展各类阅读活动 3 万场。① 举办北京阅读季、中国"网络文学+"大会，开展书香京城系列评选、最美书店评选，"旧书新知"成为响亮品牌，地坛书市首次走出北京，"北大红楼读书会""北京十月文学月"获评全国全民阅读优秀项目。

（四）深化文明互鉴，提升国际传播效能

北京加快构建多渠道、立体式的对外传播格局，提升传播效能，让中国声音得以传播至世界各地，使中华优秀文化有了更加生动和丰富的表达、文化影响力提升。搭建促进文化交流、深化文明互鉴一流平台。北京文化论坛成果丰硕，与 75 个国家和地区的 800 余位海内外知名文化人士深入对话，北京文化论坛真正成为展示中华文化精华、博览世界文化精粹、引领先进文化潮流、聚合文化创新力量的一流平台。

文化出海影响力持续扩大。为庆祝中法建交 60 周年，巴黎国际博览会期间举办"北京遇鉴巴黎"北京文化专题展及双城故事对话活动。"魅力北京"文化交流活动走进澳大利亚、新西兰、德国、荷兰，"魅力北京"纪录

---

① 北京市《2025 年政府工作报告》。

片落地阿尔巴尼亚、希腊等国主流电视台，《中国梦365个故事》对外传播项目覆盖30多个国家。北京电影走出去海外推介活动、北京优秀影视剧海外展播季走进法国、意大利等13个国家和地区。开展内容丰富，形式多样的文化交流活动，如北京国际电影节、北京国际音乐节等大型文化活动，中非媒体合作论坛、"丝路大V北京行"、"中外青年文化对话"等。《这里是北京》《舞动北京》城市形象宣传片和《北京概览》双语图册，生动讲述北京的古老与现代。

二 北京全国文化中心建设面临的机遇与挑战

全国文化中心是中共中央赋予北京的城市战略功能定位之一，北京始终把全国文化中心建设摆在新时代首都发展的突出位置。党的十八大以来，经过不懈努力，北京全国文化中心的引领示范作用不断增强。面对不断发展变化的新形势，北京全国文化中心建设的机遇与挑战并存。

（一）发展机遇

1. 科技的迅猛发展

随着人工智能、大数据、5G等新兴技术的不断发展，北京在科技领域的发展优势为文化发展提供优越条件。可充分利用这些新兴技术加快发展文化与科技融合，推动全国文化中心建设向更高水平发展。例如，在文化遗产保护方面，可以利用人工智能进行文物的修复和鉴定；在文化产业方面，利用大数据分析市场需求，精准生产文化产品；在公共文化服务方面，通过5G技术实现文化活动的高清直播，扩大文化活动的受众范围；等等。

2. 中央及北京市的政策支持

中共中央对建设社会主义文化强国作出了战略部署，明确提出要推进文化自信自强，铸就社会主义文化新辉煌。国家对社会主义文化强国建设高度重视，为北京全国文化中心建设提供了坚实的政策基础。北京市发布了《北京市推进全国文化中心建设中长期规划（2019年—2035年）》，明确了建设的目标和路径，为全国文化中心建设提供了长期规划指导，并有利于出台更多税收优惠政策、专项资金扶持政策等，这将为北京全国文化中心建设创造更多的发展机遇。

3. 丰富的文化资源

北京拥有丰富的历史文化遗产和现代文化资源，如北京拥有世界遗产 7处，是世界上拥有世界文化遗产项目数量最多的城市。[1] 北京还拥有国有可移动文物 501 万件（套），新发现、新认定文物藏品总数 160 万件（套）。这些丰富的文化资源为全国文化中心建设提供了坚实的物质基础。此外，北京的文化底蕴深厚，古都文化、红色文化、京味文化和创新文化交相辉映，形成了独特的文化风貌，这为全国文化中心建设提供了得天独厚的文化土壤和资源条件。

4. 群众文化需求的不断增长

北京作为全国文化中心，拥有丰富的文化资源，可以更好地满足不同层次消费者的文化需求。随着生活水平的提高，群众对美好生活的需求日益强烈，群众的文化消费需求不断增长，文化需求多元化的趋势愈加突出，例如有些文化消费者迫切需要在剧院观看顶级艺术院团的演出，有些消费者则更青睐在社区文化活动中享受文化乐趣等。这些不断增长的多元化的群众文化需求为文化消费领域带来新的刺激点，为文化建设带来更多的生长点，从而为全国文化中心建设提供更多的发展机遇。

（二）面临的挑战

1. 文化遗产保护面临的压力较大

随着城市的不断发展，文化遗产保护与城市建设之间的矛盾可能会进一步加剧。同时，也存在文化遗产保护与经济效益之间的矛盾。文化遗产保护需要大量的资金投入，保护和修复文化遗存需要大量的资金投入，包括对建筑的修缮、文物的保护、居民的安置、环境的整治等。然而，政府的财政资

---

[1] 北京市《2025 年政府工作报告》。

金支持有限，社会资本引入也存在各类阻碍，如投资回报周期长、产权归属无法满足资方需求等，导致社会资本参与积极性不高，因此如何保障用于文化遗产保护的资金持续稳定供应也是一个挑战。

2. 文化市场主体创新发展能力不足

文化市场主体的创新发展能力是推动文化中心建设的关键。当前，北京文化市场主体的创新能力和发展动力不足，需要进一步激发市场主体的活力，推动文化产业的创新发展。同时国内其他城市也在大力发展文化产业，北京面临着激烈的竞争。例如，上海、深圳等城市在文化创意产业和文化金融方面发展迅速，国际上文化产业发达的城市如纽约、伦敦等也对北京的文化产业发展形成了一定的压力，北京需要不断提升市场主体的创新发展能力和文化市场的竞争力。

3. 公共文化服务尚不均衡

虽然北京的公共文化服务已经取得了很大的成就，但不同区域之间仍然存在差距。例如，城市中心区和郊区的公共文化设施数量和质量存在差异，如何实现公共文化服务的均衡发展，让全体市民都能享受到高质量的公共文化服务，是 2025 年需要解决的问题。

4. 辐射力有待进一步增强

全国文化中心建设需要具备强大的辐射带动能力，以提升和引领周边地区的文化建设水平。然而，当前北京在文化产业发展和公共文化事业发展方面对京津冀辐射能力还有待进一步提升，需要进一步增强其影响力和带动力。

5. 文化产品和服务国际竞争力不足

在全球化背景下，文化产品和服务的国际竞争力是衡量一个文化中心建设的重要标准。北京的文化产品和服务在国际市场上的竞争力还有待提高，需要加强创新和促进国际化发展。

三　2025年北京全国文化中心建设形势分析

2024 年，北京在全国文化中心建设方面取得了显著的成效，在文化遗产保护、文化产业发展、公共文化服务、国际文化交流与传播等多个方面均有显著提升。虽然仍面临一定的挑战，但也具备许多发展优势和机遇。面向2025年，北京将锚定全国文化中心的战略目标不断迈进，以文化自信传承历史文脉，以守正创新激发文化活力，以开放包容促进交流互鉴，以北京实践为文化强国建设作出更大的贡献。

（一）进一步深化文化遗产保护传承

在物质文化遗产保护方面，进一步加强对历史文化街区的整体保护和精细化管理。对中轴线地区进行全面规划，改善周边环境，保护传统建筑风貌和文化遗存的同时，强化对卫生、噪声污染、社会文明的管理，提升居民的生活品质，进而涵养文化氛围、提升文化建设的水平和高度。在非物质文化遗产传承方面，挖掘并建立更多的非物质文化遗产传承基地或项目，加大对非物质文化遗产代表性传承人的培养力度，鼓励非物质文化遗产与现代生活相结合，开发更多具有实用价值的非遗产品。

（二）与科技深度融合实现文化产业创新发展

充分开发和利用文化与科技的深度融合，提升文化市场主体的主体性、提升文化产业创新能力和文化产业市场竞争力。鼓励文化企业开发更多基于虚拟现实、增强现实技术的文化体验产品。充分利用科技手段增强影视产业技术能力，吸引更多国际影视资源来京发展。深度探索科技与文化旅游产业融合模式，打造更多具有北京特色的文化旅游线路和产品。

（三）提升公共文化服务效能和水平

进一步通过国家公共文化服务体系示范区建设完善公共文化服务体系，提升文化服务的供给效能和质量，更好地满足人民群众的精神文化需求。加大力度完善郊区公共文化服务效能，缩小区域差距。同时，提高城乡一体化公共文化服务数字化水平，利用互联网平台提供更多个性化、便利化的文化服务，如根据用户兴趣推荐文化产品、组织文化活动。

（四）发挥文化和旅游融合发展的新优势

京津冀地区在历史上一脉相连，具备文化脉络的连贯性和文化旅游资源整合的可能性。通过文化和旅游的融合发展，提升北京全国文化中心的吸引力和影响力，整合京津冀地区文化和旅游资源，形成发展新优势，拓宽全国文化中心建设的广度，辐射带动津冀地区文化发展。

（五）加强文化协同发展，拓展文化交流路径

在国内文化交流方面，进一步加强京津冀地区的文化协同发展，打造京津冀文化圈。在国际文化交流方面，积极申办更多国际文化活动，如国际文化艺术展览等，提升北京在国际文化交流中的影响力；拓展新时代中华文化走出去的新路径，通过国际交流和合作，推动中华文化在全球的影响力，提升文化中心的国际竞争力。打造全国文明典范城市和具有国际影响力的文化产业发展引领区，通过建设示范区和引领区，提升北京全国文化中心的影响力和竞争力。

参考文献

范俊生、高枝、杨旗等：《不断开创首都改革发展新局面　奋力谱写中国式现代化的北京篇章》，《北京日报》2025年1月15日。

任晓刚：《深入激发全国文化中心建设的活力》，《北京日报》2024年11月12日。

B.5

2024年北京国际交往中心功能建设成效与2025年形势分析

侯昱薇*

摘 要： 2024年，北京成功服务保障中非合作论坛北京峰会等重大国事活动，接待众多外国政要，提升了国际交往承载力。同时，积极举办高水平国际会议和展览，提升政务和公共服务国际化水平，吸引国际组织和机构落户，提升城市文化软实力，为"十四五"规划目标的实现和首都高质量发展贡献力量。在全球政治经济格局深刻调整、国际竞争日益激烈的背景下，服务国家总体外交大局、优化空间布局、深度参与共建"一带一路"、全面深化服务业开放以及提升国际化综合服务能力等方面仍需攻坚克难。展望2025年，北京将继续优化国际交往环境，提升全球资源配置、科技创新策源、国际文化交流功能，打造更具吸引力的国际交往中心，为构建人类命运共同体贡献北京力量。

关键词： 国际交往中心 服务保障 国际化综合服务

一 2024年北京国际交往中心功能建设成效

2024年是中华人民共和国成立75周年，也是实现"十四五"规划目标任务的关键之年。这一年，北京国际交往中心建设取得一系列瞩目成就。主

---

* 侯昱薇，经济学博士，北京市社会科学院市情研究所助理研究员，主要研究方向为绿色金融、金融监管、城市发展。

要体现在服务国家总体外交、提升国际交往活跃度、吸引国际高端要素集聚、优化国际服务水平和塑造大国首都形象等五个方面。

（一）服务国家总体外交，担当"国之大者"

2024年，北京在服务国家总体外交方面交出完美答卷，在重大国事活动服务保障、党中央开展对外工作服务保障、大型国际活动服务保障等方面，充分展现首都高质量发展的活力与风范。

1. 服务保障中非合作论坛北京峰会

2024年，北京成功服务保障了中非合作论坛北京峰会这一盛事，再次彰显了首都作为国际交往中心的责任与担当。此次峰会吸引了来自53个非洲国家的国家元首、政府首脑及其他高级官员，以及非盟委员会主席和联合国秘书长等国际组织代表，约6000名中外代表参会，成为中非合作论坛历史上参与国家和领导人数量最多的一次，也是中国近年来举办的规模最大、外国领导人出席最多的主场外交活动。[①]

北京市以最高标准、最强保障、最佳效果为目标，秉持科技、绿色、包容理念，全力做好峰会各项服务保障工作。在会场布置方面，采用引导机器人、茶艺机器人等高科技设备，融入中非合作论坛标志和中国传统文化元素，营造开放包容的氛围。同时注重环保低碳，会场布置使用LED节能设备，所有临时建设均采用可回收材料搭建。在安全保卫方面，成立专门工作小组，加强安检、监控和应急预案，约700名志愿者提供咨询引导、语言翻译等服务。礼宾接待方面，精心选定53家接待饭店，并安排了11条会外活动线路，让外宾深入感受北京的历史与现代魅力。在新闻宣传方面，在国家会议中心设立新闻中心，运用人工智能技术和绿幕虚拟拍摄系统，为境内外媒体提供高效便捷的服务。[②]

峰会期间，还举办了丰富的配套活动和多场高级别会议。中非合作论坛

---

① 王毅：《谱写新时代全天候中非命运共同体新篇章》，《求是》2024年第18期。

② 《魅力北京迎宾朋——2024年中非合作论坛峰会北京市服务保障工作亮点扫描》，http://www.news.cn/world/20240901/c50a5d29f0044000b7030a283721dadb/c.html，2024年9月1日。

第十七届高官会汇聚了论坛 54 个非洲成员高官和代表，论坛中方后续行动委员会成员单位负责人等近 300 人参会；第八届中非企业家大会吸引了 48 个非洲国家的 408 名工商界代表参会，规模达千人。[①] 此次峰会，北京不仅圆满完成了服务保障任务，更进一步提升了国际影响力，展现了作为"全球南方"合作领导者的角色，推动了中非全面战略合作伙伴关系迈上新台阶。

2. 高水平接待外国党宾国宾来访

2024 年，北京完成 333 个党宾、国宾团组的接待任务，做好市领导陪同外国国家元首向人民英雄纪念碑敬献花圈、来访团组市内参观访问等活动的服务保障工作。[②]

（二）提升国际交往活跃度

1. 国际交往承载力建设

在硬件设施方面，重点项目建设取得显著进展。作为北京国际交往中心功能的重要承载区，新国展二期项目已完成主体结构封顶，建成后将成为北京市面积最大、功能最完善的综合性会展场馆，室内展厅总面积约 21 万平方米，室外展场面积约 5 万平方米，会议中心地上建筑面积约 5 万平方米，其中会议面积约 1.5 万平方米，可同时容纳 9000 人参会，可满足各类国际会议、展览、论坛等活动需求，提升北京大型国际会议承载能力。[③] 在交通网络方面，北京"双枢纽"建设成效显著。2024 年，北京大兴国际机场旅客吞吐量已达 4941.67 万人次，较 2023 年增长超 1000 万人次，有力提升了北京的国际通达性。[④] 此外，北京还积极推进轨道交通建设，2024 年，地

---

① 《中非合作论坛第十七届高官会在北京举行》，https://wb.beijing.gov.cn/home/gjjwzx/zdgjhd/202409/t20240904_3789675.html，2024 年 9 月 4 日。

② 《北京市人民政府外事办公室 2024 年市政府工作报告重点任务全年落实情况》，https://wb.beijing.gov.cn/home/zwxx/tzgg/202411/t20241115_3941832.html，2024 年 11 月 15 日。

③ 《新国展二期亮相！"紫金丝带"将成为北京国际交往又一张亮丽名片》，https://content-static.cctvnews.cctv.com/snow-book/index.html?item_id=9617857166361940870，2024 年 12 月 13 日。

④ 《大兴机场 2024 年旅客吞吐量达 4941.67 万人次》，https://www.beijing.gov.cn/ywdt/gqrd/202501/t20250103_3980373.html，2025 年 1 月 3 日。

铁3号线一期、12号线、昌平线南延一期开通，全市轨道交通运营里程达879公里，居全国首位；推动地铁网、公交网多网融合发展，优化调整公交线路143条；完成五环内和城市副中心信号灯联网，交通出行条件进一步改善。在城市环境方面，2024年，北京空气质量优良天数达290天，是有监测记录以来空气质量优良天数最多的一年。创新出台国际绿色经济标杆城市建设实施意见，施行建筑绿色发展条例，新建装配式建筑面积占全市新建建筑面积的62%，绿电占比达到26%，碳排放强度继续保持全国省级地区最优水平。[①] 这些举措不仅改善了城市环境质量，也为国际交往活动提供了更加宜人的环境。

2. 举办高水平国际会议和展览

2024年，北京持续发力，举办了一系列具有国际影响力的高水平会议和展览，进一步提升了国际交往活跃度。北京市积极落实《关于促进本市会展业高质量发展的若干措施》，充分发掘展会功能，提升展会品质。中国国际服务贸易交易会、中关村论坛、金融街论坛年会等品牌活动影响力持续扩大，吸引了全球目光。此外，北京还举办了2024北京文化论坛、全球数字经济大会、北京国际电影节、北京国际设计周、中国发展高层论坛2024年年会"北京之夜"活动等一系列具有国际影响力的品牌文化活动，进一步提升了北京的文化软实力和国际影响力。这些会议和展览的成功举办，不仅提升了北京的国际知名度和影响力，也为促进国际交流合作、推动经济社会发展注入了新的活力。

（三）吸引国际高端要素集聚

1. 吸引国际组织和机构落户

2024年，北京市推出了一系列优惠政策，吸引更多国际组织落户。政策涵盖财政支持、办公场所、签证便利、税收优惠等方面，并提供一站

---

① 《形稳、势好、质优！2024年北京经济社会发展晒出精彩"成绩单"！》，ttps：//www.beijing.gov.cn/ywdt/yaowen/202501/t20250116_3990407.html，2025年1月16日。

式服务，简化审批流程。例如，北京为国际组织提供定制化服务方案，协助选址、注册和人员招聘等。此外，北京还加强与现有国际组织合作，支持其发展壮大，如与联合国开发计划署合作举办国际会议和论坛。同时，北京完善配套设施，建设国际组织集聚区，提供优质办公和生活环境，并加强沟通协调，优化服务水平，致力于打造吸引国际组织落户的良好生态系统。

2.吸引跨国公司地区总部和研发中心

北京优化外商投资政策，简化审批流程，提升服务效率，为跨国公司创造优越营商环境。例如，优化跨国公司地区总部认定标准，加大资金奖励、税收优惠和人才引进力度。这些举措吸引众多世界500强企业落户，例如某科技巨头设立亚太区研发中心，推动技术创新和产业链发展。北京还支持跨国公司开展创新研发，设立专项资金推动与本地机构合作。同时，打造国际化产业园区，例如中日、中德合作园区，提供优质发展平台。此外，提升国际服务贸易交易会、中关村论坛、金融街论坛的国际影响力，为跨国公司提供展示平台。北京不断优化营商环境，提升国际化水平，吸引越来越多跨国公司将其视为全球战略布局的重要支点。

3.吸引国际人才来京发展

北京正全力打造全球人才高地，以强有力的人才支撑建设国际科技创新中心。2024年，北京推出更加开放便利的国际人才引进政策，简化签证和居留手续，针对高层次人才推出长期签证和永久居留便利政策，并提供住房、医疗、子女教育等全方位保障。这些举措吸引了国际顶尖人才和团队，为北京的创新发展注入新活力。此外，北京积极搭建国际人才交流合作平台，举办论坛、会议等活动，促进国际人才交流合作，激发创新思维。同时，北京还通过建设国际人才公寓、改造示范街区等方式，为国际人才打造舒适便捷的生活环境，并依托金融街论坛等平台，为国际人才在金融领域的交流合作提供更广阔的空间。北京正逐步成为全球人才向往的创新创业热土，为国际科技创新中心建设提供源源不断的人才动力。

（四）优化国际服务水平

1. 提升政务服务国际化水平

2024年，北京市政务服务和数据管理局聚焦外籍人士在京办事、生活的高频需求，推出一系列创新举措，显著提升了政务服务的国际化水平，为外籍人士在京工作、生活、旅游提供了极大便利。

北京在全国率先打造契合各国消费者需求的机场支付服务示范区。截至2024年底，北京两大国际机场支付服务示范区已为3.1万名境外来宾提供咨询导办服务。中国银行、中国联通、北京市政交通一卡通共同推出的"幂方卡"，集成了支付、通信、交通等功能，外籍人士凭护照即可办理，插入手机后，不仅可以语音通话和上网，还能使用数字人民币购买商品，通过"BEIJING PASS"支付乘坐公共交通工具，极大地方便了外籍人士的出行。[1]

为了更好地服务初次来京的外籍人士，北京发布《境外初次来京人员城市服务指南》（Welcome to Beijing：Essential Tips for New Arrivals）。该指南聚焦外籍人士最基础、最重要的生活需求，以"文字+二维码"的形式，按照"抵达机场、前往市内、市内游玩"的流线，依次呈现通信、支付、交通、娱乐、旅游和购物、医疗六个场景的有效信息。此外，北京还在首都国际机场和大兴国际机场国际到达出口设置了"北京服务（机场服务点）"，提供金融、通信、交通、文旅四大主题服务，一站式解决外籍人士的咨询、支付、交通等高频服务需求。大兴机场的服务点占地面积200余平方米，设计融合了青绿山水元素，展现了北京的文化形象。

2. 提升公共服务国际化水平

2024年，北京多措并举，着力提升公共服务的国际化水平，为外籍人士在京生活、工作、学习和旅游提供更加便利、友好的环境。金融服务方

---

[1] 《北京多措施提升外籍人士入境体验　国际化便利服务"落地即享"》，https：//www.chinaqw.com/hqly/2025/01-09/388663.shtml，2025年1月9日。

面，北京积极响应国家优化支付服务的要求，着力提升现金、境外银行卡、电子支付的便捷程度。中国人民银行发布了中英双语及8种语言的《外籍来华人员支付指南》和《在华支付指南》，指导外籍人士使用各类支付服务。截至2024年9月，全国的6.7万个银行的网点、4200个外币的兑换设施、30万台ATM可以方便地兑换人民币。① 外籍人士可持护照在网上进行医院挂号，极大地方便了就医流程。教育方面，北京同样在上述外籍人才聚集区域加强国际学校的建设，为外籍人士子女提供优质的教育资源。北京还建设了9种语言的国际版门户网站，提供多语言服务，并编制北京市英文地图，提升外籍人士的出行便利度。这些举措都体现了北京在提升公共服务国际化水平方面的决心和努力。

（五）塑造大国首都形象

1. 加强国际传播能力建设

2024年，北京将加强国际传播能力建设作为塑造大国首都形象的重要抓手，通过多措并举，着力提升北京的国际话语权和影响力。一是打造具有国际影响力的外宣媒体平台。整合市内优质媒体资源，构建融媒体传播矩阵，以文字、图片、音频、视频等多媒体形式，运用英语、法语、俄语等多语种，通过网站、客户端、社交媒体等多平台，向世界全方位展示北京的发展成就和独特魅力。同时，加强国际传播人才队伍建设，培养一批具有国际视野、熟悉国际传播规律、精通多语种的专业人才。二是讲好中国故事、北京故事。深入挖掘自身丰富的历史文化资源，以故宫、长城、京杭大运河等世界文化遗产为载体，展现中华文明的悠久历史和灿烂文化；积极宣传北京在经济社会发展、科技创新、生态文明建设等方面的成就，展现中国式现代化的光明前景；围绕中国发展的重要理念、重大政策、重大事件，积极发声，阐释中国立场，增进国际社会对中国的理解和认同。三是加强与国际媒

---

① 《助力外籍人士无障碍融入中国金融市场 北京金融监管局发布中英金融服务指南》，https：//www.21jingji.com/article/20240926/herald/edd259c77e3cec54b892fed7250983ac.html，2024年9月26日。

体的合作，拓展对外传播渠道。与国际知名媒体机构建立长期稳定的合作关系，开展新闻报道、节目制作、人员交流等方面的合作；积极参与国际新闻发布会、媒体论坛、记者招待会等活动，主动设置议题，发出北京声音；支持外国媒体在北京设立分支机构，为外国媒体记者在京采访报道提供便利，鼓励他们深入报道北京，向世界传递客观、真实的北京形象。

2. 提升城市文化软实力

2024年，北京将持续发力提升城市文化软实力，以更开放的姿态拥抱世界。"北京中轴线"作为北京文化的新地标，将在成功申遗的基础上，进一步加强文化阐释和传播，推出更多"出圈"文创产品，并以中轴线为轴，带动周边区域发展成为集文化体验、美食休闲、文创消费于一体的特色文化旅游街区。同时，中国发展高层论坛2024年年会"北京之夜"活动的影响力持续扩大，吸引更多跨国企业和国际组织关注北京、投资北京，共享发展机遇。而随着240小时过境免签政策的实施，外籍旅客可享受更便捷的旅行体验，深度感受北京乃至京津冀地区的文化魅力，这也将进一步提升北京的国际影响力，展现中国开放自信的形象。

二　2025年北京国际交往中心建设形势分析

（一）服务国家总体外交大局面临新挑战

北京作为大国首都的国际影响力与日俱增，为服务国家总体外交提供了更为广阔的舞台和更加坚实的基础。北京将继续成为我国开展元首外交、政党外交、公共外交等各类外交活动的重要承载地，并在促进国际合作、推动构建人类命运共同体等方面发挥积极作用。

然而，迈向2025年，北京国际交往中心建设在服务国家总体外交大局的过程中，也面临着新挑战。一是全球政治经济格局正经历深刻调整，大国博弈日趋激烈，地区冲突与热点问题频发，这些都给北京服务国家总体外交大局带来了复杂多变的外部环境和前所未有的挑战。二是国际舆论环境依然复杂严峻。部分西方国家对中国的偏见和误解根深蒂固,意识形态对抗和价值观冲突时有发生。为有效应对国际舆论挑战,讲好中国故事,传播好中国声音,提升北京的国际形象和软实力,需要深入思考并采取切实有效的措施。三是参与全球治理的能力亟待提升。尽管北京在国际事务中发挥着越来越重要的作用,但在参与全球治理体系改革和建设方面仍需加强。如何更好地发挥自身优势,积极参与国际规则制定,贡献北京智慧和方案,推动构建更加公正合理的国际秩序,是北京国际交往中心建设需要进一步探索和实践的重要课题。

(二)空间布局优化仍需持续推进

近年来,北京在"四个中心"功能建设方面取得显著进展,国际交往功能空间布局实现明显优化。然而,在空间布局和功能优化方面仍面临一些亟待解决的问题。第一,核心区域功能仍需进一步提升。作为承载国家政务活动和重要国际交往活动的核心区域,其服务保障能力和水平仍需持续强化。特别是在重大国际会议、高层外交活动等方面的综合服务能力,需要不断完善和提升。第二,重点功能区域之间的协同发展有待加强。雁栖湖国际会都、中国国际展览中心新馆、北京大兴国际机场临空经济区等重要国际交往功能承载区,虽各具特色、功能互补,但在区域联动、资源共享、信息互通等方面的协同效应尚未充分发挥,需要通过统筹规划和协调推进,形成更强发展合力。第三,国际交往功能相关资源的空间配置效率仍需提高。包括会议场所、接待设施、交通枢纽等在内的各类资源,其空间布局和使用效率存在优化空间。需要通过科学规划和精细化管理,提升资源配置效率,实现国际交往功能的最大化发展。

(三)深度参与共建"一带一路"任重道远

首先,自身优势发挥不充分。北京在科技创新、文化底蕴、教育资源等方面拥有显著优势,但在共建"一带一路"中,这些优势尚未得到充分发挥和有效转化。如何找准发力点,将自身优势与共建"一带一路"国家和地区的实际需求有效对接，形成互利共赢的合作模式，需要深入研究和精准施策。其次，国际合作平台需完善。需要进一步完善共建"一带一路"国际合作平台，提升服务共建"一带一路"的能力和水平。这包括加强与国际组织的合作，搭建更多高层次、机制化的交流平台，提供更加专业化、国际化的服务保障。最后，涉外商事调解领域的法律法规和配套服务体系亟待完善。涉外公共事务法律服务和与之配套的信息化系统平台尚不成熟，难以满足日益增长的涉外法律服务需求。随着共建"一带一路"的深入推进，由政府、司法等部门统一牵头规划，建设一体化、高水平的涉外公共事务法律服务信息化平台已迫在眉睫，这对于保障共建"一带一路"的顺利进行，维护中外企业的合法权益至关重要。

（四）服务业开放仍须攻坚克难

国家进一步扩大服务业开放的政策红利，为北京带来了前所未有的发展机遇，与此同时，一些深层次问题仍然制约着北京服务业的开放步伐。首先，部分领域开放程度仍需提升。尽管北京在服务业开放方面已取得一定成效，但在金融、科技等关键领域，对标国际一流标准，开放的广度和深度仍有待加强，需要进一步放宽市场准入，吸引更多国际高端要素集聚。其次，体制机制障碍仍是制约服务业开放发展的关键因素，一些束缚服务业开放的体制机制问题仍然存在。例如，外商投资和境外投资管理仍较为侧重事前行政审批，事中事后监管体系有待完善；企业反映了出国手续烦琐、审批周期长；民营企业"走出去"面临融资渠道窄、成本高等问题。解决这些问题都需要深化改革，破除体制机制障碍，营造更加开放、透明、可预期的制度环境。再次，改善营商环境中存在的问题不容忽视。有法不依、执法不严的现象仍然存在，需要进一步加强法治建设，确保政策的有效执行。最后，熟悉国际经贸惯例、可以与跨国公司有效沟通的高端人才缺乏，部分外资企业招工难，国际航班不能完全满足外商需要，在京外籍人士的宗教生活、子女入学、就医等方面也存在一些困难和问题，这些都需要引起高度重视并加以解决。

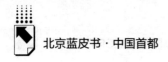

（五）国际化综合服务能力建设仍是关键短板

在国际化综合服务能力方面，市民国际素养不断提升，提供了良好的人文环境，但对标国际一流标准，仍存在提升空间。首先，政务服务便利化程度与外籍人士的期待仍有差距。尽管北京已采取多项措施简化流程，但外籍人士在京办事，特别是在出入境管理、工作许可、证件办理等方面，仍面临手续烦琐、效率不高的问题。例如工作许可通知的发行时间较长，变更工作签证时限较短，外籍人员出差出入境需频繁更新信息且各派出所要求不一，这些都给企业和外籍员工带来了较大不便。其次，公共服务国际化水平有待加强。国际学校、国际医院等配套设施的建设和管理仍需完善，特别是医疗服务国际化水平亟须提升。目前，基层医疗服务团队整体国际化程度不高，涉外医疗服务体系尚不健全，语言、病历档案管理、国际医疗保险衔接等方面均存在不足，外籍人士在就医支付、保险理赔等方面也存在诸多不便。再次，国际人才服务体系需进一步完善。"类海外"环境建设是吸引和留住国际人才的关键，北京在这方面仍需加大力度。目前，国际人才社区的管理服务水平仍有待提高，社区服务供给不足，针对外籍人员的志愿服务和便利服务项目较少，社区涉外服务与管理职能、职责有待进一步优化和完善，专业人员配备和素质提升也需要加强。最后，由于文化差异、语言障碍等因素，社区文化融合度不高，常态化的社区文化融合机制尚未形成。

三　2025年提升北京国际交往中心功能建设的建议

北京应紧紧围绕首都城市战略定位，全面提升国际交往中心功能，以更加开放的姿态拥抱世界。进一步强化服务保障重大国事活动的能力，积极参与全球治理，深化与重点国家的交流合作，持续提升国际传播能力，讲好中国故事、北京故事。

（一）服务国家总体外交大局

一是全力保障重大国事活动。针对未来几年在京举办的重要活动，需提前谋划，制定周密方案，加强风险评估和应急预案，细化流程与分工，强化部门协同，确保活动安全顺利。同时提升服务保障水平，展现首都形象。二是积极参与全球治理。依托在京国际组织资源，参与国际规则制定，就重大议题发声，贡献北京智慧。加强与联合国合作，在可持续发展、气候变化等领域发挥作用，推动全球治理体系改革。

（二）持续优化国际交往功能空间布局

一是做强"一核"。强化核心区政治中心和国际交往中心功能，提升服务保障能力。优化空间布局，疏解非首都功能，推进老旧小区改造和环境整治，保护历史文化名城，提升城市品质。完善基础设施和公共服务配套，提升国际化服务水平，营造安全、舒适、便利的国际交往环境。

二是提升"两轴"。发挥北京中轴线及其延长线、长安街及其延长线的政治、文化和国际交往功能，打造展示国家形象和首都风范的窗口。加强沿线环境整治和风貌管控，保护历史文化遗产，提升景观品质。挖掘文化内涵，策划高水平文化活动，彰显中华文化魅力。

三是做精"多点"。推进雁栖湖国际会都扩容提升，完善配套设施，打造高端国际会议举办地。加快新国展三期建设，提升国际会展业竞争力。高标准建设北京大兴国际机场临空经济区，打造国际交往新门户。加强重点区域间交通联系和功能联动，促进资源共享和优势互补，形成协同发展的国际交往功能组团。

四是加强区域协同。推动国际交往功能在京津冀区域合理布局，加强与天津、河北的协作，打造具有国际影响力的首都城市群。发挥北京辐射带动作用，推动优质资源向周边延伸，促进区域协同发展。在基础设施互联互通、产业合作、生态环境保护等领域加强合作，实现共赢发展。

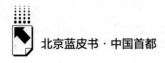

（三）深度参与共建"一带一路"

一是搭建"一带一路"国际合作平台。充分利用北京的政治、经济、文化资源优势，积极申办和举办更多高水平的"一带一路"相关国际会议、论坛、展览和文化交流活动，打造"一带一路"国际合作的重要平台和品牌项目。要加强与共建"一带一路"国家和地区的沟通协调，吸引更多国际组织和机构参与，提升平台的国际影响力和号召力。

二是推动"一带一路"项目落地。支持北京企业发挥在基础设施建设、高端制造、科技创新等领域的优势，积极参与共建"一带一路"国家的投资和建设项目，推动更多高质量、可持续的合作项目落地见效。要加强政策引导和支持，为企业"走出去"提供更加便利的服务和保障。

三是加强"一带一路"人文交流。深化与共建"一带一路"国家在科技、文化、教育、旅游、卫生等领域的交流合作，促进民心相通。发挥北京作为全国文化中心的优势，积极推动中华优秀传统文化走出去，加强与共建国家的文化交流互鉴。要充分利用北京丰富的教育资源，加强与共建国家的人才培养合作，为共建"一带一路"提供人才支撑。

（四）全面深化服务业扩大开放

一是提升北京服务业开放水平，扩大市场开放程度和覆盖面，落实新一轮开放措施，推动重点领域对外开放，促进服务业扩大开放综合示范区、自贸试验区建设及京津冀服务业协调开放。二是完善服务贸易促进体系，依据相关法律法规，制定服务业贸易管理规定和促进条例，规范市场准入，维护公平竞争。三是加强服务贸易交流合作平台建设，以中国国际服务贸易交易会为主，形成会展格局，深化与共建"一带一路"国家合作。四是推进京津冀服务业协同开放，根据三地资源禀赋和产业基础，合理分工，形成产业联盟，共同促进服务贸易升级。

（五）提升国际化综合服务能力

一是提升政务服务国际化水平。深化"放管服"改革，推进"一网通办""最多跑一次"，为外籍人士和外资企业提供便捷高效的政务服务。加强多语种服务能力，在政务大厅、网上平台提供英语、日语、韩语等主要语种服务，消除语言障碍。设立国际人才服务专窗，提供政策咨询、工作许可、签证办理等一站式服务，提高效率。

二是提升公共服务国际化水平。满足在京外籍人士需求，加强国际学校、医院等配套设施建设，提供多元化、高质量的教育和医疗服务。优化国际学校布局，引进知名教育品牌，提升国际教育水平。支持国际医院建设，引进先进医疗技术和管理模式，提供国际标准服务。完善公共场所多语种标识和信息服务，在交通枢纽、景点、商业中心等提供多语种咨询，营造友好便利的公共环境。

三是提升金融服务国际化水平。落实国家金融开放政策，推动金融市场双向开放，吸引国际金融机构和资本来京发展，提升北京金融业国际竞争力。支持人民币国际化，扩大跨境使用，提升北京在全球金融市场中的地位。加强与国际金融中心交流合作，学习先进经验，提升服务水平。完善跨境金融风险防范机制，维护金融安全稳定。

四是加强国际人才队伍建设。实施开放便利的国际人才引进政策，简化工作许可和居留手续办理流程。建立以能力、实绩、贡献为导向的国际人才评价体系，吸引高层次人才来京创新创业。为国际人才提供住房、医疗、子女教育等便利服务，消除后顾之忧。建立国际人才综合服务平台，提供政策咨询、职业发展、生活融入等全方位服务，营造"类海外"工作生活环境。提供住房、医疗、子女教育等方面的便利服务，消除他们的后顾之忧。建立国际人才综合服务平台，提供政策咨询、职业发展、生活融入等全方位、个性化的服务，营造"类海外"的工作生活环境。

参考文献

安庭：《强化市场联动　提升北京入境旅游竞争力》，《北京观察》2024年第10期。

杜倩倩：《北京"两区"建设进展与政策效应研究》，《时代经贸》2022年第9期。

付晓：《展翅腾飞看怀柔　怀柔：科学之城与国际交往中心比翼齐飞》，《中国会展（中国会议）》2023年第2期。

娄勤俭：《坚持系统观念　服务国家总体外交》，《中国人大》2024年第5期。

邱鹄、金新：《"一带一路"倡议的国际学术话语：进展、热点及展望》，《上海交通大学学报》（哲学社会科学版）2024年第10期。

杨望：《稳步推进数字金融国际化发展》，《清华金融评论》2024年第9期。

B.6
新质生产力视域下北京首发经济的难点与对策

彭志文　徐姝雨*

摘　要： 北京作为中国首都和国际消费中心城市，发展首发经济具有得天独厚的优势。积极发展首发经济，以新时空观创建消费场景，以新发展观创造独特情感体验，以新开放格局促进国内国际双循环，以新产业融合打造特色消费生态，探索首发经济与新质生产力相融合的新模式，通过优化数字经济生产资料的分配方式，提高生产知识的传播效率，不断吸收劳动力进入数字经济的生产过程，促进人的全面发展，消除消费与生产之间的矛盾对立，从根本上提振消费，这对于首都经济社会发展具有重要意义。

关键词： 首发经济　国际消费中心城市　新质生产力

一　引言

2024 年 7 月，党的二十届三中全会通过了《中共中央关于进一步全面深化改革、推进中国式现代化的决定》，提出积极推进首发经济。2024 年 12月，中央经济工作会议再次重申，大力提振消费，积极发展首发经济、冰雪经济、银发经济。"首发经济"的概念起源于"首店经济"。2015 年以来，"首店"效应日益受到购物中心的重视。"首店经济"强调利用区域特色资

* 彭志文，北京邮电大学经济管理学院副教授，博士生导师，北京城市管理学会秘书长，主要研究方向为人工智能、数字经济；徐姝雨，北京邮电大学经济管理学院博士研究生，主要研究方向为金融风险管理。

源优势，吸引知名品牌在域内开设首家店铺，促使品牌价值与区域禀赋融合发展，发挥辐射效应。相对于"首店经济"，"首发经济"的内涵外延得到了极大扩展。不再局限于首店新开，而是涵盖了新产品、新服务、新技术、新模式、新业态、新景观等新事物的"首次亮相"，包括了首店、首展、首秀、首发、首演、首赛、首设、首创等各种形态。北京市凭借"首善之区"的独特优势，在推进首发经济、建设国际消费中心城市的实践中进行了大量的探索，取得了较好的成绩。北京实践和首都经验将为其他城市发展首发经济提供有益借鉴。

二 北京发展首发经济的有利条件

（一）消费市场规模大、水平高、结构多样

北京市是一个人口超过 2000 万人的超大城市，适龄且具有消费能力的人口占比达到 65.4%，约为 1428.5 万人，现实和潜在的消费市场规模巨大。北京市的人均消费支出水平在全国位居前列，消费市场具有水平高、多样化的特点。受新冠疫情影响，2020～2022 年北京市居民人均消费支出一直较低。在经济刺激政策、特别是消费支持政策的作用下，2023 年、2024 年北京市居民消费支出逐步回升，已超过疫情前水平。人均居民消费水平稳中有升（见表 1）。

表 1 北京市居民消费水平统计表

年份季度	人均消费支出（元）	同比变化（%）
2020 年第一季度	10003	-5.96
2020 年第二季度	8617	-17.91
2020 年第三季度	9324	-10.42
2020 年第四季度	10959	-4.67
2021 年第一季度	10998	9.95
2021 年第二季度	10566	22.62

年份季度	人均消费支出（元）	同比变化（%）
2021 年第三季度	10217	9.58
2021 年第四季度	11859	8.21
2022 年第一季度	11332	3.04
2022 年第二季度	9703	-8.17
2022 年第三季度	10636	4.10
2022 年第四季度	11012	-7.14
2023 年第一季度	12045	6.29
2023 年第二季度	10816	11.47
2023 年第三季度	11922	12.09
2023 年第四季度	12803	16.26
2024 年第一季度	13034	8.21
2024 年第二季度	11131	2.91
2024 年第三季度	12416	4.14
2024 年第四季度	13167	2.84

资料来源：北京市统计局。

    2016 年北京市居民人均消费占人均收入的比例为 67.4%，2017～2022 年这一比例整体下降，2022 年第二季度低至 52.62%。之后开始止跌回稳，2024 年第三季度升至 57%，但仍低于疫情前水平。城镇居民平均消费倾向低于全市水平，农村居民平均消费倾向高于全市水平（见图 1）。消费者信心指数也呈现类似模式。

    图 2 显示了 2019 年第一季度至 2024 年第三季度北京市居民人均消费结构。居住支出是消费支出的最大组成部分。疫情防控期间居住支出占比有所上升，2020 年第二季度至 2022 年第二季度，居住支出在消费中占比超过 42%。2024 年前三季度，人均居住支出 13866 元，较上年同期上涨 1.1%，但消费占比从 40% 下降至 37.9%，剔除了春节等季节因素之后，食品烟酒支出水平稳步上升，但消费占比逐步下降。2024 年第三季度，全市居民恩格尔系数降至 19.4%，衣着支出的消费占比同时下降。公众受疫情影响更加关注健康，医疗保险支出增加。教育、文化和娱乐支出逐步回升。生活用品及服务支出水平和占比均出现下降。这反映了北京市居民消费结构多样化的趋势。

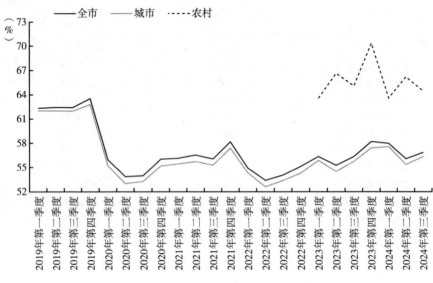

图1　北京市居民人均消费占人均收入的比例

注：北京市统计局未公布2022年及之前的农村居民人均消费数据。
资料来源：北京市统计局。

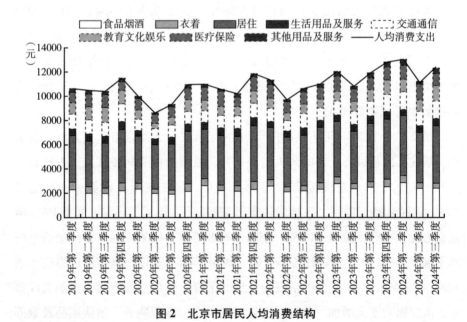

图2　北京市居民人均消费结构

资料来源：北京市统计局。

消费市场总量规模大、人均水平高、结构多元化的当前特征，使得北京市居民消费升级面临关键机遇期。首发经济适逢其时，通过创新消费场景，提升消费体验，以质增效，大有可为。

（二）空间关系

2024 年是京津冀协同发展战略实施十周年。京津冀一体化建设成效显著。"一小时环京通勤圈""六链五群"基本成形。京津冀通勤定制快巴已覆盖燕郊、固安、廊坊、武清等 9 条主线和 35 条支线，客运量超过 230 万人次。[①] 北京市区与天津市区之间的高速公路车程仅需两小时。白河大桥通车，连接北京通州区与河北大厂回族自治县的厂通路全线贯通，河北省三河市居民驱车进京时间缩短了 20 分钟。[②] 目前京津冀区域内高铁运营里程达到 2669 公里，已形成了以北京、天津为核心枢纽，覆盖连通河北省所有地级市的高速铁路网。2024 年国庆假期期间，京津冀区域内多个车站和线路客流量破纪录。北京市内新设消费场景对环京地区周边居民具有较强的吸引力。2024 年，京津冀三地再度携手打造京津冀消费季，统筹商业、文化、旅游、体育、健康等特色资源，营造"全年乐享，全民盛惠"的浓厚氛围。

随着京津冀一体化的深入发展，北京对周边地区的吸引和辐射作用不断放大。比如，山西、内蒙古都提出融入京津冀协同发展。不仅如此，从经济交往、人员流动等空间关系上看，深圳、苏州、昆明、海口等城市皆可谓某种程度的北京"飞地"。跨城消费需求成为支撑北京市消费供给的另一大重要力量。2024 年前三季度，北京市新开设 717 家品牌首店，包含零售、餐饮、休闲娱乐等多个领域，同比增加 40%，其中 105 家国际品牌。[③] 开业优惠和便捷交通吸引了大量环京地区居民前来消费，跨城购物逐渐成为生活常

---

① 《一站直达"零换乘"，北京到天津海教园通勤定制快巴今起开通》，https：//xkczb. jtw. beijing. gov. cn/xwzz/20241025/1729841118548_1. html，2024 年 10 月 25。

② 《潮白河大桥迎新进展，通怀顺义段通车时间》，https：//xkczb. jtw. beijing. gov. cn/xwzz/2024129/1733735101343_1. html，2024 年 11 月 18 日。

③ 《半两财经 | 北京全年新增首店数超 900 家　呈现国际化、主题化、均衡化》，https：//news. ynet. com/2025/01/07/3854189t70. html，2025 年 1 月 7 日。

态。在外地游客的旅游消费结构中,购物作为最主要的消费构成,占比31.62%,其次是餐饮、交通和住宿,分别占总支出的16.59%、15.41%和13.84%,再次则是文化娱乐及其他、游览(见图3)。2019年外省游客在北京的文化娱乐消费占比为3.63%,全年消费共计225.8亿元,2024年前三季度消费共计628.8亿元,占比上升至10.07%。

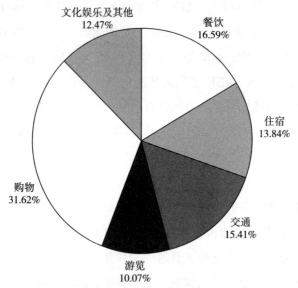

图3　2024年前三季度外省游客在京消费结构

(三)产业基础

北京市文旅产业的蓬勃发展,为首发经济的崛起提供了坚实的基础。2024年,北京文旅经济持续向好,全年接待游客总量达3.72亿人次,同比增长13.1%;旅游总花费达6722.4亿元,同比增长14.9%,双创历史新高。北京中轴线申遗成功,进一步提升了城市的文化影响力,纪录片《跨越时空的北京中轴线》《最美中轴线》等节目在社交媒体上引发热议,使北京成为全民打卡的热门地点。此外,北京深入推进"演艺之都"建设,全年举办营业性演出5.7万场,观众超1200万人次,票房收入超39亿元。丰富的文旅产品供给和优质的消费体验,为首发经济提供了强大的产业支撑。

在国际游客接待方面，2024 年北京接待入境游客 394.2 万人次，同比增长 237.2%（见表 2）。2025 年，北京将通过优化产品、提升服务等措施，进一步提升入境游吸引力。北京市商务局发布《北京培育建设国际消费中心城市 2024 年工作要点》，明确提出推动新商圈建设和老商圈改造，打造国际消费中心城市。在免签政策的推动下，北京的国际游客数量持续增长，为首发经济注入了新的活力。通过发展离境、跨境消费新模式，提供退税、翻译等服务，北京将进一步提升国际游客的消费体验，推动首发经济的国际化发展。

表 2　北京市旅游市场统计情况

单位：万人次，亿元

年份季度	2023 年第一季度	2023 年第二季度	2023 年第三季度	2023 年第四季度	2024 年第一季度	2024 年第二季度	2024 年第三季度	2024 年第四季度
游客总量	5896.2	9234.4	9650.2	8073	7285.4	9909.5	10922.7	9035.3
入境游客	11.3	29.5	34.3	41.8	55.2	110.6	106.1	122.3
国内游客	5884.8	9204.9	9615.9	8031.3	7230.2	9798.9	10816.7	8913.0
外省来京游客	3204.8	5108.3	5426.8	4379.2	4317.4	5065.8	5890.4	4899.1
市民在京游客	2680.0	4096.6	4189.1	3652	2912.8	4733.1	4926.3	4013.9
总收入	1033.5	1569.1	1775.9	1471.3	1443.5	1665.7	1931.9	1681.2
国际旅游收入	13.7	28.1	34.6	42.1	54.2	96.1	92.2	106.9
国内旅游收入	1019.8	1541.0	1741.3	1429.2	1389.3	1569.6	1839.8	1574.3
外省来京收入	906.5	1381.2	1549.7	1256.4	1252.2	1377.9	1620.3	1393.9
市民在京收入	113.3	159.8	191.6	172.8	137.1	191.7	219.4	180.4

资料来源：北京市文化和旅游局。

近年来，北京市以数字经济、高端制造、绿色低碳、生物医药、未来科技等产业为代表的新经济蓬勃发展，产业向高端化、智能化、绿色化转型升级，为首发经济的崛起提供了坚实的产业融合基础。自 2021 年起，北京锚定全球数字经济标杆城市建设目标，持续发力。目前，北京已形成全国规模最大的人工智能、区块链、信创、工业互联网等核心产业集群，数字产业规模和创新能力均居全国前列。2024 年，北京市继续加大财政对科技创新的投入，预计科学技术支出达 445.8 亿元，全力加速国际科技创新中心建设。

根据《北京人工智能产业白皮书（2024）》，北京人工智能企业数量已超过2400家，上市企业市值突破4万亿元。数字经济的快速发展，不仅为北京的技术进步和经济增长提供了支撑基础，更通过产业融合催生了新的商业模式和消费场景，为首发经济注入了强大动力。

北京市通过基础设施建设和配套政策支持，进一步优化了数字产业与首发经济融合的生态环境。2024年，北京经济开发区成为全国新质生产力发展的标杆实践地，辖区内国家高新技术企业突破2300家，国家级专精特新"小巨人"企业达155家。这些企业和创新平台不仅为首发经济提供了技术支持，更通过产业协同创新，推动了首发经济的高质量发展。此外，北京及周边城市的产业链、供应链、人才链高度协同，为首发经济的持续发展提供了坚实保障。

（四）政策促进体系

《北京市商业消费空间布局专项规划》提出，要打造融合"中国潮、国际范、烟火气"的消费场景，将北京建设成为国际消费中心示范城市和国际一流的和谐宜居之都。为落实《北京培育建设国际消费中心城市实施方案（2021—2025年）》，北京市于2024年2月22日启动了全国消费促进月暨京津冀消费季活动，通过发放"京彩·绿色"消费券，激发市民消费潜力，推动居民整体消费水平稳步提升。

与此同时，北京市将优化营商环境作为推动区域经济高质量发展的关键举措，通过完善产业配套、规范市场秩序、强化人力资本和加强政策支持，构建了一个复杂而高效的生态系统。为进一步激发首店首发经济活力，北京市出台了《促进首店首发经济高质量发展若干措施》，为符合条件的品牌首店、旗舰店、创新概念店及新品发布活动提供服务便利和资金支持。具体措施包括对首店店面装修及房租给予最高不超过核定实际投资额50%的资金支持、对引进符合条件首店的主体给予每个店铺最高10万元的奖励。

北京市的首发经济促进政策以消费的供给侧结构性改革为着力点，通过对品牌门店及首发活动给予资金支持，激励企业和品牌不断创新，持续发挥辐射效应和长尾效应，为国内乃至全球消费者提供更多新型消费选择，进一步巩固北京作为国际消费中心的地位。

三 北京发展首发经济的主要难点

（一）就业收入增长受阻

北京市统计局发布的调研数据显示，2024年第三季度北京市消费者信心指数为95.5，较上季度下降10.4（见图4）。这一显著下滑的直接原因是消费者对就业现状和预期的满意度大幅下降。就业状况预期指数和就业状况满意度指数均呈现明显下滑态势。尽管家庭收入状况的满意度相对稳定，但对未来就业环境的悲观预期仍拉低了消费者的消费意愿。消费者对就业环境的悲观情绪成为消费者信心下降的主要因素。

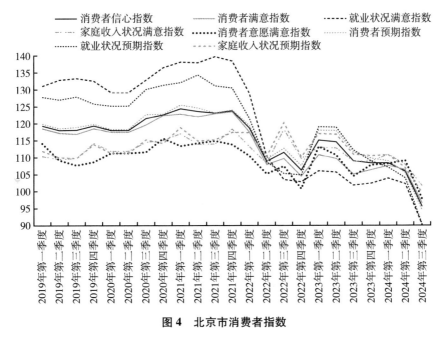

图4 北京市消费者指数

资料来源：北京市统计局。

　　发展首发经济能够提升消费供给质量，改善消费者满意度，但这种改善难以抵消因就业环境和收入预期所导致的消费紧缩。首发经济无法在消费紧缩中获得长期发展。目前，北京市的首发经济相关促进政策主要集中在供给侧（见表3），缺乏提振消费需求的长效手段。例如，消费补贴政策虽有积极作用，但对消费者信心的中长期效果有限，消费者的感知并不明显。

表3　北京市发展首发经济的相关促进政策

发布主体	政策文件	发布时间
北京市通州区人民政府	《北京城市副中心（通州区）"十百千"产业集群培育工程实施方案》	2024年12月
北京市通州区人民政府	《北京城市副中心打造全域场景创新之城实施方案》	2024年12月
北京市怀柔区人民政府	《怀柔区推动商务领域高质量发展支持办法》	2024年11月
北京市石景山商务局	《石景山区推动商务高质量发展的若干措施》	2024年11月
北京市通州区人民政府	《台湖演艺小镇高质量发展三年行动计划》	2024年11月
北京市商务局	《关于申报2024年老字号传承发展项目的通知》	2024年6月
北京市顺义区商务局	《顺义区促进国际消费中心城市建设专项资金支持办法（2024年修订版）》	2024年6月
北京市平谷区人民政府	《关于"六链同构"推动北京（平谷）直播电商产业功能区建设行动方案（2024年）》	2024年4月
北京市东城区人民政府	《北京市东城区关于贯彻落实〈质量强国建设纲要〉的实施方案》	2024年4月
北京市商务局	《关于促进北京市直播电商高质量发展的若干措施（2024—2025）》	2024年3月
北京市商务局	《北京市商务局关于发布2024年度鼓励发展商业品牌首店首发项目申报指南的通知》	2024年3月
北京市商务局	《北京培育建设国际消费中心城市2024年工作要点》	2024年2月
北京市商务局等9部门	《推动北京餐饮业高质量发展加快打造国际美食之都行动方案》	2024年2月
北京市昌平区人民政府	《昌平区加快国际消费中心城市融合消费创新示范区培育建设若干促进措施》	2023年10月
北京市商务局等9部门	《关于支持美丽健康产业高质量发展的若干措施》	2023年9月

发布主体	政策文件	发布时间
北京市商务局等9部门	《进一步促进北京老字号创新发展的行动方案（2023—2025年）》	2023年9月
北京经济技术开发区管理委员会	《北京经济技术开发区促进商业领域发展的若干措施（试行）》	2023年8月
北京市商务局	《北京市促进商业步行街高质量发展的指导意见》	2023年8月
北京市人民政府	《北京市贯彻落实加快建设全国统一大市场意见的实施方案》	2023年7月
东城区培育建设国际消费中心城市示范区工作领导小组办公室	《东城区老字号保护传承与创新发展三年行动方案（2023—2025年）》	2023年6月
中共北京市委、北京市人民政府	《关于贯彻落实〈质量强国建设纲要〉的意见》	2023年4月
北京市东城区人民政府	《东城区全方位优化营商环境打造文化创新融合改革示范区工作方案》	2023年4月

资料来源：北京市人民政府门户网站。

从与居民消费最相关的零售业、餐饮业和住宿业的统计数据来看，2020年第一季度，单位数出现较大幅度增长。之后大致保持相对稳定。直至2024年第一季度，单位数再次出现较大幅度增长（见图5）。此次单位数增长主要来自餐饮业，从业人数也随之增加。然而，随后的两个季度里，从业人数减少了1万人。尽管规模以上餐饮企业在第三季度的收入上涨了2.7%，但净利润却下降了52.9%。餐饮业热度急转直下不仅影响了居民的消费体验，还降低了消费者的就业收入预期。零售业的单位数虽略有增长，但从业人数却逐年减少。2024年第三季度，零售业从业人数仅为2019年的65.6%。自动售卖、自助收银、无人商店等数字化新零售技术的广泛应用，降低了销售成本，提高了销售效率，却也对劳动力造成了实质替代。数字鸿沟进一步限制了低技能劳动力的就业机会和增收空间。总之，就业收入增长乏力，将抑制消费者信心或情绪，降低消费市场活跃度。

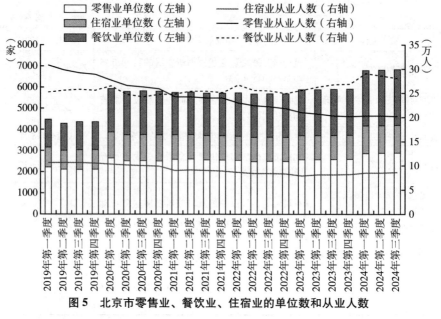

图5　北京市零售业、餐饮业、住宿业的单位数和从业人数

资料来源：北京市统计局。

（二）同质化内卷式竞争普遍

在一、二线城市发展首发经济的过程中，竞相争夺国际大品牌的亚洲首店、国内首店的现象频发，导致同质化竞争严重。中心城市也出现了品牌饱和，首店选址日益显现下沉趋势。当"区域首店"遍地开花之时，首店的独特性和吸引力也耗竭殆尽。若引入的品牌不具备强大的创新能力，首店便难免沦为普通连锁店的宿命。以北京市的餐饮业为例，同质化现象尤为突出。2024年上半年，北京日均新开餐饮店铺达26.5家，其中连锁、低价、高频消费的餐饮店铺开设面积占全市新开店总面积的32%。高度可复制性驱动了这种快速扩张，但随之而来的往往是客单价和利润的双重收缩。许多中高档餐厅不得不推出低价套餐以吸引客流。2024年第三季度，餐饮业的营业收入有所增长，但净利润却有所下降，这说明消费市场的供给侧可能已经出现结构性问题。北京市规模以上零售业、餐饮业营业收入和利润如图6、图7所示。

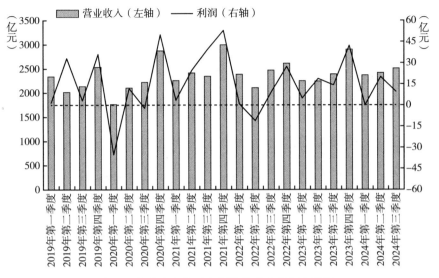

图6 北京市规模以上零售业营业收入和利润

资料来源：北京市统计局。

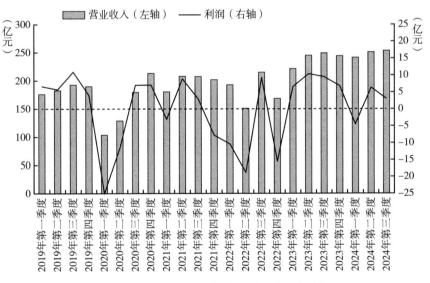

图7 北京市规模以上餐饮业营业收入和利润

数据来源：北京市统计局。

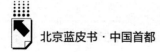

同质化扩张进一步加剧了行业"内卷"。门店迫于竞争压力，不断削减成本，甚至以牺牲质量为代价。从亚洲首店、国内首店到区域首店，从旗舰店到创意店，仅凭不同概念和名义上的"首店"噱头，无法实现消费供给提质和消费环境引领。首发经济的本质是强调创新。发展首发经济没有固定模式，简单复制只会加剧内卷式竞争，降低消费者的消费体验。

（三）消费脱实向虚

数字经济时代，消费方式从线下向线上转变，消费内容从实体向虚拟转变。电商和直播带货在平台经济的加持下，消费者足不出户即可轻松比价和购物，消费权益保障相对充分。相比之下，线下消费在价格和维权上缺乏竞争力，传统线下消费体验也不尽如人意。这使得消费者日益倾向于线上购物。

为应对线下消费吸引力不足的挑战，北京市以旧商圈改造与新商圈建设作为发展首发经济、创新消费场景和体验的重要抓手。一方面，对具有深厚本地居民情感基础的地标性商圈进行翻新改造升级，例如西单商城，通过注入新的活力使其焕发新生；另一方面，在居民聚集区建设新的商圈，打造地标性消费中心，如海淀大悦城，为居民提供休闲购物新去处。但在商圈实际运营中往往过度追求首发速度，在前期准备上压缩时间、降低标准，导致开业初期问题频出，引发消费者不满。因此，北京市在依托商圈推进首发经济的过程中，必须合理平衡速度和质量，确保基础设施完善、运营准备充分、宣传与实际相符。只有通过提升线下消费体验，重建消费者对线下购物的兴趣，才能融合线上线下消费，将线上流量转化为线下消费。

（四）人口结构老龄化

受益于生活水平提高和医疗服务改善，北京市居民平均期望寿命由2012年的81.35岁增长至2023年的82.51岁。2023年，北京市常住老年人口增速已超过常住总人口增速，65岁及以上人口占比达15.90%（见表4）。北京市人口老龄化趋势进入加速发展阶段，为推进首发经济带来了新的挑战。一方面，消费新业态的适老化改造成本高昂。尽管老年人对新业态的参与热情不一定低，但毕竟让其接受新事物、理解新信息、使用新技术需要付出额外的成本。新业态若要更具包容性和友好度，那么在设施和服务的适老化改造上就要付出更高成本。另一方面，劳动人口负担加重，影响其消费能力。2023 年，北京市老年抚养比达 22.01%，少儿抚养比为 16.65%（见表5）。在"上有老、下有小"的双重照料压力下，青壮年主要消费群体的经济负担沉重。因此，发展首发经济必须适应人口家庭结构变化，前瞻性、针对性地做好顶层设计。

表 4　北京市常住人口老年人占比

单位：%

年份	60 岁及以上	65 岁及以上	年份	60 岁及以上	65 岁及以上
2013	14.40	9.60	2019	19.10	12.80
2014	15.80	10.50	2020	19.60	13.30
2015	16.70	11.00	2021	20.20	14.20
2016	17.30	11.50	2022	21.30	15.10
2017	18.00	12.10	2023	22.60	15.90
2018	18.60	12.50	2024	23.00	18.00

资料来源：《北京市统计年鉴 2024》。

表 5　北京市常住人口抚养比

单位：%

年份	老年抚养比	少儿抚养比	总抚养比
2010	10.5	10.4	20.9
2019	16.9	15.3	32.2
2020	17.8	15.8	33.6
2021	19.3	16.4	35.7
2022	20.76	16.6	37.36
2023	22.01	16.65	38.66

注：少儿抚养比为少年儿童人口数除以劳动年龄人口数；老年抚养比为老年人口数除以劳动年龄人口数；总抚养比为少儿抚养比与老年抚养比之和。

资料来源：《北京市统计年鉴 2024》。

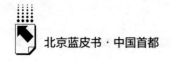

四 优化推进首发经济的对策建议

（一）以新时空观创建消费场景

首发经济通过创建消费场景刺激消费欲望。首发经济以"新"为魂。"新"是一个与相对时间有关的概念。时间是定义消费场景的基本要素。例如，一场主题快闪活动可以让任何城市空间变成临时集市，限时体验所营造的稀缺性增加了商品的附加价值，刺激了消费的欲望。消费场景是人与人之间的交互场景，应该从人际关系的角度去定义新的时空范式。任何将潜在的、现实的消费主体与供给主体联系在一起的社会存在都是市场或消费场景。商业地产与其他城市空间的界限是模糊的、人为的。任何公共场所、文化景观、产业园区、住宅社区等都可以改造成为消费场景，典型的例子如798艺术区、首钢园等。新时空观甚至不再强调线上线下、真实虚拟的区别。例如，一场首发活动同步网上直播，线上参与者与线下活动者就身处同一消费场景之中。

（二）以新开放格局促进国内国际双循环

首发经济的高质量发展不仅需要扩大对外开放，积极引入国际前沿品牌和创新模式，提升国际化水平，更需要扩大对内开放，规范市场秩序，优化营商环境，激发国内市场的活力与潜力，促进国内国际两个市场的双循环。一方面，通过简化审批流程、降低准入门槛，为首店和新品落地提供便利，同时强化市场监管，保障市场秩序；另一方面，打破区域壁垒，促进市场一体化，推动资源要素自由流动，提升消费体验，打造全国统一、开放、竞争有序的市场环境，为首发经济注入强大动力，推动消费升级，促进经济高质量发展。

（三）以新分配方式优化生产与消费关系

首发经济的可持续发展不仅依赖于创新供给和刺激需求，更需要全新的分配方式来优化消费与生产之间的关系。消除消费与生产之间的对立，才能从根本上提振消费。优化数字经济生产资料的分配方式，有效提高生产知识的传播效率，让更多劳动力参与到数字经济的生产过程中，成为同一种类产品和服务的产消者，即生产者与消费者的统一。

发展首发经济需要创新生产资料和收入收益的分配机制，通过政策引导和制度保障，向全社会普遍提供基础设施、开放平台和公共服务，完善知识产权保护和数据确权，加强科普教育和数字技能培训，提升劳动者在数字经济中的参与度和收益水平，确保数字经济的红利能够惠及广泛的社会群体。只有这样，首发经济才能真正实现从"尝鲜"到"长线"的转变，为经济高质量发展注入持久动力。

（四）以新产业融合打造特色消费生态

发展首发经济应充分发挥北京丰富的历史文化资源和强大的产业基础，推动深度的产业融合，串联延伸产业链条，打造独具特色的消费生态。首先，深入挖掘北京的历史文化内涵，将其作为核心竞争力，融入消费场景的打造中。通过文化赋能，为消费者提供沉浸式的消费体验，注重培育创新性的 IP，强化品牌建设。其次，推动文化和旅游的深度融合，拓展首发经济的消费空间。通过打造文化体验线路、文化旅游活动等，让消费者在领略北京文化魅力的同时，也能享受到首发经济带来的独特消费体验。在构建消费场景时，应注重差异化和主题化，选择与场景相契合的品牌，既关注国际大品牌和新科技产品，也重视传统老店的新业态和新场景，实现传统与现代的有机结合。最后，打通不同场景之间的联系，实现一站式消费体验，构建多元化的消费生态。摒弃单纯的竞争思维，促进多品牌、多场景的协同效应，实现资源共享和优势互补。加强对 IP 的重复利用和深度开发，进一步提升品牌力和吸引力。通过深度的产业融合和协同创新，打造全方位、立体化的"长红"消费新场景，使其成为北京城市发展的新名片和经济增长的新引擎。

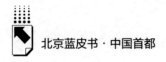

（五）以新质生产力推动首发经济深度融合

新质生产力不仅是发展首发经济的创新引擎，更是迈向国际消费中心城市的核心动力。当前，中国已在多个关键技术领域占据领先地位，新质生产力的蓬勃发展吸引了全球的目光。作为世界第二大经济体的首都和首善之区，北京在发展首发经济时，应充分发挥自身在科技创新、文化创意、金融服务等方面的优势，推动首发经济与新质生产力深度融合。不仅要满足国内消费者对高品质生活的追求，更要向全球发布新产品、新技术、新场景，打造具有全球影响力的首发经济高地，在全球消费市场中占据重要地位，引领全球消费趋势，推动产业生态的变革与升级。

（六）以新发展观创造独特情感体验

注重情绪价值和创造独特的体验感是首发经济的核心竞争力。在消费升级的时代背景下，首发经济作为一种新兴的经济形态，必须始终坚持以人为本的发展理念，充分尊重人的主体性，注重情绪价值和独特体验感。深入调研和理解消费市场，利用多源异构市场数据进行交叉验证，精准预测消费者的新需求。首发经济不应仅仅关注产品的功能性和实用性，更应关注消费者在消费过程中的情感体验。通过打造沉浸式的消费场景、提供个性化的服务、营造情感共鸣的消费氛围，更好地满足消费者对情绪价值的追求。例如，通过数字技术打造虚拟与现实相结合的消费体验、通过文化创意赋予产品更深层次的情感内涵，都能让消费者在消费过程中获得独特的体验。

参考文献

黄胤粼、徐政：《首发经济的理论内涵、价值意蕴及其发展的关键着力点》，《湖湘论坛》2025年第1期。

《首店经济成消费增长新引擎》，《经济日报》2024年5月26日。

依绍华：《首发经济何以破圈迭代》，《人民论坛》2024年第16期。

周文、许凌云：《论新质生产力：内涵特征与重要着力点》，《改革》2023 年第 10 期。

王元地、张漪雯、王天宇：《首发经济内涵、实践、机制及启示》，《软科学》2025 年第 3 期。

赖立、胡乐明、粟小舟：《首发经济赋能消费升级的内涵机理和路径选择》，《经济学家》2024 年第 12 期。

谢伟伟、龚子君、李小帆：《首店经济发展趋势及 CBD 建设重点》，载陈黛、单菁菁主编《中国商务中心区发展报告 No. 9（2023）》，社会科学文献出版社，2024。

绿色低碳发展篇

B.7

首都推进"双碳"工作进展
与2025年形势分析*

陈 楠　高雨筠**

摘　要： 本报告利用 PSR 模型从压力层、状态层和响应层三个方面构建"低碳发展指数",对北京市 16 个行政区及与北京市经济体量相当省市的低碳发展水平进行评估。研究发现,从全国层面来看,北京市低碳发展指数位居全国前列,其中压力层和状态层指数居全国第一位,但响应层指数较低。从北京市三大分区来看,北京市中心及副中心城区低碳发展总指数显著高于平原新城和生态涵养区,压力层指数基本呈现生态涵养区>中心及副中心城区>平原新城的特点,状态层指数基本呈现中心及副中心城区>平原新城>生态涵养区的特点,响应层指数基本呈现中心及副中心城区>平原新城>生态涵养区的特点,但三大分区的响应层指数均低于压力层和状态层指数,在低

* 课题来源:国家社会科学基金一般项目"'双碳'目标下我国省域碳排放差异及公正、公平的碳补偿路径研究"(项目编号:22BJY071)。

** 陈楠,博士,北京市社会科学院经济所副研究员,主要研究方向为低碳经济;高雨筠,北京师范大学博士研究生,主要研究方向为能源经济。

碳发展过程中仍有发展潜力。从低碳发展影响因素来看，技术水平、对外开放水平和政府调控均对北京市低碳发展产生显著积极作用，但在不同分区中的作用显著性存在差异。最后，从优化绿色产业发展布局、调整能源结构、深化绿色技术创新中心建设、促进绿色化数字化协同转型升级等方面对北京市在"十五五"期间继续推进低碳发展提出相关建议。

关键词： 北京市　"双碳"目标　低碳发展

一　研究背景

北京作为实现"双碳"目标的先锋，过去几年已逐步加大环保和绿色低碳政策的实施力度。从节能减排到绿色建筑，从清洁能源应用到绿色交通，北京已经在多个领域实现了较为显著的成效。2025年作为"十四五"规划收官之年，也是我国全面推动高质量发展的关键时期。在这个重要节点上，有必要对当前的低碳发展现状进行深入分析与评价，全面审视各项减排措施的实施效果与不足，识别影响碳排放的关键性因素。这不仅有助于总结过去几年在低碳经济转型方面取得的成效，还能为未来的低碳发展提供重要的决策依据。结合国际国内形势变化，我们需要预判2025年低碳发展的趋势与挑战，明确各领域的减排潜力和目标，为全面完成"十四五"规划的目标奠定基础。同时，面对即将开启的"十五五"规划，分析当前低碳发展面临的各种压力与风险，明确能源结构优化、产业升级、碳排放技术创新等方面存在的瓶颈至关重要。通过科学的预判和战略部署，才能为未来可持续发展打下坚实的基础。

二　北京市碳排放现状

从碳排放总量来看，2011～2022年，北京碳排放总量从9472.71万吨下降至 6404.23 万吨。其中石景山区、房山区和朝阳区碳排放总量年均降速位居前三，分别为 12.55%、5.44% 和 5.13%。此外，北京市各区的人均碳排放量在 2011~2022 年显著降低，其中，石景山区、房山区和顺义区人均碳排放量年均下降幅度居全市前三，分别下降 11.60%、8.02% 和 7.63%。从各区碳排放强度来看，北京市各区的碳排放强度也呈显著下降趋势，其中石景山区、海淀区和昌平区的年均碳排放强度下降幅度居全市前列，分别为 20.89%、13.61% 和 13.09%（见表1）。

北京市低碳工作走在全国前列，正向碳中和迈进。全市根据各行政区特点实施差异化策略，以实现"双碳"目标。中心城区因人口密集、交通繁忙，低碳任务艰巨，注重节能改造和低碳产业发展。东、西城区推进城市更新与绿色基建，提升建筑能效、推广低碳交通。朝阳区强化碳排放双控机制，优化能源结构，构建绿色产业体系。海淀区依托科研资源，加强绿色技术研发，推动建筑节能、智能交通和清洁能源发展。平原新城注重绿色产业布局和交通优化。房山区疏解一般制造业，退出高污染企业，提升优质能源消费比重，基本实现"无煤化"。生态涵养区严守生态红线，实施高水平生态保护，生态文明建设成效显著。

表1 北京市各区碳排放总量、人均碳排放量和碳排放强度

城区	城区	碳排放总量(万吨)		人均碳排放量(吨/人)		碳排放强度(吨/万元)	
		2011 年	2022 年	2011 年	2022 年	2011 年	2022 年
中心及副中心城区	东城区	407.65	302.00	4.48	4.29	0.30	0.09
	西城区	616.87	348.18	4.97	3.17	0.26	0.06
	朝阳区	1545.59	865.91	4.23	2.52	0.47	0.11
	海淀区	1124.03	700.68	3.30	2.24	0.35	0.07
	丰台区	582.37	409.29	2.68	2.03	0.69	0.20
	石景山区	507.30	116.01	8.00	2.06	1.58	0.12
	通州区	429.41	312.35	3.44	1.69	1.07	0.25
平原新城	顺义区	1358.57	820.95	14.85	6.20	1.34	0.40
	大兴区	368.70	341.68	2.58	1.72	1.05	0.31
	昌平区	532.18	335.57	3.06	1.48	1.17	0.25
	房山区	1331.77	719.74	13.77	5.49	3.20	0.84

城区	城区	碳排放总量（万吨）		人均碳排放量（吨/人）		碳排放强度（吨/万元）	
		2011 年	2022 年	2011 年	2022 年	2011 年	2022 年
生态涵养区	门头沟区	99.21	60.89	3.37	1.54	0.96	0.22
	平谷区	148.81	104.58	3.56	2.29	1.09	0.26
	怀柔区	153.70	109.39	4.14	2.49	0.91	0.24
	密云区	145.11	110.33	3.08	2.10	0.90	0.30
	延庆区	75.37	60.02	2.36	1.74	0.99	0.29

注：由于统计口径误差，各区加总的能源消费总量不等于全市能源消费总量。具体来说，《北京统计年鉴》中各区能源消耗总量加总后与北京市能源消耗总量存在出入，如 2011 和 2022 年北京市能源消耗总量分别为 6397.3 和 6896.9 万吨标准煤，但 16 个区能源消耗总量为 6366.2 和 6157.43 万吨标准煤。而碳排放数据由能源消费数据计算得到，故全市碳排放总量不完全等于各区加总之和。

资料来源：2011~2022 年《北京统计年鉴》。

三　低碳发展指数

（一）指数构建

PSR 模型的指标体系分为压力层（P）、状态层（S）和响应层（S）三个准则层，最初由加拿大统计学家 Rapport 和 Friend 于 1979 年提出，经不断完善后被广泛应用于区域资源可持续利用、环境评价以及生态系统健康评价等领域。

低碳发展的压力主要来源于能源消耗与碳排放水平，能源强度、能源足迹、碳排放强度和碳足迹是衡量能源消耗与碳排放水平的重要指标。低碳发展的状态层需要反映当地经济发展水平，还应与产业及能源结构相适应。实现低碳发展，改善环境质量还需要技术水平的响应，提高可持续发展水平。基于上述分析，本报告选取 4 个一级指标、15 个二级指标构建低碳发展水平评价指标体系（见表 2）。在低碳发展指数构建的基础上，采用熵权法对低碳发展水平评价指标体系进行相应测算。

表 2　低碳发展水平评价指标体系

准则层	一级指标	二级指标	单位	性质
压力层	能源消耗与碳排放水平	能源强度	吨标准煤/万元	逆
		碳排放强度	吨/万元	逆
		能源足迹	吨标准煤/人	逆
		碳足迹	吨/人	逆
状态层	经济发展水平	人均 GDP	元/人	正
		城市居民平均可支配收入	元/人年	正
		地区生产总值占全国比重	%	正
	产业与能源结构水平	第二产业增加值占 GDP 比重	%	逆
		第三产业增加值占 GDP 比重	%	正
		第二产业用电量/总电量	%	逆
		第三产业用电量/总电量	%	正
响应层	技术水平	万元地区生产总值能耗下降率	%	正
		专利申请量	件	正
		工业企业研究与试验发展(R&D)经费	万元	正
		科学研究和技术服务业增加值	万元	正

（二）北京市与其他省份"低碳发展指数"对比

本报告选择与北京经济水平、人口规模、产业结构相似的省份，即上海、广东、天津、重庆、江苏、浙江，分别测算其 2011～2022 年的低碳发展指数，并与北京进行对比分析，具体结果如表 3 所示。从总得分结果来看，2022 年北京市低碳发展指数以总指数 91.34 排名第一，其中压力层、状态层和响应层指数分别为 98.33、98.24 和 77.45。北京市压力层和状态层指数位居第一，说明北京市所面临的低碳发展压力较小，且环境状态较为和谐。但北京市响应层指数较低，意味着社会对环境压力和环境变化的反应可能不足，绿色技术研发和应用方面的投入和创新能力可能存在瓶颈，未能形成有效的机制来应对低碳发展所带来的挑战。因此，北京市在提升响应层指数方面仍有较大提升空间。

值得注意的是2022年总指数位于第二和第三名的广东省和江苏省，其响应层指数分别为98.26和92.39，远高于压力层和状态层得分，其低碳发展结构与北京市存在明显差异。造成这一差异的原因可能是这两个省份在面对低碳发展和环境变化时，政府采取了更加积极和有效的措施，积极推进低碳经济方面的实践经验和政策创新。例如在能源结构调整、工业升级和生态保护方面的快速响应，特别是在绿色技术研发和推广应用、社会各界的环保意识提升以及政策响应机制的落实方面反应迅速。这也说明北京市可以借鉴这两个省份的经验，在加强绿色技术创新和推动全社会共同参与方面作出进一步努力。

表3 2011~2022年代表性省份低碳发展指数

省份	压力层指数		状态层指数		响应层指数		总指数	
	2011年	2022年	2011年	2022年	2011年	2022年	2011年	2022年
北京	84.37	98.33	89.73	98.24	75.38	77.45	83.16	91.34
天津	55.60	68.18	71.27	78.02	75.28	75.77	67.38	73.99
上海	67.15	81.07	77.98	88.96	75.91	78.35	73.68	82.79
江苏	71.37	79.59	72.84	80.52	80.34	92.39	74.85	84.17
浙江	73.47	77.62	71.01	79.24	77.43	86.01	73.97	80.95
广东	81.75	88.29	76.06	83.47	80.25	98.26	79.35	90.01
重庆	77.17	93.27	69.57	77.56	74.66	76.80	73.80	82.54

资料来源：作者计算整理。

从具体变化来看，如图1所示，北京市在"十二五"期间总指数增长速度最快，从83.16增长至86.64，增长率为4.18%，在"十三五"期间增速有所放缓，增长率为3.01%，2022年相较2021年总指数下降了0.32%。从各准则层指数来看，首先，北京市压力层指数增长速度较快，2022年较2011年增长了16.55%，说明北京市低碳发展压力不断减弱。其次，北京市状态层指数一直保持较高水平，共增长9.48%，其中"十二五"期间稳步增长，状态层指数增长3.61%，"十三五"期间增速为3.19%，其中2020年指数有小幅回落，但在"十四五"期间逐步回升。最后，北京市响应层指数在"十二五"和"十三五"期间变化并不显著，进入"十四五"时期，2021年响应层指数显著提升，指数为 80.53，但 2022 年指数下降至 77.45。总体而言，北京市在低碳发展方面取得了较为显著的成效，得益于北京市绿色技术创新、可再生能源发展等措施的落实，环境压力逐渐降低，整体环境状况良好。然而，北京市低碳发展响应层指数较低，表明了在绿色技术的推广和政策执行过程中仍面临多方面的挑战。因而，北京市在未来低碳发展过程中，可以继续加强低碳技术的创新应用，推动绿色经济和社会各界的共同参与，进一步提升响应层指数，同时巩固压力层和状态层的良好发展势头。

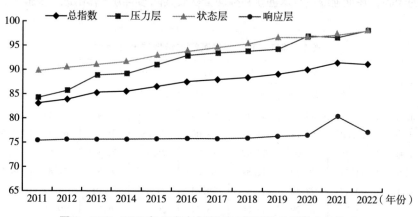

图 1　2011~2022 年北京市各准则层指数及总指数变化情况

资料来源：作者计算整理。

（三）北京市各行政区"低碳发展指数"对比

表 4 展示了考察期内北京市各行政区低碳发展指数各准则层指数情况，图 2 描述了三大区域低碳发展指数总指数的演进趋势，可以看到中心及副中心城区低碳发展指数高于平原新城和生态涵养区。

压力层指标对低碳发展呈负向作用，但经过对负向指标进行标准化处理，压力层指数越高表明该地区面临的压力越小。2011~2022 年北京市低碳发展压力层指数均值为 91.78，只有顺义区和房山区得分低于均值，表明上述两个区在低碳发展过程中面临的压力较大。顺义区和房山区的产业结构虽有调整，但绿色低碳技术的应用和发展相对滞后，能源基础供应保障能力与经济社会高质量发展需求还存在一定差距，可再生能源利用率低于全市平均水平。其次，这两个地区的基础设施建设和公共服务相对不足。与北京市的中心城区相比，顺义区和房山区在交通、能源、环保等基础设施建设方面还存在一定差距。例如，交通体系的绿色化程度较低，公共交通不够便利，居民更多依赖私家车出行，造成了较高的碳排放，导致了环境压力的积累。

状态层指数越高的地区表明该地区人民生活更加富足，环境更加和谐。状态层指数排名前五的区均属于中心城区，分别是海淀区、西城区、朝阳区、东城区和丰台区。其主要原因在于，中心城区往往是经济和文化活动的核心，聚集了大量的高科技企业、教育机构和科研机构，推动了绿色低碳技术的创新和应用。中心城区的基础设施建设更加完善，交通、能源、污水处理等设施的现代化程度较高，能够有效降低环境压力，提高资源利用效率。此外，较高的经济水平使得这些区域能够加大环保投资力度，引进和推广绿色建筑、清洁能源等低碳发展措施，从而进一步提升环境质量。中心城区通常有着较为严格的环境治理政策和执行力度，这些地区的政府往往在推动绿色发展方面制定了更加细致和具有前瞻性的政策，例如加强节能减排、提高空气质量、推动绿色出行等，这些都为低碳发展创造了有利条件。

响应层表明各区在低碳发展方面的反应和应对措施。海淀区、朝阳区和昌平区的低碳发展响应情况较好。其中，海淀区作为北京市的科技和教育中心，拥有大量的高科技企业和创新型产业。这些产业的低碳转型需求较为迫切，因此，海淀区在低碳技术研发、绿色创新和节能减排等方面具备优势。朝阳区作为北京市的商务和外资集中区，经济发展较为多元，产业结构呈现较为平衡的特点，这种多元化的经济结构使得朝阳区能够在低碳发展过程中灵活调整，推动服务业和现代制造业的绿色转型。此外，朝阳区在国际化方面具有优势，国际上先进的低碳理念和技术在此得到了较好的引进和实践。昌平区得益于相对较为完善的生态环境保护和农业转型策略，在绿色农业、生态保护和城乡一体化发展方面作出了积极尝试。随着昌平区大力推动生态农业、绿色能源和循环经济的发展，通过合理规划土地资源，减少资源浪

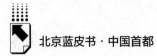

费，并积极推广节能减排技术，推动农业和农村地区的低碳发展，也为低碳发展提供了更多的创新实践。

表 4　2011~2022 年北京市各区低碳发展指数均值

区域		总指数	压力层指数	状态层指数	响应层指数
中心及 副中心城区	东城区	80.297	92.295	84.726	63.871
	西城区	82.533	93.515	89.480	64.602
	朝阳区	84.374	95.073	87.578	70.471
	海淀区	90.553	96.306	90.343	85.011
	丰台区	77.831	95.682	73.302	64.510
	石景山区	75.498	93.398	71.874	61.221
	通州区	74.324	95.013	66.050	61.909
平原新城	顺义区	68.369	71.059	70.779	63.268
	大兴区	74.987	95.559	66.642	62.761
	昌平区	76.099	95.634	67.552	65.110
	房山区	66.215	74.285	63.345	61.014
生态涵养区	门头沟区	73.978	95.498	66.041	60.394
	平谷区	72.557	93.100	64.309	60.262
	怀柔区	72.692	93.063	64.106	60.908
	密云区	72.922	93.853	64.469	60.443
	延庆区	74.309	95.219	67.498	60.209

资料来源：作者计算整理。

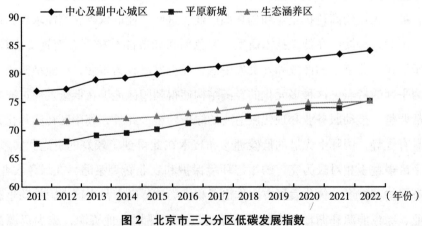

图 2　北京市三大分区低碳发展指数

四 北京市低碳发展影响因素分析

为进一步分析北京低碳发展的影响因素，本报告基于北京市各区数据，采用面板 Tobit 模型进行影响因素识别。面板 Tobit 回归模型的回归系数用于表示这些自变量与低碳发展之间的关联强度和方向。当回归系数为正时，表示自变量对低碳发展有正向影响；当回归系数为负时，则表示有负向影响。模型设定如下：

$$LC_{it} = \beta_0 + \beta_1 Z_{it} + \varepsilon_{it}$$

式中 LC_{it} 表示低碳发展指数，Z_{it} 表示本报告选取的自变量，包括产业结构、能源强度、技术水平、对外开放水平和政府调控，ε_{it} 为随机扰动项。为了减轻数据方差问题对结果的影响，将选取的变量进行对数处理，自变量说明如表 5 所示。

表 5 自变量说明

变量名称	变量测度	单位
产业结构（ind）	第二产业增加值/第三产业增加值	%
能源强度（energy）	能源消耗量/GDP	吨标准煤/万元
技术水平（tec）	科学技术及教育支出占财政支出比重	%
对外开放水平（open）	实际利用外资金额	万美元
政府调控（gov）	财政支出占 GDP 比重	%

基于 2011~2022 年北京市 16 个区的低碳发展指数，采用面板 Tobit 回归模型对表 5 中的变量进行回归分析，结果如表 6 所示。由表 6 列（1）可知，技术水平、对外开放水平和政府调控均对北京市低碳发展产生了显著且积极的推动作用。随着政府调控力度的加大，政府支出在提升北京市低碳发展方面起到了重要推动作用，低碳发展与政府重视程度息息相关。产业结构的回归系数显著为负，说明第二产业占比较高则会阻碍当地的低碳发展水

平，当产业结构从高耗能、高污染的工业主导型向低能耗、低污染的服务业和技术密集型产业转变时，能够提升当地的低碳发展水平。而能源强度与低碳发展水平呈负相关，说明在提升低碳发展过程中，仍需要降低能源强度，提升能源的利用效率。

从北京市不同分区的回归结果上来看，自变量对低碳发展指数的影响存在异质性。表6（2）~（4）列分别为中心及副中心城区、平原新城和生态涵养区的回归结果。产业结构优化、第二产业比例降低能够有效提升平原新城和生态涵养区的低碳发展水平，但对中心及副中心城区的低碳发展影响不显著，这可能是由于中心及副中心城区的产业结构本就是以第三产业为主，第二产业在国民经济中的比重远低于第三产业，因而产业结构调整对低碳发展的影响效果有限。此外，对外开放程度对中心及副中心城区、生态涵养区的低碳发展具有显著正效应，对平原新城的低碳发展水平影响为正但不显著，这可能与外商企业在经济活动中的双重影响相关。外资的引入通常伴随着先进技术、管理经验和高效能的低碳技术的引入。北京市中心及副中心城区的外资企业和外来技术可以推动绿色能源、节能减排、环境保护等技术的普及和应用。外资不仅会带来绿色建筑、低碳交通等领域的创新技术，还能提升当地企业的技术水平和绿色转型能力。平原新城在全市中外资利用比例较大，尤其是相关制造业企业，虽然外资企业可能会引入一些节能减排技术，但由于企业往往采用较为成熟的生产技术和管理模式，短期内大规模的低碳转型可能面临较高的成本和技术障碍，因此在外资带动下的低碳化进程可能未能显著提升整体低碳发展水平。

表6　Tobit 模型估计结果

变量	(1)	(2)	(3)	(4)
	北京市	中心及副中心城区	平原新城	生态涵养区
lnind	−0.0179***	−0.0037	−0.0479***	−0.0321***
	(−2.6287)	(−0.2524)	(−3.2747)	(−15.7881)
lnenergy	−0.1161***	−0.1281***	−0.1260***	−0.0612***
	(−16.8673)	(−11.1627)	(−9.6062)	(−18.6821)

变量	（1）	（2）	（3）	（4）
	北京市	中心及副中心城区	平原新城	生态涵养区
lntec	0.0484 ***	0.0409 *	0.0569 **	0.0130 ***
	（3.9241）	（1.8678）	（2.1065）	（3.0985）
lnopen	0.0042 **	0.0061 *	0.0016	0.0010 *
	（2.3937）	（1.7396）	（0.5416）	（1.8994）
lngov	0.0247 **	−0.0243	0.0494 **	0.0077 *
	（2.1533）	（−1.1673）	（2.0378）	（1.7939）
_cons	0.6314 ***	0.7860 ***	0.7093 ***	0.6421 ***
	（8.6506）	（7.0558）	（3.6061）	（24.4527）
N	192	84	48	60

注：* 表示 $p<0.1$，** 表示 $p<0.05$，*** 表示 $p<0.01$，括号内为 t 值。

五　主要结论与展望

本文对 2011~2022 年北京市 16 个区以及经济体量与北京市相当的代表性省市的低碳发展水平进行系统评价，具体结论和展望如下。

（一）主要结论

第一，北京市低碳发展指数全国领先，压力层和状态层指数居首位，发展压力低、状态和谐，但响应层得分较低，社会对环境变化的反应可能不足。

第二，各区低碳发展指数均提升，中心及副中心城区指数整体高于平原新城和生态涵养区。生态涵养区压力层指数较高，压力较低；中心及副中心城区状态层指数较高，生态环境良好；三大分区响应层指数均较低，低碳发展面临挑战，仍需多方参与。

第四，技术水平、对外开放水平、政府调控对北京市低碳发展有显著积极影响，第三产业比例提升也有助于低碳发展。能源强度与低碳发展负相关，需降低能源强度、提高效率。影响因素在各区作用不同，产业结构调整对平原新城和生态涵养区有积极作用，对中心及副中心城区影响不大；外资利用在平原新城影响不显著，可能与制造业转型相关。总体需各区因地制宜，发挥优势。

（二）未来展望

北京市在"双碳"发展方面已作出重要部署，"十五五"规划对高质量发展提出更高要求。然而，北京面临复杂的社会经济环境，能源结构、产业转型、交通和建筑等领域仍需优化。如何在"十五五"期间推进低碳发展，建设国际绿色经济标杆城市，提升绿色竞争力，是实现"双碳"目标、建设美丽北京的关键。

第一，优化绿色产业布局，发挥区域资源优势，因地制宜。北京各区域依据自身特点形成差异化发展格局。中心城区利用经济和科技优势，推动高端服务业发展，如海淀区通过科研资源推动绿色科技研发，挖掘人工智能、大数据在低碳领域的应用潜力。绿色金融创新也得到推动，通过专项基金鼓励金融机构开发绿色产品，为低碳项目提供资金保障。平原新城依托制造业基础，发展氢能、储能和新能源汽车等高端产业，完善产业链，吸引先进技术和企业，优化能源结构，减少碳排放。生态涵养区坚持生态保护与修复，实施森林抚育和生态廊道建设，提高森林覆盖率和碳汇功能，发展体育文化、休闲旅游等特色产业，探索生态产品价值实现新路径，推动全市低碳转型。

第二，加快能源结构调整，发展先进能源产业。"十四五"期间，北京已加速提升清洁能源比重，减少化石能源使用。"十五五"期间，能源转型将进入关键阶段。北京将推动可再生能源发展，深化氢能、储能技术突破，提升氢燃料电池产业，建设氢能货运专线，发展全固态锂电池等储能装备，推动高效风电新材料与设备产业。积极发展智慧能源如虚拟电厂和能源互联网，促进循环经济，完善资源节约制度，推动废弃物循环利用、节能降碳，加强水资源和工业原材料高效利用，推动绿色生产与清洁技术发展。

第三，深化绿色技术创新中心建设，聚焦低碳循环、清洁生产等领域，支持高新技术企业发展。把握绿色经济全链条技术和产业变革，推进市场与政府结合，促进创新驱动、产业支撑和区域协同。发挥首都科技与人才优势，加快成为国际绿色技术创新中心。推动绿色科技平台建设，实施低碳技术示范，完善技术转化机制，研究绿色技术交易中心建设。布局国际领先绿色技术创新，聚焦能源脱碳、生物基替代、提质增效等领域。支持先进能源、绿色农业、生物基材料技术创新，推动新型能源体系建设和可持续原材料发展。鼓励新污染物防治技术，提升环境健康风险防控能力，强化气候风险识别与应对。

第四，促进绿色化数字化协同转型升级。加快智能算力、数据中心和基站等数字基础设施绿色化，支持数字科技企业绿色发展。推动工业、能源、交通等领域绿色转型。引领智能网联新能源汽车产业，发展自动驾驶技术，聚焦核心芯片、感知系统、智能座舱等领域，推动"车路云网图"软硬件协同发展。

B.8
美丽中国视域下北京城市碳排放的
演化趋势与驱动因素研究

叶堂林　张彦淑　郑里云*

摘　要： 有序推进碳达峰碳中和是北京市建设"美丽中国"先行区的重要抓手，也是其建设国际一流的和谐宜居之都的关键举措。本报告从碳排放、能源消费以及碳市场建设方面对北京市碳排放现状进行了分析，并利用地理探测器方法识别影响北京市碳排放的驱动因素，研究发现，北京市碳排放总量和强度双控格局基本形成、能源消费结构不断优化、碳市场建设成效初显，但存在持续降碳难度较大、能源碳排放结构仍需改善、碳市场活跃度有所下降等问题；地理探测结果显示经济发展水平、数字经济发展水平、创新能力等是北京市碳排放的重要影响因素。未来，北京应深度挖掘城市减排潜力；持续优化能源碳排放结构；进一步完善碳市场建设。

关键词： 北京　碳排放　美丽中国

一　研究背景

（一）综观国际：绿色低碳发展已成为全球治理与可持续发展的重要议题

全球气候变化的影响日益严峻，给人类的生存和发展带来了前所未有的

---

* 叶堂林，首都经济贸易大学特大城市经济社会发展研究院执行院长、教授、博士生导师，主要研究方向为区域经济、京津冀协同发展；张彦淑，首都经济贸易大学博士研究生，主要研究方向为区域经济；郑里云，首都经济贸易大学学生，主要研究方向为区域经济。

挑战。随着全球工业化进程的加速推进，二氧化碳等温室气体的排放急剧增加，导致冰川融化、极端天气事件频发。这些气候变化问题不仅对生态环境构成严重威胁，也对人类社会的可持续发展产生了深远影响。2018 年以来，全球各国加快了应对气候变化的步伐，逐渐在绿色低碳与可持续发展领域达成共识，纷纷提出碳中和承诺。据清华大学碳中和研究院的统计数据，目前已有超过 130 个国家和地区宣布了碳中和目标，这些国家和地区的 GDP 总量、人口和碳排放总量占全球比重分别达到 92%、89% 和 88%。2022 年，美国出台了《通胀削减法案》，计划提供约 3700 亿美元的资金，支持清洁能源项目和减排技术的研发与应用，力争到 2030 年将碳排放减少约 40%。2023 年，日本内阁会议通过了《实现绿色转型的基本方针——展望今后 10 年的路线图》，明确了 2030 年温室气体减排目标和 2050 年碳中和的实现路径。2024 年，韩国政府发布了《能源技术开发路线图》，规划了实现碳中和以及构建稳定、无碳能源生态系统的战略。欧盟则依托《欧洲绿色协议》和"碳边境调节机制"，加速构建以可再生能源为主的能源体系，并通过立法巩固碳排放交易市场的地位，力图在 2050 年前实现整个欧洲地区的"碳中和"。这一全球趋势充分凸显了低碳发展的紧迫性与重要性，同时也为中国实现"双碳"目标提供了重要的国际经验与启示。

（二）审视国内：实现"双碳"目标是贯彻新发展理念、构建新发展格局、推动高质量发展的内在要求

2022 年，习近平总书记强调，实现碳达峰碳中和，是贯彻新发展理念、构建新发展格局、推动高质量发展的内在要求，是党中央统筹国内国际两个大局作出的重大战略决策。① 首先，"双碳"目标是新发展理念的具体实践。通过节能减排、优化能源结构、发展清洁能源等手段，"双碳"目标能够推动绿色发展的实现。同时，"双碳"目标的实现离不开技术创新、制度创新和管理创新的支撑，这种以创新驱动绿色低碳发展的模式，

① 习近平总书记在主持中央政治局第三十六次集体学习时的讲话。

正是贯彻新发展理念的具体体现。其次，"双碳"目标为新发展格局的构建提供了新机遇。"双碳"目标的实现催生了大量新兴产业和绿色技术，这些产业和技术的突破不仅有助于推动国内大循环的发展，还能提升国内市场的竞争力和自主创新能力。最后，实现"双碳"目标有助于推动经济高质量发展。"双碳"目标不仅要求降低资源消耗和碳排放，还强调提升生产效率，不仅有助于推动生产方式的绿色转型，还能加速绿色生产力的发展，从而为实现经济高质量发展提供强大动能。因此，"双碳"目标能为构建新发展格局和高质量发展提供重要支撑，推动国民经济实现绿色、低碳、可持续发展。

（三）聚焦北京市：有序推进碳达峰碳中和是北京市建设"美丽中国"先行区的重要抓手

2023年底，《中共中央 国务院关于全面推进美丽中国建设的意见》对当前及未来美丽中国建设作出系统部署，并要求打造美丽中国先行区。作为中国首都和低碳省份试点，北京市的生态文明建设不仅关乎国家和首都形象，还对全国"美丽中国"建设具有重要示范引领作用。因此，北京市应以更高站位、更大力度推进美丽中国先行区建设，形成美丽中国建设的北京示范。而有序推进碳达峰碳中和则为北京市建设"美丽中国"先行区提供了重要抓手。首先，碳达峰碳中和的有序推进有助于推动北京市的经济结构转型和能源结构优化，提升居民的生态环境福祉和生活质量，促进社会经济与环境协调发展。其次，北京市作为全国科技创新中心，在低碳技术研发和绿色产业培育方面具有独特优势，通过加大对碳减排技术的研发支持，强化绿色产业链的构建，北京市不仅能提升自身竞争力，还能够在全国范围内引领低碳技术的广泛应用与绿色产业的发展。最后，通过政策创新和机制设计，北京市能够为其他地区提供可复制、可推广的实践经验，不仅有助于推动地方政府和企业的绿色转型，也能助力全国"双碳"目标的实现。因此，有序推进碳达峰碳中和，既是北京市建设"美丽中国"先行区的必由之路，也是建设国际一流的和谐宜居之都的关键举措。

二 北京市碳排放的现状分析

我国已进入新发展阶段,推进"双碳"工作是破解资源环境约束突出问题、实现可持续发展的迫切需要,也是推动经济结构转型升级的关键。作为首都,北京市高度重视应对气候变化,并将其作为生态文明建设和绿色北京战略的重要内容。通过组建专项工作小组,统筹推进能源和产业结构绿色转型,率先实施碳排放双控,并印发《北京市"十四五"时期生态环境保护规划》等文件,明确碳排放双控目标。同时,北京印发了《北京市碳达峰实施方案》等一系列政策文件,为碳达峰碳中和提供战略指导。这些举措有效控制了碳排放总量和强度,优化了能源消费结构,碳市场建设初见成效。然而,随着减排空间缩小,持续降碳难度加大,能源碳排放结构仍需进一步完善。

(一)碳排放总量和强度双控格局基本形成,但持续降碳难度有所加大

为加强政策落实,北京市每年都制定详细的应对气候变化行动计划,将其与污染防治、生态建设等工作紧密结合,确保三者统一部署、协调推进、统一考核。通过统筹能源清洁化转型、产业低碳化发展、建筑和交通的绿色低碳改造等措施,进一步提高综合保障能力,推动全市碳排放总量得到有效控制,并实现碳排放强度的持续下降,但随着北京市碳减排空间的逐步缩小,持续降碳面临的压力和挑战也日益凸显。

碳排放总量得到有效控制,但持续降碳难度加大。如图 1 所示,2000年以来,北京市二氧化碳排放总量呈先上升后下降的"倒 U"形变化趋势。其中,2000~2010 年经历了快速增长期,由 2000 年的 8898.27 万吨上升至2010 年的最高点 13235.67 万吨,年均增长率达 4.05%;2010 年之后呈波动下降趋势,2022 年的碳排放量(9243.81 万吨)较 2010 年峰值下降超30%,年均碳排放下降率达 2.95%。从未来发展趋势看,随着非首都功能疏解的深入推进和新一版城市总体规划的颁布实施,北京市碳排放快速增长的

驱动力显著减弱，因此基于历史数据，北京市二氧化碳排放总量已经实现达峰，北京市在绿色低碳发展道路上取得了重要阶段性成果。但近年来降速有所放缓，2020~2022年年均降速仅为1.98%，并且随着二氧化碳排放特征由以大工业企业为主转变为以城市刚性运行和居民生活排放为主，北京市减排空间逐步缩小，持续降碳面临的压力和挑战日益凸显。二氧化碳排放强度持续下降。从2000年的3.59吨CO_2/万元降至2022年的0.22吨CO_2/万元，年均下降率为11.92%，但降速明显变缓。2000~2012年，年均下降幅度为12.43%，2013~2022年为5.12%，这一变化表明，北京市节能减排措施的边际效果有所降低，但其在推动经济高质量发展和生态环境持续改善方面仍发挥着重要作用。

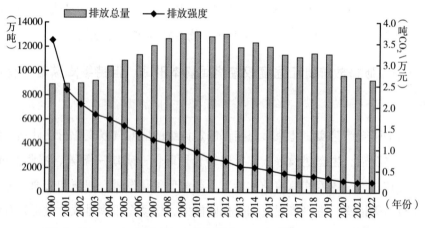

图1　2000~2022年北京市二氧化碳排放总量及排放强度变化趋势

注：本报告对2021年缺失的数据采用了均值插补法进行填补。考虑到本研究关注的是趋势变化，且缺失的数据为中间年份，因此选择均值插补方法具有一定的合理性。下同。

资料来源：CSMAR数据库。

从人均二氧化碳排放量来看，其变化趋势与碳排放总量略有相似，也基本呈现"倒U"形变化趋势。如图2所示，2000~2007年为波动上升期，人均二氧化碳排放量由2000年的6.53吨上升至2007年的峰值7.21吨，年均增长率达1.43%；此后，人均二氧化碳排放量进入波动下降阶段，至2022年降至4.23吨，较2007年峰值下降超过41%，年均下降率达到3.49%。从国际对比来看，北京市 2007 年人均二氧化碳排放量的峰值水平（7.21 吨）略低于日本（9.5 吨）和欧盟（9.4 吨），远低于英国（11.7 吨）、德国（13.4 吨）和美国（22.2 吨）。[①] 这表明，经济发展方式和消费方式的转型能有效控制碳排放峰值水平，北京市碳达峰也展现出明显的后发优势，充分体现了绿色发展路径的有效性和可行性。从达峰时间来看，北京市人均二氧化碳达峰值时间早于二氧化碳排放总量达峰时间，这一规律与发达国家的经验基本一致，反映了城市在低碳转型过程中所经历的阶段性特征和发展规律。

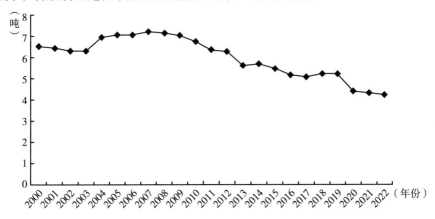

图 2　2000~2022 年北京市人均二氧化碳排放量变化趋势

资料来源：CSMAR 数据库。

（二）能源消费结构不断优化，但能源碳排放结构仍需改善

自 2013 年以来，北京市全面着力解决燃煤污染问题，持续开展农村地区"减煤换煤清洁空气"专项行动，大力实施"煤改电"工程，并通过淘汰燃煤锅炉、关停燃煤电厂等多措并举减少碳排放。截至 2023 年底，全市累计完成 3660 个村 138 万户的"煤改清洁能源"工作。[②] 北京成为全国首

个实现燃煤电厂全部关停和清洁发电的城市,为推动绿色低碳发展树立了标杆。在政策的强力推动下,北京市能源结构持续优化,煤炭、柴油、燃料油、汽油、煤油、原油和天然气等七类能源的碳排放结构不断优化调整,能源碳排放结构日趋合理但仍需持续改善。

1. 能源消费结构不断优化,但石油消费占比依然较高

2010 年以来,北京市能源消费结构调整进程不断加快,实现了从"以煤炭和石油为主"逐步向"以天然气为主"的结构转变。如图 3 所示,煤炭能源消费比重持续大幅下降,从 2010 年的 29.59% 降至 2022 年的 1.02%。其中,2014~2018 年降速最快,显著高于 2010~2013 年的降速,这充分表明"煤改气""煤改电"等清洁能源替代工程的深入实施取得了显著成效,极大减少了煤炭的使用,并推动了能源结构的快速优化。与煤炭消费变化趋势相反,天然气能源消费比重稳步提升,从 2010 年的 14.58% 上升至 2022 年的 38.92%,上升超过了 24 个百分点,值得注意的是,天然气消费比重在 2014 年实现了对煤炭消费比重的超越,并在 2020 年实现了对石油消费比重的超越,天然气已成为北京市能源消费的重要支柱。石油消费比重的变化则相对平缓。2010~2019 年经历了小幅波动上升,达到阶段性高点,但自 2020 年起进入显著下降阶段,2022 年降至 23.06%,较 2010 年的 30.94% 减少近 8 个百分点,但这一比重仍高于全国 18% 的平均水平。① 表明北京市能源消费结构正朝着清洁、高效、低碳的方向良性发展,但石油消费仍处于较高水平。

2. 减煤降碳成效显著,但能源碳排放结构仍需改善

一是减煤降碳成效显著,天然气控碳效果突出。如图 4 所示,2000~2022 年,煤炭碳排放量及其占比整体大幅下降,而天然气碳排放量及其占比则整体稳步提升。煤炭碳排放量由 2000 年的 5174.93 万吨升至 2005 年的峰值 5839.33 万吨后迅速下降,到 2022 年降至 123.74 万吨,整体降幅高达97.61%;煤炭碳排放占比由 2000 年的 58.16% 大幅下降至 2022 年的

---

① 历年《中国能源统计年鉴》。

图 3　2010~2022 年北京市煤炭、石油、天然气消费量占比变化

资料来源：历年《北京统计年鉴》。

1.34%，减少了近 57 个百分点。与煤炭消费量变化趋势相同，得益于"煤改气""煤改电"等政策措施的有效实施，2014~2018 年煤炭碳排放量及其占比的下降速度最快。天然气碳排放量及其占比由 2000 年的 235.97 万吨、2.65%稳步提升至 2022 年的 4285.42 万吨、46.36%，尽管天然气碳排放量有所增加，但燃烧天然气所带来的碳排放增幅显著低于煤炭碳排放的降幅，表明天然气在能源结构调整中的替代作用较为明显，控碳效果优异。

二是燃料油碳排放占比微乎其微，柴油碳排放则呈明显反弹势头。如图 5 所示，2000~2022 年，燃料油碳排放量及其占比整体大幅下降，柴油碳排放量及其占比则整体有所增加。2000 年以来，燃料油碳排放量及其占比呈波动下降趋势，分别从 284.14 万吨、3.19%降至 0.63 万吨、0.01%，表明燃料油的使用几乎被完全替代，其碳排放对环境的影响已微乎其微；柴油碳排放量及其占比呈波动上升趋势，分别从 251.61 万吨、2.83%增至 389.68 万吨、4.22%，其中，2020 年后有反弹势头，表明当前北京市对柴油的依赖有所增加。

三是汽油、煤油碳排放量控制初见成效，但原油碳排放占比仍维持较高水平。如图 6 所示，2000~2022 年，汽油、煤油碳排放量及其占比均整体呈

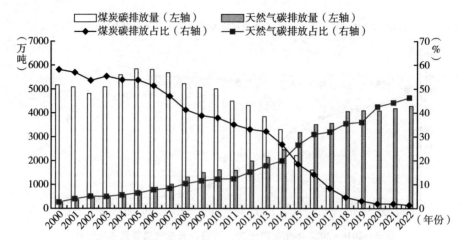

图4　2000~2022年北京市煤炭、天然气碳排放量及其占比变化

资料来源：CSMAR数据库。

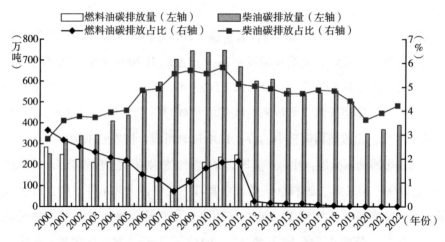

图5　2000~2022年北京市燃料油、柴油碳排放量及其占比变化

资料来源：CSMAR数据库。

"倒U"形发展态势，原油碳排放量略有增加但占比却有所减少。汽油碳排放量及其占比从2000年的312.20万吨、3.51%增至2019年的最高点1466.99万吨、12.90%，随后逐步回落，到2022年分别降至1097.74万吨、11.88%，整体来看，汽油碳排放量增长超2.5倍，占比提升超8个百分点；煤油碳排放量

及其占比从 2000 年的 357.17 万吨、4.01%攀升至 2019 年的峰值 2119.36 万吨、18.64%，后迅速回落至 2022 年的 1003.25 万吨、10.85%，整体来看，汽油碳排放量增长超 1.8 倍，占比增加近 7 个百分点，这表明北京市在燃油碳排放控制方面成效初显。原油碳排放量及其占比呈现一定波动性，总体来看，2000~2022 年，原油碳排放量增加了 61.11 万吨，占比下降了 0.03 个百分点。然而，自 2017 年以来，原油碳排放占比呈现上升趋势，尤其是 2020 年之后，原油碳排放量略有减少但占比却不降反升，至 2022 年，原油碳排放占比达到 25.35%，稳居各类能源碳排放占比第二位，表明原油已成为未来碳减排的重要难点，亟须引起高度重视，并采取更加有针对性的减排措施。

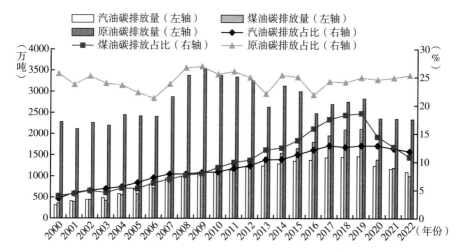

图 6 2000~2022 年北京市汽油、煤油、原油碳排放量及其占比变化

资料来源：CSMAR 数据库。

作为全国首批 7 个试点碳市场之一，北京市碳市场自 2013 年正式启动以来，已平稳运行 10 年。截至 2023 年底，北京市碳市场已开发出三大类主要交易产品，即碳排放配额（BEA）、北京绿色出行减排量（北京碳普惠，PCER）和北京林业碳汇（FCER）。市场覆盖了发电、石化及服务业等 8 个行业的近 1300 家单位，将全市约半数的碳排放量纳入管理。经过 10 年的发展，北京已构建起制度完善、主体多元、交易活跃、市场规范的碳市场体

系。2023 年，北京成功落地全国首个氢能碳减排项目，并在国家 81 个低碳试点城市建设评估中位居第一，被评为"优良"，这一成绩充分体现了北京在推动城市低碳发展方面的显著成效。同时，北京市积极参与全国碳市场体系建设，全国温室气体自愿减排交易机构落户北京。

从北京市碳市场线上公开交易①数据来看，2013 年开始运行以来，北京市碳市场线上公开交易累计成交额达 17.77 亿元，成交量达 2816.20 万吨，交易次数达 2031 次，成交均价达 63.10 元/吨。具体来看，2021 年，北京碳市场表现最为活跃，成交量和成交额分别为 809.16 万吨和 35774.97 万元，均创历史新高，但成交均价却仅为 44.21 元/吨，为历年最低。2022 年，碳市场的成交均价升至历史最高，为 106.62 元/吨，但同期的成交量和成交额分别降至 189.31 万吨和 20184.73 万元，分别居历年交易量的第六位和交易额的第三位（见图 7）。此外，2024 年的交易次数达到 205 次，创下历史新高。值得注意的是，自 2022 年以来，北京市碳市场的成交量、成交额及成交均价均呈现下降趋势，表明碳市场活跃度下降，市场参与热情有所减弱。

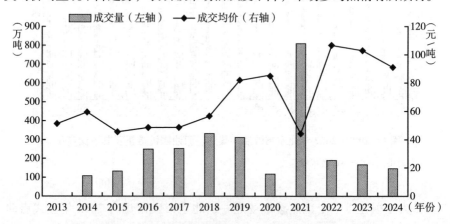

图 7　2013~2024 年北京市碳市场线上公开成交量与成交均价

注：2013 年成交量数据为 0.26 万吨，视觉呈现不明显。

资料来源：作者根据北京绿色交易所官网数据整理所得。

---

① 本报告只统计了线上公开交易量，未统计线下成交量。

三 北京市碳排放的驱动因素

（一）研究方法

地理探测器（Geodetector）模型是一种用于空间数据分析的统计方法，旨在识别影响空间分布差异的关键因素，包括因子探测、交互作用探测、风险探测和生态探测 4 个探测器。其中因子探测的核心输出指标为探测力（q 值），用于衡量自变量对因变量空间差异的解释能力。在应用于时间序列数据时，探测力反映了自变量在时间维度上对因变量波动的解释力。q 值通常介于 0 与 1 之间，q 值越接近 1，表示该自变量在时间维度上对因变量波动的解释力越强；反之，q 值越接近 0 则说明解释力越弱。交互作用探测器用于分析两个或更多因素对因变量的联合影响，通过不同自变量之间的组合，可以识别复杂的交互效应，有助于捕捉因素之间的非线性关系，揭示多个因素共同作用的复杂模式，进一步提高对因变量变化的解释力。本报告选用因子探测器探测各变量对北京市碳排放波动的解释情况，使用交互作用探测器识别两个自变量交互作用时是否会增加或减弱对北京市碳排放的解释力。

（二）影响因子的选取与数据来源

参考李子杰等[①]、王一婕和史武莹[②]的研究，并考虑到北京市经济发展特点和数据可得性，本研究选取二氧化碳排放量作为因变量（Y），选取经济发展水平（X_1）、数字经济发展水平（X_2）、创新能力（X_3）、产业结构（X_4）、环境规制强度（X_5）、政府干预（X_6）、城镇化率（X_7）共 7 个影响

---

① 李子杰、徐进亮、王健等：《长江经济带城市碳排放及其影响因素的时空异质性研究》，《长江流域资源与环境》2023 年第 3 期。
② 王一婕、史武莹：《黄河流域城市碳排放强度的动态演进、差异分解及影响因素》，《统计与决策》2025 年第 1 期。

因子，探讨北京市碳排放的驱动因素。其中，经济发展水平是碳排放的重要影响因素，经济发展通常伴随着碳排放的增加，本报告用人均 GDP 对经济发展水平进行衡量。

数字经济的发展一方面通过提高能源资源的利用效率来减少碳排放，另一方面，数字基础设施的建设也可能增加碳排放，在北京建设全球数字经济标杆城市的背景下，数字经济发展对北京市碳排放的影响不容忽视。本报告用数字经济在营企业注册资本额对数字经济发展水平进行衡量。

可再生能源、低碳技术等领域的创新突破能有效减少碳排放，是碳排放的重要影响因素。作为全国科技创新中心，并致力于建设国际科技创新中心的北京，其创新能力对碳排放也具有重要影响。本报告用专利申请授权数对创新能力进行表征。

第二产业是能源消耗和碳排放的主要来源，因此，产业结构与碳排放密切相关，本报告用第二产业增加值占 GDP 比重对产业结构进行测度。

严格的环保政策和法规能够有效控制和减少企业的碳排放，因此环境规制强度也与碳排放紧密相关，本报告用工业污染治理投资完成额占第二产业比重衡量环境规制强度。

政府行为对城市碳排放也有重要影响，本报告用一般预算财政支出占 GDP 比重对政府干预进行衡量。

城镇化进程的推进往往意味着更高的能源需求和更大的碳排放，本报告用人口密度对城镇化率进行表征。

本报告研究所选时间跨度为 2000~2022 年。碳排放数据源于 CSMAR 数据库，数字经济发展水平数据源于龙信企业数据平台，其他所需数据均来源于历年《中国统计年鉴》《北京统计年鉴》。

在应用地理探测器方法之前，首先使用自然断点法对自变量进行分层，将各影响因子划分为 3~10 个类别，并确保不同阶段的分级标准保持一致（见表 1）。

表1　北京市碳排放空间演化的探测因子

影响因子	衡量方式（单位）	符号	分级
经济发展水平	人均GDP（元）	X_1	10
数字经济发展水平	在营企业注册资本额（万元）	X_2	10
创新能力	专利申请授权数（件）	X_3	10
产业结构	第二产业增加值占GDP比重（%）	X_4	10
环境规制强度	工业污染治理投资完成额占第二产业比重（%）	X_5	10
政府干预	一般预算财政支出占GDP比重（%）	X_6	7
城镇化率	人口密度（人/平方公里）	X_7	6

（三）驱动力分析

地理探测器结果表明，除了政府干预（X_6）之外，经济发展水平（X_1）、数字经济发展水平（X_2）、创新能力（X_3）、产业结构（X_4）、环境规制强度（X_5）和城镇化率（X_7）6个因子均对北京市碳排放产生了显著影响，且各影响因子的解释力都超过了0.80。其中，经济发展水平（X_1）、数字经济发展水平（X_2）、创新能力（X_3）对北京市碳排放的解释力最强，超过了0.96，表明在北京建设全球数字经济标杆城市和国际科技创新中心的背景下，经济发展水平、数字经济发展水平和创新能力显著影响了城市的碳排放；环境规制强度（X_5）解释力次之，达到了0.8765；城镇化率（X_7）和产业结构（X_4）的解释力则分别为0.8469和0.8244（见表2）。

表2　北京市碳排放影响因子探测结果

指标	X_1	X_2	X_3	X_4	X_5	X_6	X_7
q值	0.9619	0.9619	0.9619	0.8244	0.8765	0.5943	0.8469
p值	0.0000	0.0000	0.0000	0.0584	0.0174	0.7648	0.0003

本报告利用交互探测模型检测各驱动因素的交互作用关系。北京市碳排放驱动因素的交互作用既包括双因子增强（不同因子交互q值均大于单因子q值），也包括单因子非线性减弱（不同因子交互q值小于某一单因子q值）

及非线性减弱（不同因子交互 q 值均小于单因子 q 值）。具体而言，在 21 组驱动因素交互作用项中，双因子增强组合最多，占比达 61.9%，即因子解释力在进行双变量交互后显著上升。其中对北京市碳排放影响较大的交互式驱动因子分别是：经济发展水平∩城镇化率（q = 0.9763）、经济发展水平∩环境规制强度（q = 0.9833）、数字经济发展水平∩城镇化率（q = 0.9763）、数字经济发展水平∩环境规制强度（q = 0.9833）、创新能力∩城镇化率（q = 0.9763）、创新能力∩环境规制强度（q = 0.9833），这些驱动因素的交互作用增强了对北京市碳排放变化的解释能力，反映了北京市碳排放是多种因素共同作用的结果（见表 3）。

表 3　各影响因子交互探测结果

影响因子	X_1	X_2	X_3	X_4	X_5	X_6	X_7
X_1	0.9619						
X_2	0.9619	0.9619					
X_3	0.9619	0.9619	0.9619				
X_4	0.9705	0.9705	0.9705	0.8244			
X_5	0.9833	0.9833	0.9833	0.7963	0.8765		
X_6	0.9563	0.9563	0.9563	0.9020	0.8171	0.5943	
X_7	0.9763	0.9763	0.9763	0.9657	0.8915	0.9670	0.8469

四　北京市碳排放优化路径与对策建议

北京市低碳发展已取得显著成效，但仍面临诸多挑战。为进一步降低北京市碳排放，助力北京建设"美丽中国"先行区和国际一流的和谐宜居之都，本报告提出如下几点对策建议。

（一）深度挖掘城市减排潜力，加快产业绿色化转型与绿色交通体系建设

一是推动产业绿色低碳发展。加大对新能源、新材料、低空经济等新兴

产业和未来产业的扶持力度，促进高科技含量、高能效、低碳排放的高精尖产业加速发展，积极培育新的经济增长点和碳减排支撑点；鼓励企业积极采用节能减排设备、对标国际先进标准进行绿色技术升级，推动工业领域实现全面绿色低碳转型。

二是促进重点行业治理升级。聚焦"双碳"目标要求，修订并完善重点行业清洁生产评价指标体系，将碳排放指标纳入其中；打造一批污染物和碳"双近零"排放标杆企业，引导企业朝着更加清洁、低碳、可持续的生产方式迈进。

三是加强绿色低碳交通体系建设。加速数字化和智能化技术在交通领域的深度应用，推动交通信号灯配时优化、道路拥堵实时监测等，以提高道路通行效率、降低碳排放；坚持公共交通优先战略，全面提升公共交通网络的覆盖范围和服务质量，优化换乘系统和枢纽站点布局，提高公共交通的便捷性和舒适性，推动更多市民选择绿色低碳出行方式。

（二）持续优化能源碳排放结构，加强柴油和原油碳排放专项治理

一是加大清洁能源替代力度。积极开发利用可再生能源，在城市建筑屋顶、公共设施推广分布式光伏发电项目；对生物质热电联产项目给予生产补贴，大力推进生物质能发电和供热项目研发和落地，根据发电量和供热量进行资金奖励，助推生物质热电联产技术转化。

二是加快新能源汽车发展，推动车辆"油换电"，并推动氢燃料汽车的规模化应用，加速充电桩和换电站等基础设施布局与智能化升级，缓解居民的"里程焦虑"，不断提高新能源汽车的普及率。

三是持续加强柴油碳排放管控和加大原油碳排放削减力度。加强对营运柴油车用车大户的全覆盖监管，抓牢车辆信息台账工作，严格执行尾气排放标准，督促用车大户安装在线排放管理系统，以"人防"＋"技防"双重管控加大用车尾气检测力度，对超标排放车辆进行限期整改或强制淘汰。加强原油运输和储存环节管理，防止原油泄漏和挥发造成的碳排放增加。

（三）进一步完善碳市场建设，促进碳市场与金融市场协同发展

一是持续完善碳市场机制建设。提升金融市场对碳市场的支持力度，探索开展"电—碳—金融"三市场协同，以市场手段助力"双碳"目标实现；完善重点行业企业碳排放核算方法及配额管理政策，根据企业的历史排放数据、行业先进排放水平、未来发展规划等，科学合理地分配碳配额，提高配额分配的准确性和公平性。

二是协同优化绿色金融标准体系和碳核算标准。在完善绿色金融工具相关标准时，把碳市场交易数据和企业碳绩效作为重要参考指标纳入考量，使绿色金融工具更好地服务于碳市场发展。结合大数据和人工智能技术，实现企业碳核算与绿色金融风险评估能力的同步提升，增强绿色资产价值和风险评估的有效性，提升资金投向的准确性，有效防范"洗绿""漂绿"等问题。

三是不断丰富和创新绿色金融产品。结合碳市场的交易机制和价格波动，重视产品的碳减排激励功能属性，积极设计推出与碳配额和碳信用挂钩的绿色金融工具，如开发碳配额质押贷款、碳信用保险等产品。

B.9
首都数字经济赋能京津冀绿色高质量发展效果评估

唐将伟*

摘　要： 本报告利用京津冀13个地级及以上城市面板数据对京津冀数字经济影响绿色发展的效果进行评估，得出如下研究结论。一是京津冀数字经济发展对绿色高质量发展存在显著的正向影响，数字经济通过技术升级和数据要素化带动区域产业结构升级和碳排放降低，有效地促进了区域绿色高质量发展。二是数字经济对绿色高质量发展的影响存在明显的门槛效应，由于数字经济发展需要经历产业投资、技术升级等逐步传导和显化的过程，当且仅当数字经济发展水平达到特定的门槛水平值之后，对绿色高质量发展的正向促进作用才开始显化。三是受到城市之间的知识学习、政策模仿、竞争效应以及京津冀一体化战略实施等因素的影响，数字经济对绿色高质量发展具有十分显著的空间外溢效应，以北京为核心的中心城市数字经济发展在促进本地绿色高质量发展的同时，也会对周边地区产生明显的空间外溢效应。

关键词： 数字经济　绿色发展　空间效应　京津冀地区

一　引言

当前我国进入高质量发展的新阶段，加快经济发展方式绿色转型成为政府和全社会的共同诉求。党的二十大报告指出，"加快发展方式绿色转型"

---

* 唐将伟，经济学博士，北京市社会科学院管理研究所副研究员，主要研究方向为数字经济、绿色发展、公共政策。

"推动经济社会发展绿色化、低碳化是实现高质量发展的关键环节"。数字经济作为实现经济绿色高质量发展的重要动能，在推动产业数字化、智能化、绿色低碳转型方面发挥着重要作用。2024 年 1 月，《中共中央　国务院关于全面推进美丽中国建设的意见》指出，"当前，我国经济社会发展已进入加快绿色化、低碳化的高质量发展阶段"，要"推进产业数字化、智能化同绿色化深度融合""加快数字赋能，深化人工智能等数字技术应用，构建美丽中国数字化治理体系，建设绿色智慧的数字生态文明"。2024 年 7 月，党的二十届三中全会提出加快经济社会发展全面绿色转型以及支持企业用数智技术、绿色技术改造提升传统产业等，为数字经济赋能绿色发展指明了方向。在此背景下，加快数字经济与绿色经济高质量融合发展是构建我国新发展格局的必然要求，① 对于推动绿色高质量发展起着重要的作用。②

长期以来，以北京为核心的京津冀地区作为国内乃至全球重要的城市群和经济圈，依托国家政策实现互联互通、区域合作，已成为我国区域数字经济和绿色高质量发展的先行示范区。2024 年北京数字经济增加值达 2 万亿元，同比增长 7.5%左右，北京现有人工智能企业数量超过 2400 家，核心产业规模突破 3000 亿元，③ 数字经济发展在国内各大城市中处于领先地位。在绿色发展方面，2024 年以来，北京努力开展国家绿色发展示范区建设，推动产业数字化、绿色低碳转型升级，不断引领京津冀协同发展和服务国家重大发展战略，在参与国际和地区竞争与生态文明建设中扮演着越来越重要的角色，④ 在引领京津冀数字经济和绿色低碳发展中发挥着重要的推动作用。同时也应当看到，京津冀地区是我国人与自然关系最为紧张、资源环境

---

① 蒋金荷：《全球碳治理体系新特征及完善中国碳治理的策略展望》，《价格理论与实践》2024 年第 11 期。
② 韩晶、陈曦：《数字经济赋能绿色发展：内在机制与经验证据》，《经济社会体制比较》2022 年第 2 期。
③ 北京市经济和信息化局官方统计数据。
④ 孙钰、武占云、姜宇宁等：《京津冀生态文明建设的时空溢出效应及驱动因素》，《城市问题》2022 年第 7 期。

超载矛盾最为严重、生态联防联治要求最为迫切的区域之一，① 如何利用数字经济赋能区域绿色发展转型，成为理论和实践关注的议题。

在此背景下，京津冀数字经济对区域绿色高质量发展的影响效果如何？由于数字经济的发展需要前期的阶段性投资才能呈现一定的效果，因此其对区域绿色高质量发展的影响是否存在一定的门槛效应和空间效应？由于北京市数字经济和绿色发展在京津冀各大城市中处于绝对领先地位，其他城市与北京在各个领域仍存在较大的差距，这种差异会不会带来数字经济对区域绿色高质量发展产生一定的空间效应，这种空间效应表现为"溢出效应"还是"虹吸效应"？其背后机制是什么？这些都是学界亟须给予回答的重要命题。本报告利用 2012~2023 年京津冀 13 个地级及以上城市的数据检验数字经济对绿色高质量发展的影响，力图弥补现有研究可能存在的不足。

二 文献综述

近年来数字经济作为新质生产力对于经济发展绿色转型产生越来越重要的影响，相关议题也受到学术理论界的广泛关注，相关领域的研究主要聚焦以下领域。一是以投入产出模型将资源环境因素纳入进来测算绿色全要素生产率，从而构建绿色高质量发展的分析体系。②③ 二是关于绿色高质量发展影响因素的研究，学者们从产业结构④、技术创新⑤、人力资本积累⑥等维度

---

① 任理轩：《推进中国式现代化建设的有效途径》，《人民日报》2024 年 2 月 29 日。
② 湛泳、李珊：《智慧城市建设、创业活力与经济高质量发展——基于绿色全要素生产率视角的分析》，《财经研究》2022 年第 1 期。
③ 唐将伟、谢延璐：《数字经济赋能产业高质量发展的理论机制与路径优化——基于绿色低碳产业转型视角的分析》，《价格理论与实践》2024 年第 4 期。
④ Feng M. , Yan Y. , and Li X. , "Measuring the Efficiency of Industrial Green Transformation in China," *Journal of Scientific & Industrial Research*, 2019.
⑤ 唐将伟、黄燕芬、王鹏等：《金融科技赋能绿色发展：理论分析与实证检验》，《价格理论与实践》2023 年第 5 期。
⑥ Sun Y. , Wei Y. , Wang Y. , et al. , "Do Green Economy Stocks Matter for the Carbon and Energy Markets?" *Evidence of Connectedness Effects and Hedging Strategies*, 2024.

探究绿色高质量发展的影响机理和约束条件。三是从数字经济通过创新效率与要素配置[①]、数字经济环境[②]、产业结构升级[③]、碳排放强度降低[④]、环境规制[⑤]、数字基础设施[⑥]等路径对绿色高质量发展产生影响，以及这种影响的区域异质性。[⑦]

综上所述，学者们对绿色高质量发展及其影响因素以及数字经济对高质量发展的影响的研究已经较为丰富，但是现有研究大多是基于理论的分析或者基于国内 31 个省份数据的研究，缺乏从京津冀地区视角开展的区域性研究，也更鲜有从门槛效应和空间效应的视角进行更为深入的分析，这也是本报告试图弥补的现有研究的不足之处。

三　理论机制与研究假说

随着数字要素的价值在经济发展中的渗透作用不断扩大，数字经济作为一种新经济形态在促进经济发展中的作用越来越突出，因此受到理论界的广泛关注。根据传统经济增长理论，经济增长依赖于劳动力、资本、资源等要素的投入，但是这一传统发展模式带来大量的资源、能源消耗，从而导致碳排放的增加和环境污染，数字经济则成为破解传统发展模式难题的重要选

---

① 朱喜安、马樱格：《数字经济对绿色全要素生产率变动的影响研究》，《经济问题》2022 年第 11 期。

② 李占风、粟文元：《数字经济对绿色全要素生产率的影响研究》，《西安财经大学学报》2023 年第 6 期。

③ 杨飞虎、桂杉杉、余炳文：《数字化水平、产业结构升级与绿色城镇化——基于我国 286 个城市的经验数据》，《学习与探索》2023 年第 11 期。

④ 唐将伟、黄燕芬：《碳排放对经济高质量发展的影响研究——基于我国 284 个地级及以上城市数据的实证分析》，《技术经济与管理研究》2024 年第 9 期。

⑤ 侯建、康囝、白婉婷：《数字经济、环境规制与区域绿色创新绩效》，《经济问题探索》2023 年第 11 期。

⑥ 蔺鹏、孟娜娜：《新型数字基础设施建设对中国工业绿色发展效率增长的影响研究》，《科研管理》2023 年第 12 期。

⑦ 胡海洋、杨兰桥：《数字经济赋能经济绿色发展的效应与机制研究》，《区域经济评论》2023 年第 6 期。

择。[1] 数字经济依托数字技术将数据作为一种新的生产要素渗透融合到产业发展的各个方面，从而实现经济发展的低能耗和高附加值产出。其中的突出表现就是数字产业化和产业数字化带来技术升级和产业升级，[2] 数字产业化使得数据生产、流通、消费产业链化，形成一种新的高附加值产业形态；[3] 产业数字化则带来传统产业的数字化转型升级，通过生产、流通和消费的线上线下的结合，从而提高了经济发展的效率和低碳发展水平。基于此，本报告提出假说1。

假说1：数字经济显著地促进了京津冀绿色高质量发展水平。

同时也必须看到，数字经济的发展本身需要一定的基础设施如网络、算力中心等建设投资作为前提，[4] 而这些基础设施的投资和运行在初始阶段受到数据规模、技术成熟度的影响，短期内难以产生立竿见影的效果，因此其对绿色高质量发展的促进效应相对有限，甚至由于基础设施较大的资源和能源投入，数字经济发展的前期阶段可能会带来较大的能源压力和碳排放增加，[5] 因此，数字经济对绿色高质量发展可能存在一定的门槛效应，其对绿色高质量发展的正向影响只有在超过一定的门槛水平条件之后才会出现。基于此，本报告提出研究假说2。

假说2：数字经济对京津冀绿色高质量发展的影响效果可能存在一定的门槛效应，当且仅当达到门槛值后才能产生正向促进效应。

从空间效应来看，京津冀地区内部经济发展差异较大，数字经济和绿色发展在不同城市中可能存在不同的发展阶段和水平差异。北京市作为京津冀经济圈的中心城市，也是国内数字经济发展的领头羊，在数字经济方面具有绝对的发展优势，数字经济相关的政策、资金、人才、技术、研发等各要素高度集聚，这种集聚优势在政府引导机制和市场自由流动机制的共同作用

---

[1] 杨汝岱：《中国经济增长模式的新挑战与创新发展逻辑》，《新金融》2024年第2期。
[2] 任保平：《以产业数字化和数字产业化协同发展推进新型工业化》，《改革》2023年第11期。
[3] 伍心怡、何爱平：《数字技术助推中国现代能源体系构建：赋能机制、现实问题与实现路径》，《经济问题探索》2024年第1期。
[4] 蔺鹏、孟娜娜：《新型数字基础设施建设对中国工业绿色发展效率增长的影响研究》，《科研管理》2023年第12期。
[5] 罗军：《数字化如何赋能制造业绿色发展》，《当代财经》2023年第7期。

下，在促进本地绿色高质量发展的同时，对周边地区也同样具有明显的区位带动优势。从市场机制来看，京津冀地区作为国内重要的城市群和经济带，人才、技术、产业优势明显，在自由市场竞争机制下，知识学习、政策模仿、产业竞争都带动要素的跨区域流动，从而带来数字经济产业和企业的跨区域布局，对周边地区绿色高质量发展产生溢出效应。从政府引导机制来看，在京津冀协同发展战略深入推进下，北京与周边地区加强数字经济领域产业链、供应链协同合作，由此带动生产要素由中心城市向周边地区扩散，[1] 一大批数字经济人才、技术、企业和数字化平台基于生产成本和产业分工等价值链条由内向外进行自由流动扩散，[2] 从而推动周边地区绿色高质量发展。同时，在疏解北京非首都功能的大背景下，一系列产业易地搬迁举措也为释放数字经济和绿色高质量发展溢出效应提供了重要渠道，大量的产业向环京地带和天津、河北等地区疏解，一方面提升了北京本地绿色高质量发展成效，另一方面也对搬迁地经济高质量发展和绿色低碳转型提供了良好机遇。[3] 在此基础上，本报告提出假说3。

假说3：数字经济对京津冀绿色高质量发展存在显著的空间溢出效应，以北京为核心的数字经济发展引擎对周边地区绿色高质量发展形成明显的带动效应。

四　模型构建、变量选取与说明

（一）模型构建

1.基准模型

为了考察京津冀地区数字经济对绿色高质量发展的影响，本报告构建以

---

① 刘秉镰、高子著：《中国城市群资源配置效率测度与提升方略：以京津冀城市群为重点的分析》，《改革》2024年第8期。
② 席强敏、李国平：《京津冀生产性服务业空间分工特征及溢出效应》，《地理学报》2015年第12期。
③ 蒋正云、刘庆芳、程依婷等：《京津冀协同发展的城市碳减排效应评估及机制分析》，《软科学》2024年第9期。

下模型：

$$GTEP_{i,t} = \beta_0 + \beta_1 Dig_{i,t} + \beta_2 Control_{i,t} + \mu_i + \delta_i + \varepsilon_{i,t} \tag{1}$$

其中，i、t 表示变量所在的城市和时间，$GTEP$ 是因变量，用来代表绿色高质量发展，用城市的绿色全要素生产率水平来代替，Dig 是自变量数字经济水平，$Control$ 是控制变量，代表影响绿色高质量发展的其他因素。μ_i 代表城市固定效应，δ_i 代表时间固定效应，$\varepsilon_{i,t}$ 是随机扰动项。

2. 门槛效应模型

同时，为了进一步论证数字经济对绿色高质量发展之间的门槛效应，本报告建立了面板门槛回归模型，设定如下面板门槛模型：

$$GTEP_{i,t} = \alpha_0 + \alpha_1 Dig_{i,t} \times I(q_{i,t} \leq \theta) + \alpha_2 Dig_{i,t} \times I(q_{i,t} > \theta) + \alpha_3 Control_{i,t} + \mu_i + \varepsilon_{i,t} \tag{2}$$

其中，$q_{i,t}$ 为门槛变量，θ 为门槛模型中的门槛值，$I(\cdot)$ 为指示型函数，当满足条件时取值为 1，否则为 0。式（2）是单门槛模型，可以根据样本数据的计量检验等步骤扩充至多门槛情形。

3. 空间面板计量模型

为了进一步探讨数字经济对绿色高质量发展影响的空间效应，本报告构建如下空间计量模型：

$$GTEP_{i,t} = \beta_0 + \rho WGTFP_{i,t} + \beta_1 Dig_{i,t} + \varphi_1 WDig_{i,t} + \beta_2 Control_{i,t} + \varphi_2 WControl_{i,t} + \mu_i + \delta_t + \varepsilon_{i,t} \tag{3}$$

其中，ρ 为空间回归系数（反映空间溢出效应），φ_1、φ_2 为空间滞后变量系数。W 为空间权重矩阵，本报告采用了经济距离标准化矩阵进行回归。

（二）变量选取

1. 绿色全要素生产率测度

本报告被解释变量为绿色全要素生产率，基于 SBM-DDF 模型，把每个地区看作一个生产决策单元，构造包括期望产出和非期望产出的生产可能集。假设每个决策单元都需要投入 N 种生产要素 $x = (x_1, \cdots, x_n) \in R_N^+$，生产

M 种期望产出 $y=(y_1,\cdots,y_m)\in R_M^+$，生产 K 种非期望产出 $b=(b_1,\cdots,b_k)\in R_K^+$，则 (x_i^t,y_i^t,b_i^t) 为第 i 个地区 t 时期的投入产出数据，(g^x,g^y,g^b) 为方向向量，(s_n^x,s_m^y,s_k^b) 为投入和产出的松弛向量。那么，第 i 个地区非径向、非导向基于松弛测度的方向性距离函数（SBM-DDF）定义如下：

$$\rho S_v^t(x_i^t,y_i^t,b_i^t,g^x,g^y,g^b)=\frac{1}{3}\max\left[\frac{1}{N}\sum_{n=1}^N\frac{S_n^x}{g_n^x}+\frac{1}{M}\sum_{m=1}^M\frac{S_m^y}{g_m^y}+\frac{1}{K}\sum_{k=1}^K\frac{S_k^b}{g_k^b}\right]$$

$$s.t.\ \lambda Y-s_m^y=y_{im}^t;\lambda B+s_k^b=b_{ik}^t;\lambda X+s_n^x=x_{in}^t$$

$$\lambda\geq0,\lambda l=1;s_n^x\geq0,s_m^y\geq0,s_k^b\geq0$$

在模型中，期望产出是各地级市的实际 GDP；非期望产出包括工业废水排放量、工业烟尘排放量、工业废气排放量；投入要素包括资本投入、劳动投入和能源投入。资本投入以永续盘存法计算各城市资本存量来衡量，劳动投入以年末城镇单位就业人数表示，能源投入为各城市用电总量。相关数据源自 2013~2024 年《中国城市统计年鉴》中的城市面板数据。

2. 核心自变量：数字经济

数字经济是本报告的核心解释变量，对于数字经济发展水平的测度，本报告借鉴赵涛等[①]的做法构建评价指标体系，在此基础上采用熵值法测度数字经济发展水平。

3. 控制变量选取

本报告在已有研究[②③④]的基础上，选取了对绿色全要素生产率可能产生影响的控制变量，具体如下。①经济发展水平采用人均 GDP 来衡量。②科学技术水平采用科学技术支出与地方政府一般公共预算支出之比来衡量。

---

① 赵涛、张智、梁上坤：《数字经济、创业活跃度与高质量发展——来自中国城市的经验证据》，《管理世界》2020 年第 10 期。

② 张圆：《城市数字经济对绿色全要素生产率的空间效应研究——理论机理与实证检验》，《经济体制改革》2022 年第 4 期。

③ 刘强、马彦瑞、徐生霞：《数字经济发展是否提高了中国绿色经济效率？》，《中国人口·资源与环境》2022 年第 3 期。

④ 李杰、刘清：《数字经济如何赋能城市绿色全要素生产率——基于国家大数据综合试验区建设的经验证据》，《现代管理科学》2023 年第 5 期。

③人力资本水平采用普通本专科在校学生数与年末总人口之比来衡量。④人口密度选取地区常住人口与城市面积的比值进行测度。⑤对外开放水平用实际利用外资金额与地区生产总值的比值进行测度。

（三）数据来源和描述性统计

本报告使用 2012~2023 年京津冀地区 13 个城市样本①的城市面板数据，各变量原始数据来源于历年《中国城市统计年鉴》，变量的描述性统计如表 1 所示。

表 1　变量描述性统计

变量类型	变量名称	均值	标准差	最小值	最大值
被解释变量	绿色全要素生产率	1.019	0.061	0.871	1.439
核心解释变量	数字经济	0.228	0.126	0.039	0.977
控制变量	经济发展水平	11.074	0.521	9.911	11.921
	科学技术水平	0.017	0.021	0.002	0.059
	人力资本水平	0.025	0.017	0.019	0.061
	人口密度	6.183	0.677	4.549	6.891
	对外开放水平	0.023	0.017	0.012	0.124

五　实证结果与分析

本部分利用 2012~2023 年京津冀地区 13 个城市面板数据，实证检验和评估数字经济对京津冀绿色高质量发展的影响效应。

（一）基准回归结果

本部分利用 2012~2023 年京津冀地区 13 个城市面板数据固定效应模

---

① 13 个城市主要包括：北京、天津、保定、唐山、廊坊、石家庄、秦皇岛、张家口、承德、沧州、衡水、邢台、邯郸。

型，在实证分析之前，首先对变量的多重共线性进行检验，通过膨胀因子检测发现各变量 vif 均小于 10，共线性检验通过，可以进行下一步的实证模型检验。基准回归结果如表 2 所示，其中模型（1）（2）（3）分别代表未加入控制变量、加入控制变量、控制时间和城市固定效应的模型回归结果，模型评估结果表明，数字经济对京津冀绿色高质量发展存在显著的正向促进作用，这说明京津冀数字经济发展显著推动了区域绿色高质量发展，即验证了假设 1。

表 2　基准回归结果

变量	（1）OLS	（2）OLS	（3）FE
数字经济指数	0. 239 ***	0. 246 **	0. 612 ***
	（0. 0621）	（0. 0955）	（0. 152）
控制变量	否	是	是
常数项	0. 853 ***	0. 822 ***	−0. 182
	（0. 0216）	（0. 128）	（0. 842）
城市固定效应	否	否	是
年份固定效应	否	否	是
N	156	156	156
R^2	0. 282	0. 301	0. 546
R^2	0. 277	0. 270	0. 434

注：*、**、***分别代表 10%、5%、1%的显著水平。

（二）门槛效应分析

在前一部分的模型评估基础上，本部分进一步通过面板门槛回归模型评估数字经济对经济绿色高质量发展的门槛效应。在进行门槛回归之前，需要对门槛模型显著性进行检验，以确定门槛限值的个数。通过反复抽样 500 次来获取统计量的检验结果，表 3 显示了单门槛效应的检验结果，单门槛检验的 P 值为 0. 025，表示在 5%的水平上拒绝原假设，因此可以认为，数字经济对京津冀绿色高质量发展存在显著的门槛效应影响，门槛估计值是 0. 358。

表 3　门槛检验结果

门槛性质	F 值	P 值	BS 次数	临界值			门槛估计值
				10%	5%	1%	
单一门槛	42.68	0.025	500	21.0832	33.9087	49.1496	0.358

表 4 展示了门槛效应回归结果。当数字经济指数小于 0.358 时，数字经济对绿色全要素生产率的影响为负但并不显著；当数字经济指数大于等于 0.358 时，数字经济对绿色全要素生产率的影响显著为正。这表明，随着京津冀地区数字经济发展水平的提高并达到 0.358 这一门槛值后才会对绿色高质量发展产生积极的促进效应，这也进一步验证了假说 2 的正确性。

表 4　门槛回归结果

变量	模型（4）
数字经济（<0.358）	−0.090
	（0.257）
数字经济（≥0.358）	0.397**
	（0.157）
常数项	−0.282
	（0.588）
控制变量	YES
城市固定	YES
年份固定	YES
N	156
R^2	0.216

注：*、**、***分别代表 10%、5%、1%的显著水平。

由于京津冀地区数字经济和绿色高质量发展在城市间可能存在知识学习、政策溢出以及京津冀一体化带来的产业转移。为了考察二者之间是否存在空间效应，本部分进一步构建空间计量模型进行论证。在进行空间溢出效应分析之前，需要对数字经济发展指数和绿色全要素生产率进行空间自相关检验。本报告基于经济距离标准化矩阵，对年度的全局莫兰指数进行计算分析，结果如表5所示，2012~2023年京津冀地区各城市的数字经济发展指数和绿色全要素生产率均存在明显的空间效应，这说明二者可能存在一定的空间效应，为此，本报告进一步构建空间计量模型来检验这种空间效应的显著性。

表5 2012~2023年城市数字经济发展指数和绿色全要素生产率全局莫兰指数检验

年份	数字经济	Z值	绿色全要素生产率	Z值
2012	0.112 **	2.186	0.089	0.873
2013	0.137 **	2.145	-0.291	-1.336
2014	0.139 *	1.922	-0.055	0.433
2015	0.259 **	2.367	0.239 *	1.786
2016	0.238 **	2.223	0.059	1.564
2017	0.090 *	1.798	-0.089	-0.234
2018	0.109 *	1.873	-0.267	-1.076
2019	0.189 **	2.259	-0.066	0.178
2020	0.161 **	2.276	-0.221	-1.455
2021	0.109 **	2.266	0.279 **	2.464
2022	0.051 **	2.377	0.288 **	2.432
2023	0.132 **	2.754	0.287 **	2.544

注： * 、 ** 、 *** 分别代表10%、5%、1%的显著水平。

本报告利用经济距离标准化矩阵构建时空双重固定效应空间杜宾模型。同时也列出空间滞后和空间误差模型的估计结果。从表6的实证评估可以看出，三种空间模型下数字经济的系数符号及显著性水平一致。此外，数字经济发展指数的空间交互项系数显著为正，表明数字经济对本地区绿色全要素生产率存在正向影响的同时，对周边地区绿色高质量发展也存在显著的正向影响，因此具有明显的外溢效应，这验证了假说3的正确性。

表6 不同空间计量模型下的检验结果

变量	空间杜宾	空间滞后	空间误差
数字经济	0.561 ***	0.477 ***	0.511 ***
	(0.089)	(0.0032)	(0.0012)
$W\_$数字经济	1.960 ***	—	—
	(0.235)		
ρ / λ	0.217 *	0.361 ***	0.141
	(0.121)	(0.0289)	(0.155)
控制变量	YES	YES	YES
R^2	0.218	0.279	0.308
$Log\text{-}likelihood$	298.021	264.193	258.279

注：* 、** 、***分别代表10%、5%、1%的显著水平。

由表7的检验结果进一步表明数字经济的直接效应系数和间接效应显著为正，验证了假说3的正确性。

表7 空间杜宾模型和空间滞后模型的直接效应、间接效应和总体效应

变量	空间杜宾	空间滞后
直接效应	0.712 ***	0.492 ***
	(0.121)	(0.088)
间接效应	2.48 ***	0.259 ***
	(0.451)	(0.013)
总效应	2.243 ***	0.791 ***
	(0.436)	(0.167)

注：* 、** 、***分别代表10%、5%、1%的显著水平。

六 研究结论与建议

数字经济作为京津冀高质量发展的重要引擎，在推动区域经济一体化和绿色低碳化转型中扮演着十分重要的角色。本报告利用京津冀地区 2012 ~ 2023 年 13 个城市面板数据构建实证分析模型，检验了京津冀数字经济发展

对区域绿色高质量发展的影响，得出以下研究结论。①数字经济发展对京津冀地区绿色高质量发展具有显著的积极影响，京津冀地区数字经济发展通过技术和要素升级带动区域产业结构升级和碳排放的降低，有效地促进了区域绿色高质量发展。②数字经济对京津冀绿色高质量发展存在显著的门槛效应。当且仅当数字经济发展水平达到0.358这一门槛值以后，数字经济对绿色高质量发展的积极促进作用才更加显著，这表明数字经济对绿色高质量发展的影响是需要一定的产业投资传导逐步显化的过程。③数字经济对京津冀地区绿色高质量发展存在显著的空间溢出效应影响，以北京为核心的城市数字经济发展对周边地区绿色高质量发展存在显著的积极影响。这表明，京津冀数字经济的发展通过知识学习、政策模仿、竞争效应以及京津冀一体化战略等，实现了显著的技术和产业的外溢效应。

基于以上研究结论，本报告提出以下对策建议。

一是加快京津冀地区数字经济发展，将数字经济发展作为促进京津冀协同发展的重要战略任务，依托数字经济赋能区域经济发展方式的绿色转型，助力区域产业结构优化升级。要通过数字技术和数字要素赋能京津冀产业智能化、低碳化发展，通过产业数字化、数字产业化以及数字治理水平的提升实现京津冀绿色高质量发展。

二是继续加大数字经济相关领域的基础设施建设投资力度和产业集聚投资力度，加快形成京津冀数字经济发展产业集群高地，依托京津冀核心产业优势，形成京津冀数字经济与绿色高质量发展的突出产业板块，实现数字经济技术与核心产业的深度融合，加快释放京津冀数字经济和绿色发展的经济效应和社会效应。

三是强化北京、天津等核心城市在数字经济和绿色发展当中的引领作用，构建"从中心到外围"的数字经济和绿色发展产业链、供应链、价值链体系，充分发挥以北京为核心的中心城市的人才、技术、平台、资金优势和外围城市的资源、场景优势，形成内外产业互动，发挥产业协同带动在绿色高质量发展中的作用。

B.10
北京绿色技术创新主体的贡献差异研究

刘小敏*

摘　要：　绿色技术创新是应对气候变化、推进资源可持续利用的关键。2024 年，北京提出建设国际绿色经济标杆城市，要求绿色发明专利年均增长 10%。本研究基于 2000 年以来北京绿色技术专利数据，从上市公司和科研院所两个维度分析发展现状、变化规律及挑战，并提出对策建议。2000 年以来北京绿色专利申请与授权持续增长，2018 年达到峰值；2019 年后实用新型专利显著下降。科研院所与上市公司在绿色发明专利申请与授权方面呈现差异化特征，主要受 2018 年专利申请政策及北京地方规定调整影响。本报告建议构建系统化的创新发展保障机制，确保绿色创新的持续性；完善科研院所的资助与奖励政策，实施精准资助与长期激励；确保上市公司在绿色发明专利申请上的持续性；加强高校和科研机构的人才培养；鼓励科研机构与企业加强产学研深度合作；持续增强对绿色交通与建筑节能产业的创新支持，完善绿色技术创新生态等。

关键词：　绿色发明专利　绿色实用新型专利　绿色经济标杆城市　北京

一　研究背景与意义

　　绿色技术创新是应对气候变化，实施资源保护与可持续利用等工作的重点内容。2020 年 1 月，中央全面深化改革委员会通过《关于构建市

---

　　* 刘小敏，博士，北京市社会科学院市情研究所助理研究员，北京世界城市研究基地专职研究员，主要研究方向为宏观经济模型及低碳经济。

场导向的绿色技术创新体系的指导意见》，明确提出"绿色技术创新日益成为绿色发展的重要动力，成为打好污染防治攻坚战、推进生态文明建设、促进高质量发展的重要支撑"。促进绿色技术创新是北京高质量发展的重要动力，也是北京建设国际绿色经济标杆城市的关键驱动力。2024年10月，《中共北京市委办公厅 北京市人民政府办公厅关于北京市加快建设国际绿色经济标杆城市的实施意见》发布，提出到2027年，有效绿色发明专利数量年均增长10%左右，绿色技术创新中心地位进一步提升。

目前，我国绿色技术创新呈积极发展态势。据德国智库贝塔斯曼基金会发布的研究报告，中国已成为绿色技术研究的领先国家之一，2017～2022年，中国在绿色技术领域的世界级专利数量从1.1万件增长到3.7万件，仅次于美国位居全球第二。[1] 国家知识产权局战略规划司最新编制发布的《绿色低碳专利统计分析报告（2024）》显示，2023年，来自中国的绿色低碳发明专利申请量达到10.1万件，同比增长20.1%，占全球总量的一半以上，已经成为推动全球绿色发展的重要力量。北京绿色发展领跑，截至2024年6月，全市有效绿色发明专利数量达到约5.7万件，成为全国总量最多的地区。

然而，面对北京建设世界创新中心与国际绿色经济标杆城市双重要求，北京绿色技术创新仍存在创新效率有待提高、部分专利技术含量有限、基础研究与应用研究衔接不畅、转化与应用效率不高等多方面的问题，[2] 梳理北京绿色技术专利申请与授权的现状，了解绿色专利申请与授权的动态变化规律，是深入开展绿色创新研究的重要基础，也是优化创新资源配置、加速绿色技术研发与应用、推动北京市绿色经济高质量发展的重要条件。为此，本报告在梳理绿色技术创新的现状、北京出台的绿色技术发展促进政策的基础上，重点分析2000年以来，北京绿色技术专利申

---

[1] 《绿色技术领域的世界级专利数量快速增长！德智库称中国绿色技术研究活力领先》，http://www.hbjjrb.com/system/2024/03/06/101286593.shtml，2024年3月6日。
[2] 本文中所有关于专利的"授权量"，均是指"获得授权量"，"授权量"为简化表达。

请、授权的数量、变化规律以及科研院所及上市公司中重要的绿色技术专利单位。

二 北京绿色技术创新梳理

（一）主要研究梳理

绿色技术创新是指在技术创新过程中，将环境保护和可持续发展的理念贯穿始终，旨在开发新的或改进现有的技术、产品、工艺和服务，以减少对自然资源的消耗和对生态环境的负面影响，同时提高经济效率和社会福祉。它不仅包括新技术的发明创造，还涉及将这些技术应用于实际生产、生活场景中的创新过程。

学术界对绿色技术创新研究大体可以归纳为两类，一是驱动因素的研究，一方面，从环境规制角度展开，陶锋等基于省际面板数据考察了环境规制与绿色技术创新的关系，[①] 张娟等分别从微观企业以及宏观政府角度分析环境规制政策对绿色技术创新的影响；[②] 另一方面，从金融、数字政策维度展开，王馨等分析绿色信贷政策对绿色创新的影响，[③] 王锋正等探讨了数字化能否有效促进传统资源型企业绿色技术创新，突破资源环境双重约束走上高质量发展之路。[④]

二是绩效评估，罗良文等通过 DEA 法测算各区域工业企业整体绿色技术创新效率并进行因素分解，[⑤] 沈能等利用考虑非期望产出的 Meta-frontier

① 陶锋、赵锦瑜、周浩：《环境规制实现了绿色技术创新的"增量提质"吗——来自环保目标责任制的证据》，《中国工业经济》2021 年第 2 期。
② 张娟、耿弘、徐功文等：《环境规制对绿色技术创新的影响研究》，《中国人口·资源与环境》2019 年第 1 期。
③ 王馨、王营：《绿色信贷政策增进绿色创新研究》，《管理世界》2021 年第 6 期。
④ 王锋正、刘向龙、张蕾等：《数字化促进了资源型企业绿色技术创新吗?》，《科学学研究》2022 年第 2 期。
⑤ 罗良文、梁圣蓉：《中国区域工业企业绿色技术创新效率及因素分解》，《中国人口·资源与环境》2016 年第 9 期。

效率函数测算了我国各地区的绿色创新效率，并在此基础上运用结构化方程建立绿色创新结构模型，进行绿色创新影响机制研究。[①]

在绿色技术创新的研究中，研究者大都选择以绿色专利数量多少来代表绿色技术创新水平，如陶锋等[②]、王旭等[③]，因此，绿色专利指标是绿色技术创新研究中最为直接且具核心重要性的指标，对绿色专利相关指标的分析，不仅是开展绿色技术创新研究的重要起点，也是评估地区绿色创新水平的重要内容。

（二）北京绿色技术创新专利政策与相关机构梳理

1. 促进绿色技术创新的相关政策梳理

北京市始终将绿色技术创新置于重要战略地位。近年来，北京市持续完善绿色创新政策体系，系统推进绿色技术创新发展。本部分就相关政策进行梳理。

（1）构建绿色发展政策体系

2020年6月，北京市印发《北京市构建市场导向的绿色技术创新体系实施方案》，确立将北京打造为具有区域辐射力和国际影响力的绿色技术创新中心的目标，系统规划了重点领域、关键环节和空间布局等政策，为绿色技术创新体系构建了基本框架。2021年，北京市印发《北京市关于进一步完善市场导向的绿色技术创新体系若干措施》，重点支持绿色技术示范应用项目建设，并印发《北京市创新型绿色技术及示范应用项目征集遴选管理细则（试行）》，明确征集和示范项目的适用范围、申报要求、组织实施、资金支持等细则，重点支持碳达峰碳中和、大气污染防控等领域的创新技术。2023年，北京市印发《北京市建筑绿色发展奖励资金示范项目管理实

① 沈能、周晶晶：《技术异质性视角下的我国绿色创新效率及关键因素作用机制研究：基于Hybrid DEA 和结构化方程模型》，《管理工程学报》2018年第4期。
② 陶锋、赵锦瑜、周浩：《环境规制实现了绿色技术创新的"增量提质"吗——来自环保目标责任制的证据》，《中国工业经济》2021年第2期。
③ 王旭、褚旭：《中国制造业绿色技术创新与融资契约选择》，《科学学研究》2019年第2期。

施细则（试行）》，对取得三星级和二星级以上绿色建筑标识的项目，按使用年限给予差异化奖励。

（2）聚焦碳达峰碳中和

2023 年 10 月，市科委等四部门印发《北京市碳达峰碳中和科技创新行动方案》，规划了 2025 年和 2030 年目标，部署 35 项重点任务，为北京实现"双碳"目标提供科技支撑路径，标志着绿色技术创新政策在应对气候变化领域深度聚焦。同期，《北京经济技术开发区促进绿色低碳高质量发展资金奖励办法》出台，围绕污染防治、节能降碳和绿色建筑三大领域，设置 27 个支持方向，全方位支持企业绿色转型。

（3）全面推进绿色经济标杆城市建设

2024 年 10 月，《关于北京市加快建设国际绿色经济标杆城市的实施意见》印发，明确了未来十年建设国际绿色经济标杆城市的战略目标，从构建绿色技术创新体系、布局绿色技术赛道等维度，为北京绿色经济发展指明了方向，实现了政策支持从单一领域向全链条的转型升级。同期，中国人民银行北京市分行等 10 部门联合印发《关于做好绿色金融大文章支持首都绿色低碳发展的意见》，强化绿色金融对绿色技术创新的支撑作用，提供了资金保障和金融服务指引，形成了多元化、体系化的政策支持新格局。

2. 北京绿色技术创新主体概述

从绿色技术专利申请与授权情况来看，北京地区的上市公司和科研院所构成了绿色技术创新的中坚力量。作为我国顶尖科研机构的集聚地，北京汇聚了众多高端科研人才，拥有丰富的创新资源、完善的学科体系、先进的科研设施以及紧密的产学研协同机制，已然成为我国绿色技术创新的重要策源地。与此同时，北京拥有 470 余家上市公司，数量位居全国前列，且行业分布广泛，其中金融、能源、通信与信息技术、高端制造业、医药生物等领域的龙头企业云集，展现了强劲的创新实力。

基于此，本研究在开展绿色技术专利深度分析时，重点从科研院所和上市公司两个维度展开，系统分析绿色发明专利申请量、授权量，以及绿色实用新型专利申请量与授权量，并对授权量排名前 20 位的科研院所和上市公司进行重点介绍。

3. 数据来源

本研究采用的绿色技术创新专利数据主要来源于国家知识产权局及世界知识产权组织（WIPO）发布的 WIPO 绿色专利清单，通过系统筛选获取企业及科研院所的绿色专利数据。北京上市公司名单则来源于中国证券监督管理委员会北京监管局发布的北京辖区内深交所上市公司名录等权威信息。北京科研院所名单是通过对 WIPO 绿色专利清单进行逐条比对，筛选出的注册地为北京的机构名单。

4. 绿色发明专利与绿色实用新型专利比较

在绿色技术专利领域，发明专利与实用新型专利对绿色发展均具有重要影响，二者共同致力于鼓励创新、保护知识产权，推动绿色技术在各领域的应用与发展。然而，两者在本质特征上存在显著差异。

首先，在保护对象和技术水平方面，发明专利主要保护具有创新性的技术方案，包括新产品、新方法或其改进等。这类技术方案往往涉及对科学原理的深入应用或开创性的技术构思，通常具有较高的创造性和技术含量。例如，一种基于新型化学催化过程的二氧化碳捕获与转化技术，能够将二氧化碳高效转化为高附加值化学品，此类创新技术因其涉及全新的化学反应原理和复杂的技术流程，通常符合发明专利的申请条件。相较之下，实用新型专利主要保护产品的形状、构造或其结合所形成的具有实用性的新技术方案，其技术重点在于产品结构的优化与实用性提升，技术难度相对较低。例如，对传统垃圾桶进行创新设计，开发具有自动感应开合功能和双层垃圾分类结构的新型垃圾桶，此类改进主要基于产品构造的优化，更适合申请实用新型专利。

其次，在审查程序方面，发明专利的审查流程更为严格和复杂，需要进行全面的实质审查；而实用新型专利的审查则主要侧重于申请文件的格式审查和法定形式要求的符合性，不进行实质审查。

三 北京绿色技术专利申请、授权
现状及结构分析

（一）北京绿色技术专利申请量现状及结构分析

1. 北京绿色发明专利申请量及变化趋势

（1）整体呈现显著增长态势

2000 年绿色发明专利申请量为 530 件，2018 年已攀升至 24051 件，始终保持稳健增长态势，年均增长率达 23.61%。这一显著增长趋势充分彰显了北京在绿色发明领域的创新活力持续增强，研发投入力度不断加大，技术创新成果持续涌现。

（2）阶段性增长特征解析

从增长轨迹来看，可划分为三个特征鲜明的阶段。第一阶段为缓慢增长期（2000~2005 年），此阶段专利申请量从 530 件稳步攀升至 1343 件，增速相对平缓。第二阶段为加速增长期（2006~2014 年），2006 年申请量达 1601 件，2014 年已达 12114 件，显著提升。这一快速增长得益于环保意识的普遍提升以及政策层面对绿色产业的大力扶持，促使更多企业和科研机构积极投身绿色发明创新领域。第三阶段为波动调整期（2015~2021 年），2015 年申请量为 13657 件，2018 年达到峰值 24051 件后出现波动，2019 年回落至 17771 件，2020 年升至 18056 件，2021 年进一步调整至 13133 件（见图 1）。

2. 北京绿色实用新型专利申请量及变化规律

（1）北京市申请总量变化规律

如图 2 所示，2000~2021 年北京绿色实用新型专利申请量增长较为缓慢，数量相对较低；从 2008 年开始，申请量逐渐上升，2018 年达到高峰，2019 年有所下降，2020 年又有所回升，2021 年再次下降。

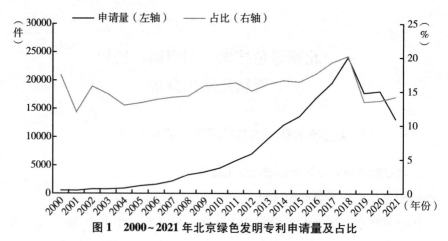

图1　2000~2021年北京绿色发明专利申请量及占比

资料来源：根据世界知识产权组织（WIPO）发布的WIPO绿色专利清单整理。

图2　2000~2021年北京绿色实用新型专利申请量及占比

资料来源：根据世界知识产权组织（WIPO）发布的WIPO绿色专利清单整理。

（2）2019年专利申请量骤降原因探析

一是国家政策导向转变。2018年后，国家知识产权局为提升专利申请质量，实施了一系列严格审查措施。具体而言，对实用新型专利申请实施更严格的审查标准，加大对非正常专利申请的查处力度，对明显缺乏新颖性的申请进行严格把控。这一系列举措有效遏制了低质量、不符合要求的实用新型专利申请，从而直接导致申请数量显著下降。

二是地方政策引导强化。北京市知识产权保护中心发布的《关于进一步优化专利申请预审服务工作的通知》明确提出，要求备案主体建立健全专利申请内部遴选机制，督促专利代理机构提升案件撰写质量，并建立动态监测机制，对不以保护创新为目的、质量低劣的申请进行严厉处理。这一政策导向促使企业和科研机构在申请实用新型专利时更加谨慎，大量低质量申请被有效过滤。

3. 北京科研院所绿色发明专利及绿色实用新型专利申请量变化趋势

（1）北京科研院所绿色发明专利申请量呈现"缓增—快升—回落"的演变特征。2000~2009 年为缓慢增长期，申请量从 2000 年的 33 件逐步攀升至 2009 年的 292 件。2010~2019 年进入快速增长期，其中 2019 年达到 3560 件的峰值。然而，2020 年后出现明显回落，2020 年和 2021 年分别降至 3433 件和 2661 件。

（2）北京科研院所绿色实用新型专利申请量变化呈现显著特征。2000~2018 年保持持续增长态势，从 2000 年的 179 件稳步攀升至 2018 年的 7014 件。但 2019 年出现断崖式下跌，骤降至 1083 件，此后 2020 年和 2021 年继续下滑，分别降至 513 件和 172 件（见图 3）。

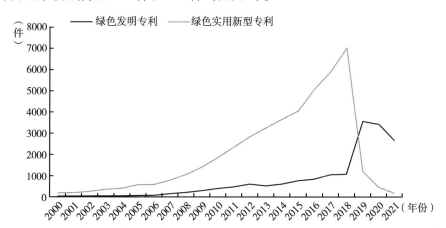

图 3　2000~2021 年北京科研院所绿色发明专利和绿色实用新型专利申请量

资料来源：根据世界知识产权组织（WIPO）发布的 WIPO 绿色专利清单作法人清单整理。

4. 北京科研院所绿色专利申请量排名

北京地区科研院所在绿色专利申请领域表现突出。中国电力科学研究院以 5407 件申请总量居首，独立申请的绿色发明专利 551 件、实用新型专利 535 件，联合申请的绿色发明专利 193 件、实用新型专利 4128 件。华北电力大学（北京）以 4581 件位列第二，独立申请的绿色发明专利 816 件、实用新型专利 1723 件，联合申请的绿色发明专利 1003 件、实用新型专利 1039 件。中国石油化工科学研究院以 3744 件位居第三，独立申请的绿色发明专利 117 件、实用新型专利 21 件，联合申请的绿色实用新型专利 3606 件。北京工业大学以 3166 件排名第四位，独立申请的绿色发明专利 656 件、实用新型专利 2013 件，联合申请的绿色发明专利 408 件、实用新型专利 89 件（见表 1）。

表 1　北京科研院所绿色专利申请量 Top 20

单位：件

科研院所	独立申请的绿色发明专利	独立申请的绿色实用新型专利	联合申请的绿色发明专利	联合申请的绿色实用新型专利	总量
中国电力科学研究院	551	535	193	4128	5407
华北电力大学(北京)	816	1723	1003	1039	4581
中国石油化工科学研究院	117	21	0	3606	3744
北京工业大学	656	2013	408	89	3166
北京航空航天大学	572	1293	119	180	2164
中国农业大学	210	1489	168	89	1956
北京交通大学	445	873	196	169	1683
北京化工大学	200	898	73	135	1306
北京科技大学	275	750	166	101	1292
北京理工大学	375	650	155	66	1246
中国科学院过程工程研究所	146	735	132	153	1166
中国石油化工北京化工研究院	8	2	0	1072	1082
北京大学	117	725	71	132	1045
中国科学院生态环境研究中心	4	908	30	58	1000
中国环境科学研究院	194	582	74	70	920

科研院所	独立申请的绿色发明专利	独立申请的绿色实用新型专利	联合申请的绿色发明专利	联合申请的绿色实用新型专利	总量
北京林业大学	125	636	70	32	863
中国原子能科学研究院	283	354	215	10	862
中国科学院电工研究所	171	499	74	76	820
中国石油大学（北京）	32	484	98	178	792
中国水利水电科学研究院	255	316	137	73	781

注：专利总量数据是1978年以来汇总。

资料来源：根据世界知识产权组织（WIPO）发布的WIPO绿色专利清单整理。

5. 上市公司绿色专利申请量

（1）北京上市公司绿色发明专利申请量呈现持续快速增长的显著态势。从2000年起步阶段的9件，到2021年已攀升至8411件，实现了跨越式增长。纵观其发展历程，2000~2009年增长相对平缓，年均增幅有限；而自2010年起，申请量显著提速，特别是2016~2021年，更是呈现爆发式增长特征。

（2）绿色实用新型专利申请量同样保持稳健增长态势。从2000年的6件起步，2021年已增至4200件。具体而言，2000~2008年增长较为缓慢且波动较小；2009~2021年则呈现加速增长态势，申请量稳步攀升。值得注意的是，相较于绿色发明专利申请量的迅猛增长，实用新型专利申请量的增长幅度相对平稳（见图4）。

6. 上市公司绿色专利申请量排名

合并绿色发明和绿色实用新型专利申请数量，2021年，北京上市公司申请总量前20名中，中国中车、中国石化等位居前列。第一，专利申请量差异显著，中国中车以11859件居首，航天信息仅1008件，反映各公司绿色技术研发投入和创新能力存在差异。第二，行业分布广泛，涉及交通、能源、金融、电子、通信、航天等，绿色技术在各行业均受重视。第三，发明

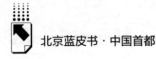

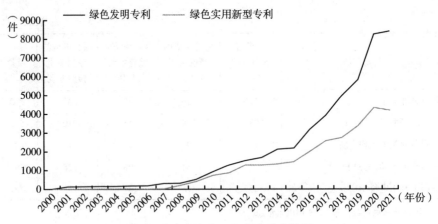

图4 北京上市公司绿色专利申请量

资料来源：中国国家知识产权局专利检索系统检索结果处理。

专利与实用新型专利申请侧重点不同，如中国中车申请的专利类型较全面，金融类公司侧重发明专利，制造业如中国建筑侧重实用新型专利。第四，行业头部企业优势明显，如中国中车、中国石化、京东方A等，凭借资金、技术、资源在绿色专利申请中占据优势；第五，新兴技术与传统行业结合，如中国神华在煤炭清洁利用、京东方A在显示技术节能环保方面积极探索与新兴技术融合实现绿色发展（见表2）。

表2 2021年上市公司绿色专利申请量排序

单位：件

上市公司	绿色发明专利	绿色实用新型专利	申请总量
中国中车	6539	5320	11859
中国石化	9180	1537	10717
XD中国中	2282	2067	4349
XD中国电	1389	2131	3520
中国石油	2292	1205	3497
中国银行	2956	8	2964
中国铁建	987	1081	2068
华能国际	1148	903	2051
建设银行	1970	5	1975

上市公司	绿色发明专利	绿色实用新型专利	申请总量
中国建筑	554	1403	1957
工商银行	1839	71	1910
中国中铁	824	993	1817
京东方 A	1404	200	1604
XD 长江电	656	920	1576
中国神华	636	806	1442
大唐发电	814	599	1413
中国核电	655	595	1250
XD 中国联	1147	85	1232
中国通号	1055	173	1228
航天信息	960	48	1008

资料来源：根据中国国家知识产权局专利检索系统检索结果处理。

（二）北京绿色发明专利授权量现状及结构分析

1. 北京绿色发明专利授权总量

2000~2021 年北京绿色发明专利授权量数据主要有以下的特点。

第一，北京绿色发明专利授权量呈现长期高速增长，从 2000 年的 127 件增至 2021 年的 9077 件，增长超 70 倍，年均复合增长率为 22.5%。尽管总量持续扩张，但增速存在明显波动，体现政策推动、技术周期与经济环境的多重影响。

第二，北京绿色发明专利授权量呈阶段变动规律，2003 年以前，增长较为缓慢，2004~2008 年，增长速度明显提高，由 2004 年的 270 快速增长到 2008 年的 832 件，2009 年以后呈爆发式高速增长特征，到 2016 年增长至阶段性高点 6936 件，2018~2019 年短暂回调，2019 年的授权量仅为 4442 件，2020 年授权量有所增长，2021 年创授权量高点，达 9077 件。

第三，北京绿色发明专利占比呈现先发优势攀升，占比由 2000 年的 12.69% 上升到 2005 年的 18.85%，中期呈波动趋稳，2006~2018 年在

13%~19%波动，后期受政策影响于2019骤降至8.36%后回升，反映绿色技术创新与政策周期、产业结构深度关联的波动规律。

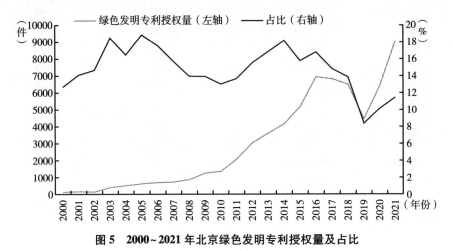

图5　2000~2021年北京绿色发明专利授权量及占比

资料来源：根据中国国家知识产权局专利检索系统检索结果处理。

2. 北京科研院所绿色发明专利授权量分析

北京科研院所绿色发明专利授权量主要有以下特点。

2000~2021年，北京科研院所绿色发明专利授权量呈现整体长期增长态势，总量从51件增至2592件，增速显著。虽整体趋势向上，但增长过程伴随阶段性波动，反映政策推动、技术突破与市场调整的综合影响。

北京科研院所绿色发明专利授权量呈阶段性特点。初期稳步积累（2000~2007年），2003年首次突破百件规模后，2007年达到317件，增速稳定，体现绿色技术研发的早期探索与初步成果转化。中期加速扩张（2008~2015年），2012年突破千件门槛，2014年超过2000件，显示政策支持与产业需求驱动下的创新活力释放。后期波动调整（2016~2021年），此阶段峰值回落，2017年达2559件后，2017~2019年连续回调至1560件；受统计调整与研发周期影响，韧性复苏，2020年迅速回升至2341件，2021年恢复至2592件，凸显绿色技术创新的战略韧性（见图6）。

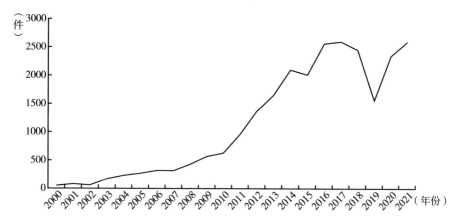

图 6 2000~2021 年北京科研院所绿色发明专利授权量

资料来源：根据中国国家知识产权局专利检索系统检索结果处理。

3.北京上市公司绿色发明专利授权量分析

2000~2021 年，北京上市公司绿色发明专利授权量呈现从无到有、持续扩张的整体增长态势，总量由 0 件跃升至 3570 件，增速显著。尽管增长趋势明确，但过程伴随多轮波动，体现政策引导、市场周期与技术转化的交互影响。

北京上市公司绿色发明专利授权量呈阶段性变化。初期探索阶段（2000~2003 年）。绿色专利布局起步缓慢，2003 年首次突破百件规模，反映企业绿色技术产业化初期从理论到应用的过渡。加速扩张阶段（2004~2016 年），2011~2012 年增速达 69%，凸显清洁能源等领域的政策红利释放，2012 年突破千件门槛，2016 年接近 2800 件，年均增速接近 30%，反映国家"十二五"绿色产业政策推动下的市场投入热潮。调整优化阶段（2017-2019 年），2017~2018 年增速趋近平稳，2019 年总量骤降 43%，规模回调至 1710 件，反映市场对前期快速扩张的适应性修正。复苏阶段（2020~2021 年），2020 年回升至 2283 件，2021 年创 3570 件的历史峰值，印证碳中和目标下绿色技术成为企业核心战略方向（见图 7）。

4.绿色发明专利授权数量结构分析

第一，科研院所占比呈阶段性波动。2000~2015 年波动式变化；2015~2021 年波动式下降，从 38.9%降至 28.6%。整体呈现明显阶段性特征。第

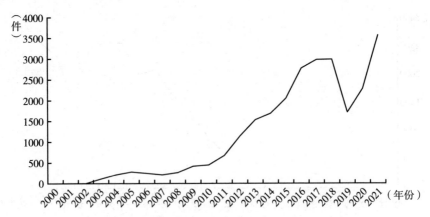

图7 2000~2021年北京上市公司绿色发明专利授权量

资料来源：根据中国国家知识产权局专利检索系统检索结果处理。

二，上市公司占比整体上升。2000年为0，2018年达46.0%，整体上升趋势明显。2019~2021年维持在35%~40%。第三，两者总量占比相对稳定。2000~2015年在40.2%~91.0%波动；2015~2021年在67.9%~83.8%波动。整体稳定，反映两类主体在绿色发明专利授权领域的重要地位（见表3）。

表3 代表性年份北京绿色发明专利授权量结构

单位：件，%

年份	当年授权的绿色发明专利量	科研院所占比	上市公司占比	科研院所及上市公司授权合计占比
2000	127	40.2	0.0	40.2
2005	618	43.5	45.5	89.0
2012	3044	44.9	37.4	82.3
2013	3606	45.8	42.4	88.2
2014	4154	50.5	40.5	91.0
2015	5172	38.9	39.6	78.5
2016	6936	36.9	40.0	76.9
2017	6821	38.0	43.7	81.7
2018	6492	37.8	46.0	83.8
2019	4442	35.1	38.5	73.6
2020	6405	36.5	35.6	72.2
2021	9077	28.6	39.3	67.9

资料来源：根据中国国家知识产权局专利检索系统检索结果处理。

5.北京上市公司绿色发明专利授权量结构

北京上市公司绿色发明专利授权呈现出以下主要特征。

首先，B 类和 C 类发明专利占据主导地位。纵观各年度数据，B 类和 C 类发明专利授权量在多数年份均保持较高水平，构成北京上市公司绿色发明专利的主体。以 2021 年为例，B 类绿色发明专利授权量达 933 件，C 类绿色发明专利授权量达 921 件，两类专利在所有类型中占比显著。值得注意的是，2005~2021 年，B 类和 C 类绿色发明专利的合计授权量在大多数年份超过其他类型专利的总和。这一现象充分表明，北京上市公司在绿色技术研发领域对这两类技术方向投入了大量研发资源，并取得了显著成果。

表4 代表性年份上市公司绿色发明专利授权量结构

单位：件

年份	A类	B类	C类	D类	E类	F类	G类	H类
2000	0	0	0	0	0	0	0	0
2005	1	54	208	0	1	9	4	4
2010	5	106	190	1	27	17	62	39
2011	4	195	237	0	57	34	97	50
2012	24	295	497	2	79	44	128	69
2013	21	403	768	0	64	47	129	98
2014	27	377	842	1	124	33	169	110
2015	14	421	1037	0	197	66	190	125
2016	51	779	1107	3	254	92	310	176
2017	33	937	901	1	295	134	417	261
2018	44	859	938	0	258	114	467	307
2019	4	577	420	0	76	73	376	184
2020	6	852	506	0	85	77	522	235
2021	16	933	921	0	175	97	991	437

资料来源：根据世界知识产权组织（WIPO）发布的 WIPO 绿色专利清单整理。其中，A 类为能源领域，B 类为节能环保，C 类为资源循环利用，D 类为生态农业，E 类为绿色交通，F 类为污染治理，G 类为智能环保设备，H 类为其他绿色技术。

其次，G 类发明专利呈现持续增长态势。虽然 G 类发明专利在早期授权量较少，但自 2010 年起，其数量呈现明显的上升趋势。具体而言，G 类

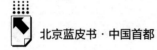

发明专利授权量从 2010 年的 62 件稳步增长至 2021 年的 991 件（见表 4）。这一增长趋势反映了北京上市公司在该类型绿色发明专利研发方面的投入力度不断加大，使其逐渐成为绿色发明专利体系中的重要组成部分。

（三）北京绿色实用新型专利授权量

1. 北京绿色实用新型专利授权量

2000~2021 年，北京绿色实用新型专利授权量呈现显著的上升趋势。具体而言，2000 年授权量为 310 件，2021 年已增长至 10291 件。这一增长过程可分为三个主要阶段。2000~2007 年为平稳增长期，年均增幅较为平稳；2008~2018 年为快速增长期，特别是 2013~2018 年，授权量从 5236 件跃升至 9956 件，增幅显著；2019~2021 年则进入增速放缓期，虽然总量仍保持增长，但增幅有所收窄，如 2019~2020 年从 6992 件增至 8170 件，2021 年增至 10291 件。

2. 北京绿色实用新型专利授权量占比

从占比变化来看，2000~2021 年呈现明显的阶段性特征。2000~2007 年为波动上升期，绿色实用新型专利占比从 9.27% 逐步攀升至 12.63%；2008~2018 年进入相对稳定期，占比维持在 12.99%~16.90%；2019~2021 年占比则出现下降趋势，从 11.97% 降至 10.71%（见图 8）。

3. 北京科研院所绿色实用新型专利授权量

首先，整体稳定增长，从 2000 年的 40 件增长到 2021 年的 538 件，整体呈增长态势。这表明科研机构在绿色实用新型技术研发上的投入随着时间推移不断增加，致力于推动绿色技术的应用创新。

其次，阶段性特点，在 2000~2005 年，增长较为平缓，年增长幅度较小，反映了这一阶段科研机构对绿色实用新型技术的探索尚处于初步阶段，研发成果产出相对有限。2006~2013 年，增长速度有所加快，特别是2006~2008 年以及 2012~2013 年，增长较为明显，显示科研机构在绿色技术领域的研发逐渐取得进展，技术创新能力有所提升。2014~2021 年，在部分年份出现波动，如 2019 年明显下降，从 2018 年的 1014 件降至

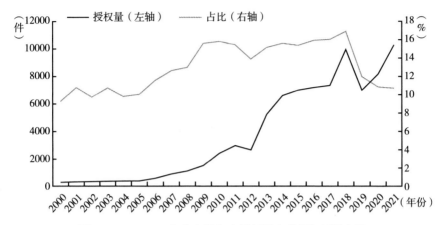

图8　2000～2021年北京绿色实用新型专利授权量及占比

资料来源：根据世界知识产权组织（WIPO）发布的WIPO绿色专利清单整理。

2019年的471件，2020～2021年虽有回升，但仍未恢复到2018年的水平（见图9）。

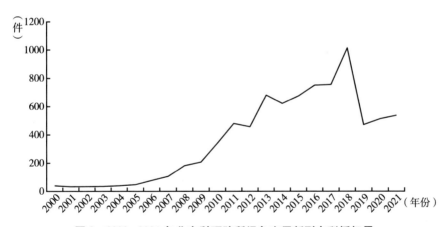

图9　2000～2021年北京科研院所绿色实用新型专利授权量

资料来源：根据世界知识产权组织（WIPO）发布的WIPO绿色专利清单整理。

4. 北京上市公司绿色实用新型专利授权量

北京上市公司绿色实用新型专利授权量整体呈现强劲增长态势，从2000年仅有的2件跃升至2021年的5817件，增长幅度令人瞩目。这一显著增长趋势充分体现了上市公司在绿色实用新型技术研发领域的持续投入与高度重视，同时也彰显了其在绿色技术创新及实际应用方面取得的突破性进展。

从发展历程来看，可分为两个显著阶段。2006~2018 年为快速增长期，虽偶有波动，但整体呈上升趋势；2018~2021 年则进入波动增长期，专利数量从 2018 年的 5054 件回落至 2019 年的 2975 件，随后 2021 年又强势回升至 5817 件（见图 10）。与科研机构相比，上市公司在绿色实用新型专利领域虽起步较晚，但也展现出迅猛的发展势头，不仅在增长速度上领先，更在后期实现了更大规模的增长突破。

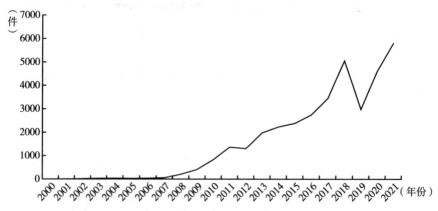

图 10　2000~2021 年北京上市公司绿色实用新型专利授权量

资料来源：根据世界知识产权组织（WIPO）发布的 WIPO 绿色专利清单整理。

5. 北京上市公司绿色实用新型专利授权量结构

从结构上看，B 类绿色实用新型专利占主导。2000~2021 年，B 类绿色实用新型授权总数为 12327 件，在所有类型中占比最高，达 43.73%。E 类和 C 类紧随其后，E 类和 C 类绿色实用新型专利总数分别为 7407 件和 5170 件，占比分别为 26.32% 和 18.39%。这说明在绿色技术研发中，这两类技术也受到了较大关注，可能涉及资源利用效率提升、环保工艺改进等方面，与企业的可持续发展密切相关。A 类和 D 类占比较小，A 类和 D 类绿色实用新型专利授权数量分别为 305 件和 9 件，占比极低，分别为 1.08% 和 0.03%（见表 5）。

表5　代表性年份北京上市公司绿色实用新型专利授权量结构

集团公司	A 类数量	B 类数量	C 类数量	D 类数量	E 类数量	F 类数量	G 类数量	H 类数量
2000	0	0	0	0	0	2	0	0
2005	0	7	4	0	2	6	6	0
2010	3	364	122	0	119	94	90	35
2011	5	610	173	0	219	115	135	104
2012	2	516	193	0	238	131	139	82
2013	12	734	286	0	409	170	229	138
2014	22	848	236	1	467	219	239	198
2015	13	594	373	1	696	235	311	158
2016	24	785	367	1	759	244	354	210
2017	25	1115	444	0	899	294	412	258
2018	57	1599	643	1	1348	461	521	424
2019	13	1158	493	1	403	300	368	239
2020	40	1690	743	2	774	452	565	354
2021	84	1948	989	1	972	654	636	533

资料来源：根据世界知识产权组织（WIPO）发布的 WIPO 绿色专利清单整理。其中，A 类为生活必需，B 类为作业运输，C 类为化学冶金，D 类为纺织造纸，E 类为固定建筑物，F 类为机械工程，G 类为物理（光学电子），H 类为电学。

四　主要结论及对策建议

（一）主要结论

第一，北京市绿色技术专利申请呈现显著的阶段性特征，其中 2019 年后绿色技术实用新型专利申请量出现明显下滑，这一现象可归因于专利申请政策调整及经济结构转型等多重因素的综合影响。

第二，从北京市科研院所绿色专利申请数据来看，2018 年后虽发明专利申请量有所回落，但占比仍保持增长态势。相比之下，实用新型专利申请量则呈现显著下降趋势，2019~2021 年已低于 2018 年前的水平。这一现象表明，自 2018 年以来，实用新型专利申请受政策调控影响显著，而发明专利申请则相对稳定，更多受到技术创新能力等内在因素的制约。

第三，北京上市公司绿色技术创新活跃，2000~2021年绿色发明专利与绿色实用新型专利申请量持续增长。绿色发明专利申请量自2010年增速提升，绿色实用新型专利增幅低于发明专利，反映企业技术创新层次差异。

第四，北京市绿色发明专利授权量总体呈增长态势，但在发展过程中呈现阶段性波动特征。这一现象表明，尽管北京市绿色技术创新能力持续提升，但仍易受多重因素影响，存在一定的不稳定性。北京市上市公司绿色发明专利中，节能环保与资源循环利用是主要领域，智能环保设备增长显著，绿色交通与环保领域发明专利数量提升。

第五，北京市科研院所绿色实用新型专利授权量整体上升，2019年回落后，于2020年和2021年迅速回升，显示了强大的创新实力。上市公司绿色实用新型专利授权量突出，2021年创新高。作业运输类和固定建筑物类专利增长显著，契合绿色交通与建筑节能战略。化学冶金、机械工程和物理类发明专利较多，生活必需类与纺织造纸类专利薄弱。

（二）对策建议

第一，针对北京地区绿色发明专利申请量的波动，建议构建系统化的创新发展保障机制。单一因素难以支撑长期创新，需政策支持、人才培养、技术转化和市场激励等多维度协同。政策应鼓励创新并保障成果转化和知识产权保护；人才培养需符合绿色创新需求；技术转化需畅通，市场激励应有效，确保绿色创新的持续性。

第二，针对科研院所绿色发明专利申请量减少的情况，建议完善资助与奖励政策，实施精准资助与长期激励相结合。可设立专项资助，加大对关键研发阶段和高创新性项目的支持。建立长期奖励机制，为持续创新的科研院所提供资金或荣誉奖励。提升专利质量，加强内部管理，规范申请流程，开展专利导航与布局，拓展应用渠道。

第三，针对上市公司，确保其在绿色发明专利申请上的持续性，加大研发投入激励力度，优化专利审查流程，强化知识产权保护。同时提升绿色实用新型专利申请质量，引导上市公司建立健全知识产权管理体系，将绿色技术专利申请与公司发展战略结合，提前布局，提高应对政策变化能力和自主创新能力。

第四，在人才培养方面，加强高校和科研院所的人才培养，增设绿色技术相关专业与课程。吸引海外高端人才，提供住房补贴和科研启动资金，简化引进手续。强化创新主体的能力建设，鼓励增加研发投入，培养和吸引创新人才，增强应对市场变化和政策调整的能力。

第五，加强产学研深度合作，鼓励科研机构与企业、高校建立长期合作关系，探索共建研发中心、联合攻关项目等合作方式，实现资源共享与优势互补，提高绿色发明专利的研发效率与质量。

第六，持续增强对绿色交通与建筑节能产业的创新支持，政府加大资金投入，设立专项扶持资金，助力技术研发和示范项目建设。鼓励企业在化学冶金、机械工程与物理类绿色技术研发方面加大投入，优先资助关键核心技术项目。支持产学研合作，完善绿色技术创新生态，强化科技基础设施建设，鼓励金融机构加大对绿色产业的信贷支持力度。

参考文献

张江雪、张力小、李丁：《绿色技术创新：制度障碍与政策体系》，《中国行政管理》2018 年第 2 期。

B.11
北京建设国际一流和谐宜居之都的
成效、难点及提升路径

郭芮宇 谭善勇*

摘 要： 将北京建设成为国际一流的和谐宜居之都，既是党和国家赋予的重要责任，也是北京推动城市高质量发展的必由之路。2024 年，北京市的环境质量显著改善，社会治理成绩突出，城市经济稳定增长，城市安全保障得到显著提升，开放创新水平不断提高，建设国际一流和谐宜居之都卓有成效。但受各种因素的影响，北京建设成为国际一流的和谐宜居之都也存在城市治理困境、经济增长阻力、城市安全风险、生活品质短板、开放创新能力受限等难点与挑战。下一步，北京市需要通过完善绿色生态文明体系、加强城市治理、促进数实融合、疏解整治促提升，以及进一步强化区域协同发展等路径或措施，解决相关难点和挑战，以更大程度地提升北京国际一流和谐宜居之都的水平。

关键词： 国际一流和谐宜居之都 生态文明 城市安全 城市治理 开放创新

《北京城市总体规划（2004 年—2020 年）》中首次提出"宜居城市"建设理念。2014 年习近平总书记在北京考察时，明确提出要努力把北京建

---

* 郭芮宇，首都经济贸易大学硕士研究生，主要研究方向为城市数字经济、城市治理；谭善勇，博士，首都经济贸易大学城市经济管理系主任、副教授，主要研究方向为城市发展与治理、城市经济创新发展。

设成为国际一流的和谐宜居之都。① 近年来，北京积极推进和谐宜居之都建设，为北京赢得了国际社会的广泛赞誉。本报告系统梳理北京在和谐宜居之都建设方面的成效与难点问题，并提出针对性的解决方案，既为北京建设和谐宜居之都提供有力支持，也为北京城市治理的进一步优化提供科学依据。在建设中国式现代化的背景下，总结和分析北京建设国际一流和谐宜居之都的成效、难点与提升路径，不仅关乎北京自身的高质量发展，也是对全球超大城市可持续发展模式的有益探索。

一　北京建设国际一流和谐宜居之都的成效

2024 年，北京市积极开展各项建设工作，为提升国际一流和谐宜居之都水平作出了重要贡献，也为北京市实现"十四五"规划目标任务打好了坚实的基础。

（一）环境质量改善成效显著

1. 生态环境质量保持稳定

根据北京市生态环境局的测评，2023 年，全市生态环境质量指数（EI）达到 70.8，继续保持稳定。生态涵养区的生态环境呈现优良状态。首都功能核心区、中心城区和平原区 EI 数值均维持在优良区间，全市集中建设区绿视率达到 26.96%。生态保护红线范围内的林地生态系统质量有所提升，其中，林地系统优化成效显著，林地面积同比提高 5.44 个百分点，生物量密度同比提高 3.60 个百分点。2024 年，北京市 EI 达到 71.4，同比增长 0.85%，仍然保持稳定。②

---

① 《习近平在北京考察工作》，人民网，http：//politics. people. com. cn/n/2014/0226/c1024-24474631. html，2014 年 2 月 26 日。
② 《〈2024 年北京市生态环境状况公报〉发布 高品质生态环境支撑北京高质量发展》，https：//www. beijing. gov. cn/ywdt/gzdt/202505/t20250509_ 4085508. html，2025 年 5 月 9 日。

2. 环境健康水平不断提高

通过加强大气污染治理、水环境治理和固废治理，北京城乡污水处理率达到 97.5%，受污染建设用地面积削减了 10 万平方米，大气、水和土壤生态环境得到持续改善。北京市生态环境局发布的数据显示，2024 年，北京 $PM_{2.5}$ 年均浓度为 30.5 微克/米^3，同比下降 4.7%，相较 2019 年下降了 27.4%（见图 1）。2024 年，北京 $PM_{2.5}$ 浓度达到优良级别的天数多达 345 天，占比 94.5%；全年共 290 个优良天，占全年天数近 80%，创有监测记录以来的新高。重污染天由 58 天减少到 2 天，降幅达 96.6%（见图 2）。可吸入颗粒物（PM_{10}）和二氧化氮（NO_2）浓度也同比下降，二氧化硫（SO_2）浓度依然保持极低的个位数水平。

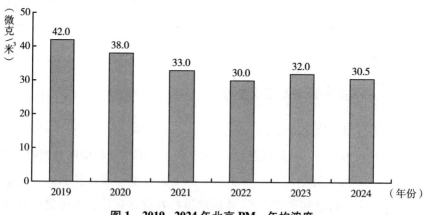

图 1　2019~2024 年北京 $PM_{2.5}$ 年均浓度

资料来源：作者根据北京市生态环境局数据绘制。

3. 环境优美度不断提升

全年新增造林绿化 1 万亩，新增公园 35 个，建成绿道 500 公里。环二环 80 公里绿道全线贯通，20 个街区、300 座立交桥、100 条城市画廊实现绿化彩化；积极推进百千工程示范村、示范片区建设，建成美丽庭院 3100 户。通过植树造林加强绿化建设、建设城市公园、整治城市环境等措施，北京市提高了城市的美观度和宜居性。

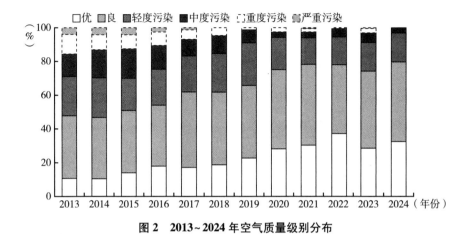

图2 2013~2024年空气质量级别分布

资料来源：《2024年北京市生态环境状况公报》。

（二）城市社会治理进步显著

1. 法治体系更加完善

立法层面，紧密贴合城市发展需求与民生关切，制定和修订了一系列法规条例；执法环节，大力推进执法规范化建设，全面提升执法人员的专业素养和执法能力。2024年，北京市司法局发布《北京市行政执法监督办法》征求意见稿。法治宣传教育方面，深入推进"法治帮扶"和"法治明白人"工程，进一步加强社会主义法治文化建设。

2. 社会公平进步显著

北京市健全分配制度和社会保障与转移支付等再分配调节机制，保障劳动者工资的支付与合理增长。完善慈善事业发展制度体系。多渠道增加城乡居民财产性收入，保障低收入群体收入的有效增加，有序提升中等收入群体规模，建立高收入调节机制并依法规范收入来源。深化国有企业薪酬制度改革，健全国有企业各级负责人的薪酬福利监管体系。分配制度的不断完善使北京市的社会公平显著进步。

3. 城市文明不断提升

开展创建全国文明城区计划，营造文明诚信市场环境，传播文明理念，强化新时代文明实践所（站）建设，开展文明实践活动，不断满足人民群众对美好生活的需要。社会组织蓬勃发展，志愿服务蔚然成风。截至2024年，北京市实名注册志愿者总数为679万人，志愿者队伍总数达十万余个，志愿者总数相比2023年底的461.3万人增长了47.2%。公众参与热情高涨，形成共建共治共享的良好氛围，不断提升城市文明水平。

4. 社会和谐更为稳固

北京市接诉即办机制愈加完善，从源头化解民生难题，切实提升社会和谐水平。2024年，12345受理量达2419.5万件，诉求解决率达到96.7%，满意率97.1%，实现了双提升（见表1）。2024年3月5日，北京市首家仲裁院成立一站式劳动人事争议调解中心，形成了多部门联动、多元调解、相互衔接的"大调解"格局，将有效提升劳动人事争议处理效率，有利于促进社会和谐。

表1　北京市接诉即办的解决率和满意率

单位：%

年份	解决率	满意率
2019	53.1	64.6
2021	89.0	94.0
2023	95.5	96.1
2024	96.7	97.1

注：2024年数据截至11月。
资料来源：北京市政务服务和数据管理局。

5. 民族、宗教领域和谐稳定

2024年北京市举办了"2024石榴籽文化季"，进一步促进首都民族团结进步事业高质量发展。北京市民族宗教事务委员会还精心组织全国少数民族参观团参加中央举办的各项重要活动，支持雍和宫举办铸牢中华民族共同体意识专题展，举办"古韵新歌——圣乐中国化"音乐会，完成"北京市伊斯兰教界坚持伊斯兰教中国化方向五年工作规划纲要（2019—2023）"

初稿等工作。北京市 56 个民族和睦相处、守望相助，构成了独具京味特色的民族和谐画卷。

（三）城市经济稳定高质量发展

1. 总体经济形势稳中有进

2024 年，北京市坚持稳中求进工作总基调，贯彻新发展理念，聚焦稳增长、优结构、扩需求、育动能、惠民生，落实稳经济政策措施，积极培育和发展新质生产力，加快推动"两重""两新"政策落地。根据北京市统计局的数据，2024 年实现地区生产总值 49843.1 亿元，按不变价格计算，同比增长 5.2%，① 经济运行总体平稳，高质量发展扎实推进。

2. 产业发展稳定向好

农业生产基本稳定，工业增势良好，服务业较为平稳。2024 年实现农林牧渔业总产值 255.7 亿元，按可比价格计算，比上年增长 1.7%；工业增加值 5937.6 亿元，按不变价格计算，比上年增长 6.6%；规模以上工业增加值按可比价格计算，同比增长 6.7%；服务业实现增加值 4.2 万亿元，按不变价格计算，比上年增长 5.1%。②

3. 新兴产业提升引领力

2024 年数字经济增加值达 2.2 万亿元，同比增长 7.7%，其中核心产业增长 10.1%。先进制造业表现突出，规模以上高技术制造业和工业战略性新兴产业增加值分别增长 6.4% 和 5.7%（二者有交叉），占地区生产总值的比重分别为 30% 和 25.1%；新能源汽车、工业机器人、风力发电机组产量分别增长 5.5 倍、62.8% 和 21.2%。创新领域投资持续活跃，高技术制造业和高技术服务业投资分别增长 50.8% 和 30%。③ 2022～2024 年北京市数字经济发展情况如表 2 所示。

---

① 《北京市 2024 年国民经济和社会发展统计公报》。
② 《北京市 2024 年国民经济和社会发展统计公报》。
③ 《北京市 2024 年国民经济和社会发展统计公报》。

表2　2020~2024年北京市数字经济发展情况

单位：亿元，%

年份	数字经济实现增加值	占地区生产总值的比重
2020	14538.6	40.0
2021	16251.9	40.4
2022	17330.2	41.6
2023	18766.7	42.9
2024	22000.0	44.1

资料来源：2020~2024年《北京市国民经济和社会发展统计公报》。

（四）城市安全保障显著提升

1.城市安全秩序持续稳定

2024年，北京刑事立案总量创近15年新低，100%侦破抢劫、抢夺和命案等暴力犯罪。诈骗等多类传统案件破案率创历史新高，全年电诈破案率同比上升26.9%；新型犯罪也呈现出"破案率升、发案量降"态势；公交警方持续推动六大专项行动，警示违法行为；公安交管部门现场执法量同比提升44.4%，酒驾、大货车亡人事故同比分别下降12.5%、10.6%；此外，北京110还全面推广互联网报警模式，并将110、122两个报警平台整合，与12345市民服务热线创新建立"线上流转+线下联席"全新模式，"手拉手"共同为群众解决急难愁盼问题；建立重大隐患全量汇总和闭环整改机制，累计消除重大隐患730项。①

2.食药安全得到有效保障

深化食品药品全链条安全监管，建立健全食品安全追溯体系，确保市场上销售的食品质量安全。通过加强源头治理，严格市场准入标准，有效遏制了假冒伪劣食品和药品的流通，保障了市民的饮食与用药安全。2024年，全市各级监管机构共检查药品生产企业千余家，累计查处药品案件374起；

---

① 《北京公安2024年创造多项最好成绩 2024年刑事立案总量创近15年新低》，https://www.beijing.gov.cn/ywdt/gzdt/202501/t20250110_3985192.html，2025年1月10日。

加强了对医疗器械的监督管理，查处医疗器械案件 699 件；对化妆品进行管理，查处化妆品案件 599 件。① 北京市不断健全食品安全监管体系，组织抽检了豆制品、方便食品、罐头、酒类、粮食加工品、肉制品、乳制品、食用农产品、食用油、油脂及其制品、餐饮食品、餐饮具共 820 批次。北京的食药安全水平不断提高，人民群众对食药安全的满意度显著提升。

3. 安全生产环境平稳向好

开展安全生产专项整治行动，加强安全隐患的排查治理。2024 年，全市发生各类生产安全死亡事故同比下降 24.76%；"安全生产月"期间，新增完成"双通道"建设房屋 4506 栋，"双通道"建设达标率 86%；新建电动自行车充电设施接口 27 万个，年完成进度 84.38%；查处经营性拼改装违法违规行为 104 起；针对 1.45 万个动火作业的施工现场，累计报备点位 21.5 万余处，备案率达 98.6%。②

（五）生活品质提升取得积极进展

1. 公共服务设施不断完善

推动更多优质基础教育资源向外布局，进一步扩大优质教育资源供给；上半年完成 86 家一般制造业企业的疏解提质，推进 6 个物流基地和 4 个农产品一级批发市场规划建设与改造升级；加快转型升级西直门商圈、怀柔新城商圈和平谷万德福商圈，建设 55 个一刻钟便民生活圈，形成触手可及的覆盖居民日常需求的便民服务网络。③

2. 交通出行更为便捷

优化交通网络布局，提高市民的出行便捷度。2024 年北京开通 3 条轨

---

① 《北京市药品监督管理 2024 年统计报告》，https：//yjj. beijing. gov. cn/yjj/zfxxgkzl17/fdzd gknr80/tjxx74/nb83/743554166/index. html，2025 年 3 月 7 日。

② 《北京市应急管理局：安全生产月期间，北京市开展自查、检查 29.9 万家次，发现并整改隐患 9624 处》，http：//www. chinaosh. com. cn/news/item. do？id=aa1289fe3a9d11efb26da036 9fa17b04，2024 年 7 月 5 日。

③ 《北京上半年疏整促专项行动见成效》，https：//fgw. beijing. gov. cn/gzdt/fgzs/mtbdx/bzwlxw/ 202408/t20240807_ 3768871. htm，2024 年 8 月 6 日。

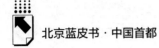

道新线（3 号线一期、12 号线、昌平线南延一期）；推出通学、通医、通游专线 352 条，轨道交通与公交接驳率显著提升。

3. 就业形势总体稳定，居民收入稳步增加

促进高质量充分就业，2024 年，城镇新增就业 29.9 万人，比上年增加 1.8 万人；就业形势总体平稳，城镇调查失业率平均为 4.1%。[①]

4. 文化体育事业繁荣发展

2024 年，开展群众文化活动 1.6 万场次，商业演出 5.7 万场次，新增 15 家备案博物馆和 29 家类博物馆机构，实体书店突破 2100 家；成功举办中网公开赛、WTT 中国大满贯等国际赛事，举办 3.8 万场次群众体育活动，参与冰雪运动人数突破 630 万人次。[②]

5. 社会保障体系日益完善

2024 年，建成 9 个城市医疗集团，二级及以上医疗机构实现全市统一预约挂号；建成 300 个养老助餐点，51 家城区养老驿站转型为社区餐厅；[③] 医疗卫生资源布局不断优化，友谊医院顺义院区实现开诊，北京口腔医院完成迁建；[④] 完成核心区平房 2008 户申请式退租，改造完工 548 个老旧小区，启动 20.6 万平方米危旧楼房改建和简易楼腾退，实施 20 个城中村改造项目，建设筹集 7.1 万套保障性租赁住房，竣工 8.3 万套各类保障房。[⑤]

（六）开放创新水平不断提高

1. 国际交往能力显著增强

北京市通过加强国际友城建设、举办国际活动等措施，提高了国际交往

---

① 《北京市 2024 年国民经济和社会发展统计公报》。
② 《文旅融合成效显著 文旅经济持续向好 北京 2024 年接待游客总量创历史新高》，https://whlyj. beijing. gov. cn/zwgk/xwzx/hycz/202502/t20250218_ 4013523. html，2025 年 2 月 18 日。
③ 《北京疏整促上半年收获漂亮成绩单 300 个养老助餐点提前建成 加快农产品一级批发市场建设 留白增绿 214.76 公顷》，https://www. beijing. gov. cn/ywdt/gzdt/202408/t20240806_ 3767154. html，2024 年 8 月 6 日。
④ 《新年新气象，鼓劲再出发！2025 年首都卫生健康工作这样干！》，https://wjw. beijing. gov. cn/xwzx/ 20031/xwfb/202502/t20250213_ 4009380. html，2025 年 2 月 13 日。
⑤ 《2024 北京城市更新白皮书》。

能力。同时，72 小时、144 小时、240 小时过境免签政策的实施也使北京市的国际交往能力进一步提升。北京市的国际交往中心功能也不断强化，2024北京国际文旅消费博览会，吸引了古巴、加拿大、南非、泰国、俄罗斯等16 个国家的文旅机构参展，全球文旅消费全产业链的 300 余家参展商参会。由清华大学中国发展规划研究院和德勤中国联合发布的《国际交往中心城市指数 2024》显示，在国际交往中心城市排名中，北京保持在全球第 7 位，是唯一跻身前十的中国大陆城市。

2. 区域协同发展不断推进

北京充分发挥自身的核心引领作用，积极与周边地区展开全方位、深层次的合作。央属标志性项目中国星网等迁入雄安新区，雄安宣武医院门诊量达 18.9 万人次，京津冀协同广度深度不断拓展；① 智能网联新能源汽车等国家先进制造业集群成功申创，累计推出京津冀自贸试验区政务服务事项230 项；② 疏解提质 104 家一般制造业企业；交通一体化建设成果斐然，京台高速、京张高铁等线路相继开通；③ 北京的部分非首都功能有序疏解至津冀地区，形成了分工合理、协同共进的产业发展格局。

3. 科技创新引领发展，创新能力位居前列

北京市通过加强科技创新体系建设、推动科技成果转化等措施，提高了科技创新能力和产业发展水平。目前在京全国重点实验室有 77 家，约占全国总数的 28%；北京基础研究经费比重约为 16%，接近创新先进国家水平；北京居《2024 全球百强科技创新集群》榜单的第三名；有 411 人次获评高被引科学家，居全球创新城市首位；根据《国际科技创新中心指数 2024》和《自然指数—科研城市 2024》增刊报告，北京再次登顶全球"科研城市"榜首，并在国际科技创新中心指数中位居全球第三。

---

① 《雄安疏解医院项目有序推进 雄安宣武医院二期项目年内交付》，https：//www. xiongan. gov. cn/20250215/7950455678bf4ee18ab89ec2f075a0c6/c. html，2025 年 2 月 15 日。

② 《京津冀已实现 230 项政务服务事项"同事同标"209 项从业资格互认》，https：//fgw. beijing. gov. cn/gzdt/fgzs/mtbdx/bzwlxw/202412/t20241226 _ 3973962. htm，2024 年 12 月 24 日。

③ 《北京市 2024 年国民经济和社会发展统计公报》。

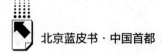

4. 人才吸引力持续增强

北京不断完善人才落户、住房等政策，深化人才发展体制机制改革，扩大毕业生引进范围。推动北京市重点支持的集成电路、人工智能、医药健康等高精尖行业的发展，扩大"两区"（国家服务业扩大开放综合示范区、北京自由贸易试验区）建设重点落地项目、市级"服务包"企业，以及"三重"（重点税源、重点引进、重点培育）企业和独角兽企业的人才吸引力，助力北京建设具有全球影响力的科技创新中心。

二 北京建设国际一流的和谐宜居之都的难点与挑战

2024 年，北京市在建设国际一流和谐宜居之都方面，取得了诸多成绩，但也存在一些难点与挑战，影响国际一流和谐宜居之都的可持续发展，主要表现如下。

（一）城市治理任重道远

1. 环境治理任务艰巨

改善空气质量面临持续压力。首先，多种污染物相互作用，增加了北京环境治理的难度。机动车保有量持续增长，尾气排放总量仍然较大。周边地区的污染物传输也对北京空气质量产生影响。其次，垃圾处理设施的布局和处理能力还存在一定的缺口，居民垃圾分类的准确率不高，增加了后续处理的难度。最后，城市绿化空间布局不均衡，城市的快速扩张导致一些生态用地被占用，生态空间不断缩小，居民休闲游憩的绿色空间有限。

2. 城市空间治理困难

一是非首都功能疏解后土地分配存在难度。产业空间布局调整过程中，涉及土地资源的重新分配和利用存在许多困难。二是城市更新面临诸多制约。老旧小区改造涉及多方利益，改造资金的筹集也是一个难题。在历史文化街区的保护与更新方面，既要保留传统建筑风貌和文化特色，又要改善居民生活条件和基础设施，对精细的规划和管理提出了考验。三是地下空间开发利用存在挑战。地下空间的产权界定模糊，不同部门对于地下空间的开发规划和管理职责不够明确；地下设施的布局缺乏统筹，地下空间的安全隐患治理难度较大。

3. 社区治理体系不完善

第一，社区工作者队伍建设有待加强。社区工作者的专业素质参差不齐，难以适应现代社区治理的新要求。第二，社区参与机制不够健全。居民对社区事务的关注度和参与热情较低，新兴的网络参与平台建设滞后，无法吸引居民参与线上互动。第三，社区服务供求不匹配。居民多样化、个性化需求日益增长，不少社区因条件限制无法提供；社区服务资源分布不均衡，一些偏远社区或老旧小区的服务设施匮乏。

（二）城市经济增长阻力

1. 数字经济融合深度不够

数字经济的整体生态协同存在间隙，数字经济政策有时未能充分兼顾不同规模企业需求；在技术研发端，高校、科研院所与科技企业研发方向偶尔脱节，造成部分研发成果实用性不强；平台运营与企业应用之间数据共享壁垒高，阻碍了产业链上下游基于数据洞察的协同创新，限制了数字经济整体活力释放。

2. 产业创新能力待加强

部分企业在引入工业互联网、智能制造技术、人工智能方面存在困难，缺乏资金、技术人才和管理经验；传统产业对于市场变化和新技术的敏感度较低，新兴产业的产业集群效应不够明显，企业之间的协同创新能力较弱；产业创新人才短缺，产业创新人才的培养和引进面临挑战；企业对于产业创新人才的吸引力不够，在薪酬待遇、职业发展空间等方面与其他发达地区相比没有明显优势。

3. 开放型经济格局尚未成熟

对外贸易的货物贸易附加值相对较低，高新技术产品和高附加值服务贸易的占比有待提高，对外贸易结构有待优化；在对外投资方面，企业对于投

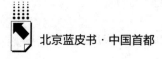

资目的地的政策、市场、法律等环境了解不够,投资风险较高;在吸引外资方面,投资环境的吸引力与国际上其他地区相比,还有一定的差距。

(三)城市安全面临新挑战

1.公共卫生安全风险犹存

第一,食品安全隐患不可忽视。食品供应体系复杂,源头监管难度大,尤其是餐饮外卖领域,部分商家厨房环境脏乱,食材采购不规范,给食品安全蒙上阴影。第二,城市环境卫生状况存在隐患。部分老旧小区垃圾堆放点设置不合理,居民不熟悉垃圾分类。第三,公共卫生应急体系尚待完善。监测预警机制不够灵敏,未能充分利用大数据、人工智能等技术预测潜在传染疾病风险,卫生健康、交通、市场监管等部门在传染疾病防控方面缺乏完善的协同机制。

2.城市生命线系统较为脆弱

一是供水安全挑战重重。水源地保护面临多重威胁,地下水超采导致水位下降,威胁供水管道安全;城市部分供水管道老化严重,许多老旧小区的供水管道使用年限过长。二是供气安全监管难度大。天然气供应对外依存度高,管道运输沿线常受第三方影响,监管困难较大;老旧小区燃气设施老化,燃气表、阀门、管道连接处密封不严,存在燃气泄漏风险。

3.社会治安新问题涌现

第一,新型犯罪手段花样翻新。网络犯罪日益猖獗,犯罪手段和名目不断更新。第二,公共场所安全保障任务艰巨。公共场所人员密集,安全隐患多;部分公共场所安防设施老化、不足,监控摄像头覆盖范围有限,无法有效排查危险物品。第三,社会治安综合治理能力亟须提升。各部门间信息共享不畅,治安信息未能有效整合;面对跨区域、跨领域犯罪,各部门协同作战机制不完善,难以形成强大威慑力。

(四)生活品质提升仍有差距

1.住房保障任务艰巨

北京的房价一直处于较高水平,尽管2024年房价有所下降,但对于中低收入家庭而言，住房困难问题较为突出。保障性住房的建设进度相对较慢，供给难以满足需求；保障性住房的选址、配套设施建设等方面也有不足，影响了居民的居住质量。此外，房屋租赁市场也存在一些问题，如租金上涨过快、租赁关系不稳定等，给租房者带来了困扰。

2. 交通拥堵问题尚未根本解决

主要表现为以下几点。第一，机动车保有量持续增长，2024 年底，机动车保有量仍突破 700 万辆，城市道路的交通压力不断增大。第二，公共交通协同发展相对滞后，部分区域的地铁与公交、共享单车等交通方式的换乘衔接仍不够紧密，公共交通车辆拥挤、准点率低等问题仍然存在。第三，交通管理有待进一步精细化和智能化，一些路口的信号灯时长分配不合理，导致车辆在路口等待时间过长；智能交通系统的应用不够广泛，交通信息的发布不够及时准确。

3. 教育、养老、医疗资源不平衡

一是教育资源统筹面临难题。"入园难"问题尚未得到根本解决，城乡教育鸿沟较为显著。二是医疗资源供需失衡。郊区医院在数量、质量等方面与中心城区存在较大差距，难以满足郊区居民的基本医疗需求。三是养老资源供需矛盾。养老服务资源供给相对不足，区域布局失衡；不同养老机构服务质量差别较大，供需脱节严重；居家养老服务相对滞后，社区养老设施不完善。此外，养老服务人才短缺，专业护理人员数量不足，服务水平有待提高。

4. 收入差距问题依然突出

在社会和谐方面，北京市面临收入差距问题依然突出的难点。尽管近年来北京市在收入分配制度改革方面取得了一定成效，但高收入群体和低收入群体之间依然存在较大差距，城乡居民之间的收入差距也在扩大。这可能导致社会阶层分化和社会矛盾加剧。

（五）开放创新能力有待突破

1. 区域协同发展机制有待健全

北京积极推进京津冀协同发展，但区域协同发展机制还不够健全，协同发展的效果有待进一步提升；北京与津冀地区的产业对接还不够紧密，存在产业同构、恶性竞争等问题；区域生态补偿机制尚未完全建立，生态共建共享机制还需要进一步完善。在交通互联互通方面，仍然存在一些"断头路""瓶颈路"等，影响了区域交通一体化发展。

2.科技成果转化效率不高

第一，新质生产力发展存在不足。由于产学研用协同机制不够完善，科研团队与企业对接不够紧密等原因，不少技术成果搁置在实验室，未能及时转化为现实生产力；高端创新人才适配性不足，制约了产业向高端智能化迈进的步伐。第二，企业创新能力不足。部分企业对科技创新的重视程度不够，研发投入不足，技术创新能力较弱；一些企业在科技成果转化过程中面临着资金、人才、技术等方面的困难，难以将科技成果转化为实际产品或服务。第三，金融支持体系不健全。风险投资、创业投资对科技型企业的支持力度不够；银行等金融机构对科技成果转化项目的风险评估和贷款审批较为严格，企业融资难度较大。

3.创新的国际竞争力有待增强

一是在全球城市网络中的地位存在差距。在国际金融、高端服务业、文化创意产业等领域的竞争力还不够强，需要进一步提升在全球城市网络中的地位。二是国际化服务水平有待提高。在国际教育、医疗、文化等领域的服务质量和水平也有待提升。此外，城市的国际化氛围还不够浓厚，国际文化交流活动的数量和质量有待提高。三是创新生态系统有待优化。创新主体之间的协同创新机制不够健全，高校、科研机构、企业之间的合作还不够紧密；创新文化氛围不够浓厚，鼓励创新、宽容失败的社会环境尚未完全形成。

三 北京建设国际一流的和谐宜居之都的提升路径与措施

2024年，北京建设国际一流和谐宜居之都取得了显著成效，但还面临着一些难点和挑战，需要采取一些措施加以积极应对，以促进北京建设国际一流的宜居之都水平的进一步提升，为人民群众创造更加美好的生活。

（一）加快构建和完善绿色生态文明体系

第一，完善生态文化体系。加大生态环境保护知识的传播力度，推动全民共建共治共享；引导公众践行绿色生活方式，鼓励市民参与社区绿化美化。第二，完善生态经济体系。推动产业生态化改造，推进产业绿色升级；大力发展节能环保产业，打造节能环保产业集群；促进绿色消费引导产业转型，建立绿色消费激励机制；加强对绿色产品的认证和监管，确保消费者能够购买到真正的绿色产品。第三，完善生态文明制度体系。建立绿色生产和消费的政策激励机制，完善一体化生态修复、保护和监管制度，健全环境治理制度体系，建立健全公众举报和投诉处理机制。第四，完善生态安全体系。完善生态环境风险预警机制，加强对环境质量、生态系统等方面的监测；加强信息公开和公众参与，及时向公众发布生态环境信息；建立公众参与生态环境问题处理的渠道，及时处理并反馈处理结果。

（二）加强城市治理，促进城市和谐稳定

第一，完善社区治理体系，激发居民参与活力。打造人人参与、人人负责、人人奉献、人人共享的治理共同体，积极构建社区资源建设长效机制、社区全人群参与机制、社区资源和居民需求对接机制等；充分发挥"枫桥经验"，完善矛盾纠纷多元化解机制；加大对偏远社区和老旧小区的扶持力度，完善社区服务设施，缩小区域服务差距。第二，创新城市空间治理，强化多元共治格局。加强对非首都功能疏解后土地的统筹利用，为新兴产业发展提供空间；搭建居民、政府、企业等多方参与城市更新的协商平台；建立地下空间信息管理平台，提高地下空间的利用效率和安全性。第三，推进智慧治理，提升城市治理效能。加强科技赋能治理，分层分级开发数字化应用场景；建立城市治理大数据中心，实现数据共享和互联互通；利用大数据分析技术，实时监测和预警城市运行状况，为城市决策提供科学依据。

（三）促进数实融合，赋能城市经济增长

第一，深化数字经济融合发展。联合产学研商，强化数字经济生态协同，共商数字经济政策；推动数据共享开放立法，赋能产业链上下游协同创新；设立智能制造升级补贴，助力传统产业数字化转型；支持传统商家打造线上线下融合的智慧消费场景，提升服务效率与消费者体验。第二，加速新质生产力转化落地。搭建北京高校、科研机构与企业常态化对接平台，促进各方精准对接；设立技术转移服务专项基金，加速科研成果从实验室走向生产线；完善高端人才猎头机制，提升人才与产业适配度。第三，全面提升产业创新能力。设立传统产业创新升级引导基金，对主动引入新技术、新模式改造升级的企业给予资金支持；健全传统产业创新联盟，促进企业间技术交流、资源共享；强化新兴产业集群建设，促进企业协同创新，提升集群整体竞争力；加大数字经济人才引进力度，同时注重本土人才挖掘与培养。

（四）疏解整治促提升，建设高品质城市

习近平总书记强调，推进"双碳"工作是破解资源环境约束、实现可持续发展的迫切需要，也是推动经济结构转型升级的关键。作为首都，北京市高度重视应对气候变化，将其作为生态文明建设和绿色北京战略的重要内容。组建专项工作小组，统筹推进应对气候变化，推动能源和产业结构绿色转型。率先实施碳排放双控，明确碳排放双控目标。出台《北京市碳达峰实施方案》《北京市可再生能源替代行动方案（2023—2025年）》等政策，为碳达峰碳中和提供战略指导。通过这些举措，北京市有效控制了碳排放总量和强度，优化了能源消费结构，碳市场建设取得初步成效，但持续降碳难度加大，能源碳排放结构仍需完善。

（五）强化区域协同发展，增强国际竞争力

一是进一步完善区域协同发展机制。加强区域之间的沟通协调，建立健全区域协同发展机制；加强区域产业对接协作，优化产业布局，形成优势互

补、协同发展的产业格局；推进产业转移和转型升级，提高区域产业竞争力；加快区域交通、能源、通信等基础设施建设，提高基础设施的互联互通水平。二是进一步加强与国际一流城市的交流合作，增强国际竞争力，积极提升开放创新水平。三是进一步完善开放型的经济格局，推动北京城市经济高质量发展。通过引进国际知名企业和高端人才、加强国际科技合作等措施，提高北京在全球产业链和价值链中的地位和影响力。

参考文献

张文忠、湛东升：《"国际一流的和谐宜居之都"的内涵及评价指标》，《城市发展研究》2017 年第 6 期。

李楠：《发挥规划引领作用建设国际一流的和谐宜居之都的首善之区——〈首都功能核心区控制性详细规划（街区层面）（2018 年—2035 年）〉解读》，《城市管理与科技》2021 年第 2 期。

石国亮：《加速城市更新建设和谐宜居之都》，《中国国情国力》2019 年第 1 期。

梁丽：《北京市智慧社区发展现状与对策研究》，《电子政务》2016 年第 8 期。

欧阳彤：《落实"四个全面"战略布局建设国际一流的和谐宜居之都》，《北京观察》2015 年第 7 期。

张凌洁：《北京市建设宜居城市面临的问题和对策建议》，《北方经济》2021 年第 3 期。

B.12
和谐宜居之都建设中的北京城市
副中心旅游公共服务提升[*]

赵雅萍[**]

摘　要： 北京城市副中心作为北京新两翼的一翼，其战略定位是国际一流的和谐宜居之都示范区。旅游公共服务是和谐宜居之都建设的应有之义，对于提升城市的整体形象与吸引力，改善居民生活质量，推动社会文明进步等都具有重要的意义。北京城市副中心旅游公共服务仍存在一些问题，如缺乏系统的旅游公共服务规划；旅游公共服务供给主体单一，供需不匹配；旅游公共服务人员素质有待提升等。应借鉴国际旅游公共服务建设过程中多元化服务体系的构建、高科技应用、人性化设计、跨部门合作等经验。在未来北京城市副中心旅游公共服务建设过程中，要加强顶层设计，高水平引领旅游公共服务繁荣发展；强化政策支撑，高标准建设旅游公共服务载体；创新驱动方式，全方位开展旅游公共服务公益活动；拓展国际合作，多渠道吸收旅游公共服务发展经验；健全制度建设，强有力形成旅游公共服务长效机制。

关键词： 和谐宜居之都　北京城市副中心　旅游公共服务

一　引言

　　和谐宜居之都的建设理念与生态文明建设的要求高度契合。"宜居城

---

　　* 本报告是北京市社会科学院项目"全国文化中心背景下美食文化助推北京'美食之都'建设研究"（项目编号：KY2025C0321）的阶段性成果。
　　** 赵雅萍，博士，北京市社会科学院市情研究所助理研究员，北京世界城市研究基地专职研究员，主要研究方向为旅游经济。

市"是国际通用概念，指适宜人类居住和生活的城市。"和谐宜居城市"是在宜居城市基础上更加强调"和谐"。2022 年，党的二十大强调要"打造宜居、韧性、智慧城市"。北京城市副中心作为北京新两翼的一翼，其战略定位是国际一流的和谐宜居之都示范区、新型城镇化示范区和京津冀协同发展示范区。在和谐宜居之都的构建过程中，要求实现经济、社会、文化、环境等多个方面的均衡发展。该理念的提出与北京城市副中心的战略定位高度契合，对于推动北京城市副中心优化经济和能源结构，形成绿色低碳的生产方式和生活方式，进而推动城市高质量发展具有重要意义。

二 旅游公共服务与和谐宜居之都

随着经济社会发展水平的提高和文旅产业发展的高度繁荣，人们越来越认识到旅游公共服务在城市功能发挥中所扮演的重要角色，并且对旅游公共服务的需求日益强烈。

（一）旅游公共服务的分类

旅游公共服务是指以满足游客需求为核心，由政府或其他社会组织所提供的，具有明显公益属性的产品和服务的总称。[①] 旅游公共服务对于保障游客权益、提升目的地吸引力，以及促进旅游业的可持续发展都具有举足轻重的作用。旅游公共服务主要分为以下三类。

首先是旅游基础设施服务。如旅游交通设施和旅游公共厕所等。其中，旅游交通设施是旅游公共服务的重要组成部分，如机场、火车站、汽车站等交通枢纽与景区之间的旅游巴士、旅游专线等，以及景区内部的交通设施，如旅游观光车道路、旅游小火车、缆车设施等。

其次是旅游信息服务。如在旅游集散中心、酒店大堂等设置的旅游信息

---

① 李爽、黄福才、李建中：《旅游公共服务：内涵、特征与分类框架》，《旅游学刊》2012 年第 4 期。

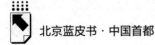

咨询服务点，以及各种旅游信息网站和手机应用程序等。这些平台不仅可以为游客提供关于景点开放时间、门票价格、周边餐饮及住宿等方面的信息，还可以提供旅游目的地的天气、交通状况等咨询供游客参考。

最后是旅游安全保障服务。如在旅游景区设立安全警示标识，提醒游客注意安全事项；组建应急救援队伍，配备相应的救援设备，提供救援服务等（见图1）。

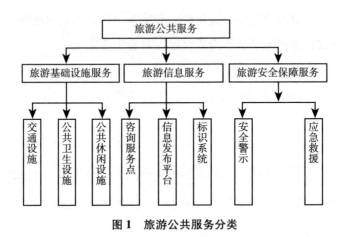

图1　旅游公共服务分类

（二）旅游公共服务与和谐宜居之都建设的关系

和谐宜居之都建设与旅游公共服务之间存在紧密且相互促进的关系。和谐宜居之都建设对旅游公共服务的发展具有推动作用。

首先，和谐宜居的城市环境能够增强城市的整体吸引力，为旅游业的发展创造有利条件。优美的城市景观、良好的生态环境、完善的公共服务设施等都是吸引游客的重要因素。其次，在和谐宜居之都建设中，城市公共服务设施的完善是重要一环，包括旅游交通、旅游咨询、旅游安全等方面的设施和服务。通过优化这些设施，可以为游客提供更加便捷、舒适的旅游体验。最后，和谐宜居的城市环境往往伴随着高水平的公共服务质量。在旅游领域，这体现为更加专业的旅游咨询、更加高效的旅游交通服务、更加人性化的旅游设施等。这些服务质量的提升有助于增强游客的满意度和忠诚度。

旅游公共服务是和谐宜居之都建设的题中应有之义。首先，旅游公共服务能够提升城市的整体形象与吸引力。旅游公共服务包括便捷的交通、清晰的标识系统、完善的旅游设施等，这些都能给游客留下深刻而美好的印象。城市通过提升旅游公共服务水平，可以进一步展示其现代化、国际化的城市形象，城市的吸引力和竞争力也会得到增强。这将吸引更多的人才和企业前来投资和发展，从而进一步提升城市的凝聚力和向心力。其次，旅游公共服务能够改善居民生活质量。旅游公共服务设施的建设，如公园、绿地、文化设施等，不仅丰富了游客的旅游体验，也为城市居民提供了更多的休闲娱乐场所。良好的旅游公共服务环境能够提升居民的生活质量，使他们更加满意和幸福。最后，推动社会文明进步。旅游公共服务在提升游客文明行为、提高旅游从业人员文明素质以及推行当地居民文明生活等方面发挥着重要作用。这些文明行为的养成和传播，有助于营造和谐的人际关系，推动社会文明进步。

三　北京城市副中心旅游公共服务的现状

（一）旅游交通服务

北京城市副中心在建的三大交通枢纽为副中心站、通马路和环球北枢纽。其中，副中心站是亚洲最大地下综合交通枢纽，集成 2 条城际铁路、4 条地铁、1 条市郊铁路和 15 条公交线路，主体工程基本完工，预计 2025 年投用。东六环入地改造即将完工，地铁 6 号线南延已启动，城际铁路联络线一期 2024 年底通车，二期 2027 年建成，轨道 S6 号线等建设加速推进，未来将打造区域畅通交通网络。

副中心布局水、陆、空"三栖"旅游交通体系。陆路方面，2024 年底新增近 10 条通游专线和 8 条定制公交，通过"定制公交"小程序提供预约服务，连接三大文化建筑、绿心公园、大运河森林公园、环球度假区等景点，与地铁、市郊铁路形成网络。旅游高峰期强化公交、地铁运力保障，优化停车场导航，形成"常规线+通游线+摆渡线"公交组合，增加轨道交通运力。水路方面，大运河游船行驶于京杭大运河副中心段，计划开通水上巴士连接大运河与环球主题公园。低空方面，2024 年 9 月印发的《北京市促进低空经济产业高质量发展行动方案（2024—2027 年）》支持副中心发展低空观光、飞行体验等创新旅游交通项目。

（二）旅游信息服务

在智慧旅游平台建设方面，北京城市副中心利用互联网和移动技术，打造智慧旅游平台，整合旅游资源，提供在线预订、信息查询等功能。文旅数据专区是城市副中心于 2024 年启动的以数字赋能文旅信息服务建设的重大工程，该项目相继推出了十大应用场景，如三教庙—实景数字剧本游场景，将"三庙一塔"的相关历史、文化、传说等通过数字剧本串联起来，让游客在解谜、探案等休闲娱乐中深入了解通州传统旅游景点；光影实验室微电影场景利用数字技术制作微电影，展示副中心的文化旅游资源；AIGC 景区 Vlog 场景是指利用人工智能生成内容技术制作景区 Vlog，为游客提供更丰富的旅游信息。

在旅游咨询服务点建设方面，北京城市副中心搭建了"1+N"旅游咨询服务体系，其中"1"是位于通州区新华东街的旅游咨询服务中心，"N"是多个旅游咨询服务分站点，主要分布于副中心的关键旅游景点和交通枢纽地段，如环球度假区、韩美林艺术馆、绿心公园、大运河森林公园、宋庄等。这些站点与中心共同构成了城市副中心旅游咨询服务网络，为游客提供了高效、全面的旅游咨询服务。2025 年 1 月 13 日起，北京城市副中心旅游咨询服务中心全面转为线上新媒体平台对接游客服务，游客可以通过"文旅通州"微信公众号等新媒体平台获取景点介绍、交通路线、餐饮住宿、文化活动、节事庆典等旅游信息，进一步提升了旅游信息服务的便捷性。

（三）旅游设施服务

在公共文化设施方面，北京城市副中心拥有包括大型文化建筑、图书馆、文化馆、博物馆、文化空间等在内的多元化的公共文化设施体系。大型文化建筑包括北京城市图书馆、北京大运河博物馆和北京艺术中心。其他公共文化场馆包括通州区图书馆、通州区文化馆和各街道、乡镇的分馆等。如九棵树街道综合文化中心、张家湾综合文化中心等。以及24小时智能文化空间，包括东朗文化产业园站、漷县镇马头村站等5处。另设有覆盖副中心企事业机关单位、酒店、民宿等多个场所的城市书房、文化驿站等新型文化空间，游客可以通过触控屏获取副中心文旅资讯，还可以购买非遗工艺品等。

在其他旅游服务设施方面，截至2023年底，北京城市副中心共有旅游景区厕所57座，其中配备家庭卫生间旅游厕所13座，总厕位数量604个，标识牌1905.21平方米，设有182000平方米的人行步道和包括观景平台、休息亭等在内的长廊9036平方米，2024年又增设2条总长度达6公里的旅游休闲步道，为游客提供散步、骑行的好去处；无障碍坡道1584米，休息座椅1583个（见表1）。在停车场和休息区方面，在城市副中心的主要景点和交通枢纽附近建设了多个停车场和休息区，为自驾游游客提供便利。停车场内停车位充足，收费标准合理；休息区提供了舒适的座椅和饮水机等设施，游客休息和放松提供方便。

表1　2023年北京城市副中心旅游公共服务设施情况统计

指标	旅游厕所（座）	标识牌（平方米）	人行步道（平方米）	长廊（平方米）	无障碍坡道（米）	休息座椅（个）
数量	57	1905.21	182000	9036	1584	1583

资料来源：通州区统计局。

（四）旅游安全保障

在应急救援服务方面，根据《北京市旅游突发事件应急预案（2023年修订）》，北京城市副中心建立了完善的应急救援机制，设立了旅游应急救援中心，并配备了专业救援队伍和设备。在游客遇到紧急情况时，能够迅速响应并提供及时有效的救援服务。在旅游安全宣传方面,通过设置安全警示牌、提供安全提示信息等方式,加强旅游安全宣传,提高游客的安全意识。同时,还定期对旅游从业人员进行安全培训和教育,确保他们能够熟练掌握安全知识和技能。

在医疗与救援保障方面,北京城市副中心在景区及周边合理配置医疗急救设施和人员,如在环球度假区内设有医疗站,配备专业的医护人员和急救设备,及时为游客提供医疗救治服务。建立专业的救援队伍,包括消防救援队伍、水上救援队伍等,应急救援队伍具备应对各类突发事件的救援能力,确保在紧急情况下能够迅速开展救援工作,保障游客的生命安全。

四 北京城市副中心旅游公共服务的问题

(一)旅游交通服务

随着北京城市副中心的发展,游客数量不断增加,对公共交通的需求也日益增长。游客希望能够在城市副中心内方便地乘坐公交、地铁等公共交通工具,快速到达各个旅游景点。为了实现"最后一公里"的通达,游客对旅游交通接驳服务的需求也在增加。例如,从交通枢纽到具体景点的接驳车、从住宿地到景点的接送服务等,都是游客关注的焦点。目前,城市副中心旅游交通服务存在以下差距。

首先,交通拥堵严重。随着副中心旅游业的发展,游客数量不断增加,尤其是在节假日和旅游旺季,通往副中心的主要道路以及景区周边道路容易出现拥堵状况,增加了游客的通勤时间和旅行成本。例如,在环球影城开业初期的周末和节假日,连接市区与环球影城的京哈高速等路段常常出现严重拥堵,游客需要花费大量时间在路上。

其次,交通线路覆盖不足。部分偏远景点或新开发的旅游区域公交线路覆盖不足,游客需要换乘多次或步行较长距离才能到达目的地。如一些位于副中心北部或东部的生态旅游区,公交线路较少,游客进出较为困难。

再次，运力调配不均。在旅游高峰期，如节假日、大型活动期间，热门景区和交通枢纽的客流量大幅增加，但公共交通的运力调配不够及时和充足，导致游客需要长时间等待，车内拥挤不堪。例如，在环球影城开放日，通往环球影城的地铁和公交线路常常人满为患。

最后，道路施工影响通行。城市副中心的道路施工频繁，部分道路封闭或限行，给游客出行带来不便。而且，施工期间的交通疏导措施不够完善，容易导致交通混乱和拥堵。例如，三大建筑、"高线公园"等景点周边的道路在改造施工时，没有及时设置合理的绕行路线和交通标识，游客容易迷路或陷入拥堵。

（二）旅游信息服务

在旅游咨询服务方面，游客希望能够在城市副中心方便地找到旅游咨询服务点或通过电话、网络等方式获取相关信息。在旅游信息宣传方面，为了提高旅游体验，游客还希望能够在城市副中心看到各种旅游信息宣传，如景点介绍牌、旅游地图、宣传册等。这些宣传材料不仅可以帮助游客更好地了解景点，还可以提升他们的旅游兴趣。目前，北京城市副中心在旅游信息服务方面存在以下差距。

信息更新不及时。部分旅游咨询服务中心或在线平台提供的信息更新不及时，导致游客获取到的信息与实际情况存在偏差。一些线上旅游咨询平台虽及时更新了信息，但功能可能不够完善，存在界面设计不友好、操作复杂、信息搜索不便等问题。游客在使用线上平台咨询时，可能会遇到各种困难和障碍，降低了线上咨询的效率和满意度。

信息内容不全面。咨询服务提供的旅游信息相对有限，可能侧重于一些知名景点和常规旅游线路，而对于一些小众景点、特色旅游项目、民俗文化活动等介绍不足。游客很难通过咨询获取全面、个性化的旅游信息，难以满足不同游客的多样化需求。

响应速度慢。对于游客在线上提出的咨询问题，有时不能得到及时回复和解答，尤其是在旅游高峰期咨询量较大时，回复延迟的情况较为明显，影响了游客的咨询体验和对服务的信任度。此外,部分旅游咨询服务人员的专业知识和业务能力不足,对副中心的旅游资源、景点特色、交通线路等情况了解不够深入和全面,无法为游客提供准确、详细、专业的咨询服务。

(三)旅游设施服务

目前,北京城市副中心在旅游服务设施方面存在以下差距。一是缺乏系统的旅游公共服务规划,导致服务设施布局不合理、服务功能不全面等问题。二是旅游公共服务供给主体单一,目前通州区旅游公共服务的供给主体仍以政府为主,缺乏市场和社会力量的参与,导致服务供给的多样性和灵活性不足。三是供需错位,部分旅游公共服务设施可能存在供需不匹配的问题,导致"热得过热,冷得过冷"。如副中心的三大建筑向来都是热门景点,而在2024年暑期北京大运河博物馆三星堆文物展出之际更是人满为患,导致周边停车位不足、景区卫生间排队时间较长等问题。而部分文化设施,如一些小型博物馆展品更新不及时、活动内容单一、宣传推广不足,导致游客的参与度和重游率不高。四是设施老化或不足,部分游客服务中心的设施存在老化或不足、设施维护管理不善等问题,如清洁不及时、设施损坏未得到及时修复等,影响了游客的使用体验。

(四)旅游安全保障

在旅游应急救援服务方面,旅游时游客可能会遇到各种突发情况,如身体不适、迷路等。因此,游客希望能够获得及时的应急救援服务,确保他们的安全。在旅游安全宣传方面,还需要加强旅游安全宣传,如设置安全警示牌、提供安全提示信息等,以提高游客的安全意识。目前,城市副中心在旅游安全保障方面存在以下差距。

一是安全设施配备不足。一些较为偏远或新开发的景点,如一些郊野公园的边缘地带或非主要游览路线上,由于资金投入有限或规划不完善,可能存在监控摄像头覆盖范围有限的情况,无法做到全区域监控。在一些小型旅游场所,如民宿、农家乐等,消防设施可能不齐全。特别是一些由老旧建筑改造而成的民宿，消防通道可能不符合标准，存在安全隐患。

二是安全管理制度落实不到位。旅游行业从业人员的安全培训存在短板。景区工作人员、酒店服务人员等可能没有经过系统的安全知识和应急技能培训。部分旅游企业和景区的应急预案缺乏针对性和可操作性。应急预案可能只是一个形式上的文件，没有根据景区的实际情况、可能出现的风险类型（如自然灾害、公共卫生事件、游客安全事故等）进行细致规划。一些旅游设施的定期安全检查执行不严格。例如，游乐设施的日常维护检查记录可能存在造假情况，对游乐设备的关键部件没有进行认真检查，导致设备带"病"运行，增加游客发生安全事故的风险。

三是安全风险预警机制不健全。部分景区可能没有与气象、自然资源等部门建立有效的信息共享机制，无法第一时间获取灾害信息并通知游客。此外，目前安全风险预警信息主要通过景区广播和部分官方网站发布，信息传播渠道有限。很多游客可能不会时刻关注景区广播，而官方网站的信息也不是所有游客都会主动查看。对于使用移动设备的游客，景区没有充分利用短信、手机应用程序推送等方式及时传递预警信息。

五　旅游公共服务建设的国际经验

旅游公共服务在国际范围内积累了丰富的经验，这些经验对于提升旅游目的地的吸引力、增强游客满意度具有重要意义。

（一）多元化服务体系

许多国际旅游胜地构建了多元化的服务体系，涵盖旅游信息咨询、旅游导览、旅游安全保障、旅游投诉处理等多个方面。例如，新加坡的旅游服务中心不仅提供多语种的旅游信息，还设有专门的旅游警察，确保游客的安全。法国的旅游安全保障服务十分完善，不仅具有基本的安全监控设施、应急救援机制，还在一些大城市的热门旅游区域和公共场所设有旅游警察部队和旅游安保人员。西班牙在旅游交通建设上不断完善现代化综合

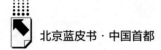

运输体系和通信网络，如巴塞罗那与法国之间有高速公路连接，方便游客快速往返。

（二）高科技应用

现代科技如大数据、人工智能、物联网等在国际旅游公共服务中得到了广泛应用，提高了服务效率，为游客提供了更加个性化的服务体验。例如，巴黎第十五区市政厅引入的软银 Pepper 机器人可以主动欢迎和接待来访者，管理预约，展示介绍活动，并提供互动娱乐服务。这不仅提升了市政厅的科技形象，还优化了游客的客户体验。迪拜的 DubaiNow 应用系统则集成了250多项政府服务，游客可在一站式平台上完成缴费、预约医疗、查询交通、报告基础设施问题等事务。

作为世界上最先提出"政府信息化"的国家之一，新加坡在 2006 年和 2014年先后启动了"智慧国 2015（INM2015）"和"智慧国 2025（INM2025）"计划，该计划涉及七大领域，其中就包括旅游公共服务。在这一计划理念的倡导下，各种信息技术、人工智能等现代科技在新加坡旅游公共服务中深入应用，为游客提供了高效、个性的旅游定制服务。例如，新加坡交互式智能营销平台就是一个集游客体验、浏览、旅游行程规划和互动交流等复合功能于一体的全方位的旅游公共服务平台（见图2）。

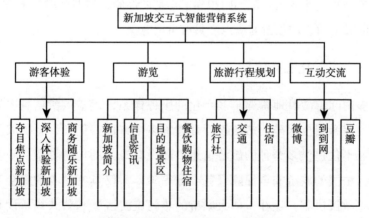

图2　新加坡交互式智能营销平台系统功能架构

（三）人性化设计

国际旅游公共服务注重人性化设计，从游客的角度出发，提供便捷、舒适的服务。例如，新加坡为每一辆公交车都提供了轮椅斜坡，并在车上留有放置轮椅的空间，方便残障人士上下车；由于地处热带降雨频率非常高，新加坡在大多数游客经过的地方都设置了有盖走道，以防止行人被雨淋湿。新加坡的旅游厕所不仅设有高低洗手池，还设有高低两排双层扶手，方便身材矮小的游客使用。许多旅游景区设有母婴室、残障人士通道等，确保不同需求的游客都能得到满意的体验。巴黎各个地铁站均可免费索取地铁交通图，方便游客出行。迪拜道路交通管理局与加拿大智能雨伞共享服务公司合作，在 Al Ghubaiba 公交和地铁站推出免费"智能雨伞"服务，游客可以免费借用雨伞。有特殊需要的游客或残障人士可以在迪拜全境享受长达三个月的免费公共停车服务，还可以获得特殊许可证，享受出租车 50% 的折扣。迪拜地铁设有女士车厢，位于车尾第一节、第二节、第三节，为女性乘客提供了更加安全和舒适的乘车环境。

（四）跨部门合作

在国际旅游公共服务中，一些国家的政府、企业、社会组织等多方力量形成了紧密的合作关系，整合各方资源，为游客提供更加全面、高效的服务。例如，美国旅游推广局（Brand USA）作为美国的目的地营销组织，与世界各地的美国大使馆和领事馆的商务服务团队合作开展旅游推广项目，向国际游客宣传美国作为旅游目的地的优势，推广美国的签证和入境政策，吸引更多国际游客前往美国旅游。法国设立了跨部门的旅游协调机构，成员包括旅游、交通、文化、安全等部门的代表。这个机构定期召开会议，讨论旅游公共服务中的重大问题，如旅游政策的制定、大型旅游活动的组织等。例如，在筹备巴黎奥运会的旅游接待工作时，协调机构发挥了关键作用，各部门通过会议沟通，明确了各自的职责和任务。此外，法国还通过各部门之间签订合作协议的方式，明确合作的内容、方式和责任。例如，旅游部门和交

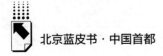

北京蓝皮书·中国首都

通部门签订协议，规定交通部门在旅游旺季要增加特定旅游线路的运力，旅游部门则要向交通部门提供准确的客流量预测信息。

（五）国际合作与交流

国际旅游公共服务加强国际合作与交流，借鉴国际先进经验和技术手段，不断提升本国旅游公共服务水平和竞争力。例如，美国国家旅行和旅游办公室（NTTO）代表美国参与重要的国际政府间旅游组织，如G20旅游工作组、G7旅游工作组、经济合作与发展组织旅游委员会、亚太经合组织旅游工作组、美洲国家组织文化和旅游部门等，积极参与国际旅游政策的制定和协调工作，与其他国家共同推动全球旅游的发展，并在国际旅游舞台上展示美国的旅游资源和政策，提升美国在国际旅游领域的影响力。

六 北京城市副中心旅游公共服务提升的对策建议

（一）加强顶层设计，高水平引领旅游公共服务繁荣发展

首先，加强顶层设计与统筹规划，促进旅游公共服务与交通、规划、文化等部门融合，结合城市副中心定位，科学编制发展规划，明确5~10年打造世界级旅游目的地公共服务示范区的目标。

其次，优化旅游公共服务设施空间布局。结合副中心资源分布、文旅项目布局、游客流量预测及市民需求，合理规划旅游集散中心、厕所、停车场等设施。以大运河文化带为例，优化两岸休闲驿站、观景平台、厕所、景观廊道等，形成连贯的旅游服务体系。

最后，加强区域协同，统筹周边城市旅游公共服务规划，推动区域一体化。在京津冀协同发展背景下，与天津、河北共同规划跨区域交通线路，设置统一旅游标识，建立协调机制，成立工作领导小组，纳入政绩考核，定期召开联席会议，解决跨区域交通运营、信息共享等问题。

206

（二）强化政策支撑，高标准建设旅游公共服务载体

首先，在财政支持政策方面，旅游公共服务具有公益性，应以公共财政投入为主。在北京城市副中心生态文明建设政策体系中，统筹考虑旅游公共服务建设，建立以公共财政为主、多渠道融资的分类投入机制。设立专项资金，用于旅游公共服务设施建设、维护和升级，如景区公共厕所环保改造、无障碍环境建设等。对参与旅游公共服务建设的企业，如旅游交通、信息服务企业，给予税收减免或优惠，如投资建设大型旅游停车场的企业可减免房产税和城镇土地使用税。

其次，在土地利用政策方面，优先保障旅游公共服务设施用地。在城市土地利用规划方面，应为旅游集散中心、咨询服务中心等预留土地。对符合条件的项目，简化审批程序，加快供地速度。鼓励土地综合利用，允许景区周边土地将旅游设施与商业、文化等结合开发。例如，度假区建设中可将酒店、购物街区与交通枢纽、游客服务中心结合，提升土地利用效率。

最后，在法规与标准制定方面，需制定旅游公共服务相关法规，明确设施建设标准、管理责任和维护要求，如规定景区公厕数量、卫生标准和无障碍设施等具体指标，使建设管理有法可依。同时，推行旅游公共服务标准体系，参照国内外先进标准，结合城市副中心实际，制定涵盖旅游交通、信息服务和安全保障等方面的标准，引导企业和相关部门按标准提供服务，提升整体质量。

（三）创新驱动方式，全方位开展旅游公共服务公益活动

首先，利用数字技术创新活动形式。开展线上虚拟旅游导览直播，邀请专业导游或旅游博主，通过直播平台实时介绍城市副中心知名景点的历史文化、特色景观，并解答观众疑问。这能让无法亲临现场的游客，尤其是残障人士、老年人等特殊群体，足不出户领略城市副中心的魅力。同时，在人流量大的公共场所设置 AR/VR 体验区，利用增强现实（AR）和虚拟现实（VR）技术，让市民和游客身临其境地感受景点，激发本地旅游兴趣。

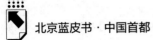

其次，跨界合作扩大活动影响力。与教育机构合作开展研学活动，组织中小学生参观城市副中心历史文化遗迹，由专业人员讲解旅游公共服务在文化保护中的作用，培养文化保护意识。与企业合作开展志愿者服务，鼓励员工参与景区环境清理、游客引导等志愿服务，提升社会责任感，减轻景区服务压力，提高旅游公共服务质量。

借助新媒体推广公益活动，在微博、微信、抖音等平台发起"我眼中的城市副中心旅游之美"话题，鼓励用户分享旅游经历。定期举办线上摄影、短视频比赛，展示优秀作品并给予奖励，吸引公众关注旅游公益活动。

（四）拓展国际合作，多渠道吸收旅游公共服务发展经验

首先，开展国际交流互访，考察新加坡、京都、巴黎等地的旅游公共服务体系，学习其在交通规划、游客中心运营、安全保障等方面的经验，为城市副中心建设世界级旅游目的地提供支撑。举办国际旅游公共服务论坛，邀请国际组织官员、专家学者及企业高管分享创新实践与成功案例，探讨发展趋势与挑战，为城市副中心旅游公共服务注入新理念。

其次，推进国际旅游合作，与知名企业共同开发跨国线路，串联本地特色与国际景点，打造吸引力强的旅游产品。学习国际经验，提升旅游服务国际化水平。与国外科技企业合作研发智慧旅游技术，引入智能导览、大数据分析等技术，培养本地人才，增强创新能力。加强与联合国旅游组织（UNWTO）、太平洋亚洲旅游协会（PATA）等国际组织的合作，参与培训与研讨，学习国际标准与趋势，优化旅游公共服务策略。

（五）健全制度建设，强有力形成旅游公共服务长效机制

首先，建立监督考核机制。构建政府主导、行业协会协同、游客参与的多元监督体系。政府部门定期检查旅游公共服务设施和服务；行业协会自律监督会员单位；开通游客投诉热线和在线评价平台，鼓励游客参与评价。量化考核指标包括旅游交通准点率（≥95%）、景区停车场车位周转率、旅游信息咨询游客满意度（≥80%）等。定期采集数据，量化考核服务质量。

奖惩措施如优秀者给予资金奖励和荣誉称号；不达标者限期整改，整改不合格者依法处罚，如减少交通企业线路运营许可、降低景区评级等。

其次，强化资金保障。政府将旅游公共服务建设纳入年度财政预算，确保资金逐年增长。设立专项资金用于旅游基础设施和智慧平台建设。完善PPP 项目流程，明确政府与社会资本权责。鼓励社会资本通过 BOT、TOT等模式参与旅游集散中心、停车场等设施建设。建立资金使用绩效评估机制，定期评估并调整资金分配，确保效益最大化。

参考文献

杜珊珊、杨嘉瑜、赵润泽：《北京：基于宜居视角的国家中心城市之墨尔本经验借鉴》，《北京规划建设》2017 年第 1 期。

石国亮：《加速城市更新建设和谐宜居之都》，《中国国情国力》2019 年第 1 期。

许爱萍、成文、柏艺莹：《产城融合型园区：发展经验的本质透视与借鉴》，《甘肃理论学刊》2019 年第 6 期。

张萌、张宁等：《旅游公共服务：国际经验与启示》，《商业研究》2010 年第 10 期。

宋宇：《旅游业是推动北京国际一流和谐宜居之都建设的功能性产业》，载北京旅游学会编著《北京旅游发展报告（2014）》，2014。

首都都市圈篇

B.13
京津冀协同推动首都都市圈
建设的瓶颈与路径研究

王雪滔　吕静韦*

摘　要： 在京津冀协同发展的推动下，首都都市圈建设取得一系列显著成效，非首都功能的积极疏解，产业、创新、人才的深度协同，交通基础设施的互联互通，公共资源共享水平的提升等都为首都都市圈的建设注入了强劲动力。通过构建指标体系，基于距离协同模型对京津冀协同发展水平进行测度，继而从体制机制、市场化改革、产业协同、资源流动等方面分析京津冀协同推动首都都市圈建设的约束瓶颈，提出推动跨区域协调机制建设、加快市场化改革步伐、加强产业协同合作、促进资源高效流动的路径选择，旨在通过京津冀协同发展加速推动首都都市圈的建设进程。

关键词： 京津冀协同发展　首都都市圈　距离协同模型

---

* 王雪滔，经济学博士，天津社会科学院数字经济研究所助理研究员，主要研究方向为京津冀协同发展、数字经济；吕静韦，管理学博士，天津社会科学院数字经济研究所副所长、副研究员，主要研究方向为京津冀协同发展、数字经济。

一　问题的提出

党的二十大报告明确指出，要以城市群、都市圈为依托构建大中小城市协调发展格局。都市圈这一以具有强大影响力的超大特大城市或具有强大辐射力的大城市为核心，以 1 小时通勤圈为边界的城镇化空间形态，正成为推动区域发展的重要力量。2014 年，习近平总书记在北京考察时前瞻性指出，要"面向未来打造新的首都经济圈"，① 后又多次强调要"培育发展现代化都市圈"。② 京津冀协同发展战略自 2014 年正式提出就被赋予区域协同发展引领者和示范者的新使命，这一战略不仅是对区域经济一体化发展的积极响应，更是对中国城市化进程中面临的诸多挑战进行的一次深刻反思和积极应对。本报告聚焦京津冀协同发展战略十周年背景，深入剖析京津冀协同发展对于推动首都都市圈建设的作用，探讨加快推动首都都市圈发展的路径与策略。

二　京津冀协同发展推动首都都市圈建设的现状与成效

近年来，京津冀协同发展战略的深入实施为首都都市圈的建设注入了强大动力，通过非首都功能疏解、产业创新协同、基础设施互联互通和公共服务一体化等一系列有力措施，京津冀三地正携手共进开创首都都市圈发展新篇章。

（一）非首都功能疏解取得积极成效，强力推动首都都市圈建设进程

非首都功能疏解工作取得显著成效，有效缓解"大城市病"等问题。③

---

① 《习近平主持召开座谈会听取京津冀协同发展工作汇报》，https：//www.gov.cn/guowuyuan/2014-02/27/content_ 2624908.htm，2024 年 2 月 27 日。

② 《习近平在东北三省考察并主持召开深入推进东北振兴座谈会》，https：//www.gov.cn/xinwen/2018-09/28/content_ 5326563.htm，2018 年 9 月 28 日。

③ 石晓冬、黄晓春、和朝东等：《回顾京津冀协同发展历程推动建设现代化首都都市圈》，《北京规划建设》2023 年第 6 期。

为推动首都都市圈建设，优化首都功能布局，北京积极有序推进非首都功能疏解工作，通过退出一般制造业企业、疏解提升区域性专业市场和物流中心等措施，有效减少非首都功能的存量，严格控制新增非首都功能，防止无序扩张。与此同时，天津坚持把承接北京非首都功能疏解作为重要政治之责与发展之要，天津市发展和改革委员会印发《关于天津市促进承接北京非首都功能项目发展的政策措施（试行）》（以下简称《措施》），在鼓励人才落户、优化子女教育、完善医疗服务方面进一步加大政策支持力度。在《措施》执行期间，北辰区引进迪信通、万洋集团等优质园区运营企业，努力打造京津冀协同发展"微中心"；武清区引进中铁检验认证等项目、智能科技产业园等特色载体平台建设。作为京津冀协同发展的重要一环，河北主动承接北京非首都功能转移，通过改善营商环境吸引大量北京企业和产业向河北转移，有效促进河北经济转型升级的同时为北京非首都功能疏解提供有力支持，为京津冀地区的协同发展注入新的活力，加速首都都市圈的建设进程。

（二）产业、创新协同取得重要突破，为首都都市圈建设注入强劲动力

在产业协同方面，京津冀三地形成紧密的产业合作链条，有效推动首都都市圈内的产业升级和转型。[①] 北京作为科技创新中心，不断向天津和河北进行产业转移，构建起"北京研发、津冀制造"的协同发展模式。例如，京津冀智能网联新能源汽车科技生态港在武清京津产业新城开园，这是京津冀三地发展"六链五群"、推进产业协作的标志性项目，规划总面积达 8000亩，其中天津园区建成后将与北京顺义、河北廊坊三地共同打造立足京津冀、辐射北方的智能网联新能源汽车供应链保障基地。另外，联想天津工厂作为联想在北方的全球新总部，其"北京研发—天津生产"模式也取得显

---

① 张贵、朱世婧：《京津冀产业一体化的历程、逻辑与启示》，《江苏师范大学学报》（哲学社会科学版）2024 年第 1 期。

著成果，2023 年，联想天津创新产业园落成投用，年营业额超过 300 亿元，充分展示了京津冀三地产业协同的深度和广度，显著提升首都都市圈产业整体竞争力。

在创新协同方面，京津冀构建起高效的协同创新生态，为首都都市圈创新发展提供强有力的支撑。三地围绕人才、资金、技术等创新要素开展了全方位、多领域的务实合作。据统计，截至 2023 年底，中关村企业在津冀设立的分支机构数量已突破 1 万家，其中在天津设立子公司、分公司累计 4545 家，投资额达 1407.2 亿元；在河北设立子公司、分公司累计 5589 家，投资额达 1015.01 亿元。[①] 三地还共同设立京津冀协同创新等专项课题，推动新能源、先进制造等领域的联合研发。依托京津冀国家技术创新中心等创新平台，为区域内的科技成果转化和产业升级提供有力支撑。

（三）交通一体化建设取得显著进展，加速首都都市圈互联互通

交通一体化建设为推动首都都市圈互联互通注入强大动力。首都通勤圈已涵盖北三县、固安、涿州、廊坊城区、武清等 13 个环京区县，并加速向外 30~50 公里拓展，对 50~100 公里半径圈层重点城市的通勤吸引不断加强。

在高速铁路方面，京张高铁、京唐城际、京滨城际等高铁线路的开通运营极大缩短了城市间的时空距离，使首都都市圈内的城市联系更加紧密。以京张高铁开通为例，京张高铁使北京至张家口的最快通行时间由 3 小时 7 分钟压缩至 47 分钟。连接京津、京冀的铁路数量不断增加，京唐城际、京滨城际等高铁线路的运营进一步完善了首都都市圈的铁路网络，京津雄核心区实现半小时通达，京津冀主要城市 1~1.5 小时交通圈正在加速形成，促进区域内的人才流动、商务交流和经济合作。

[①] 《截至去年底 中关村企业在津冀设分支机构超万家》，https://www.163.com/dy/article/IVRCEER50530RTB0.html，2024 年 4 月 5 日。

在高速公路建设方面，京昆、京台、京秦、京雄等高速公路的建成通车，以及首都地区环线密涿段等项目的实施，进一步打通区域内的高速公路网，为首都都市圈的快速发展提供坚实的交通保障。截至 2024 年底，环京区域已开通 6 条主线及 32 条支线通勤定制快巴，日均搭载乘客达 5600 人，通勤时长平均缩短至 60 分钟，较之前减少了约半小时。特别是京雄高速的全线通车，实现了京雄两地 1 小时高速公路通达，极大地促进了雄安新区与北京的经济联系和协同发展。截至 2023 年底，京津冀高速公路里程近 1.1 万公里，较 2013 年增长超四成，不仅提高了区域内城市的通达性和便利性，同时增强了首都都市圈对周边地区的辐射带动作用，为区域内的经济社会发展注入新的活力。

（四）公共服务一体化改革不断深化，全面提升首都都市圈公共资源共享水平

京津冀三地打破行政区划壁垒，加强教育、医疗、社保等领域合作，推动公共服务一体化。

在教育领域，三地签署《京津冀教育协同发展战略合作框架协议》，京津共建清华大学天津高端装备研究院等高水平机构，引进北京优质资源提升天津教育水平；津冀共建高校、中职、义务教育联盟，实现多层次教育合作，提升教育公平与质量，为首都都市圈培养高素质人才。

在医疗领域，三地推进《京津冀医疗卫生协同发展规划》，深化医药卫生体制改革和重大体制机制创新，着力提高基本医疗卫生服务的公平性和可及性，京津 30 家医院纳入河北省医保定点范围，400 多家医疗卫生机构开展合作项目超过 500 个，极大地方便了居民就医，提高了医疗服务水平。2023 年由京津冀三地医保部门联合印发的《关于开展京津冀区域内就医视同备案工作的通知》，进一步促进了三地医疗卫生领域协同发展。

在社保领域，三地共同签署《京津冀社会保险经办服务协同合作协议》，建立社会保险转移接续信息平台，实现社会保险跨区域转移接续与社会保险个人账户、缴费年限、待遇水平等信息的互联互通，完成城乡居民养老保险制度名称、政策标准、经办服务、信息系统的"四统一"，为居民提

供更加便捷、高效的社保服务。① 通过公共服务一体化改革的不断深化，公共资源配置得到优化，首都都市圈公共服务水平得到显著提升，有效促进人才、资金等要素的流动，为首都都市圈的创新发展注入新的活力。

表 1　京津冀基本公共服务均等化政策汇总

领域	政策名称	主要内容	意义
教育	《京津冀教育协同发展战略合作框架协议》	三地签署各类合作协议 168 个，建立各类教育联盟和创新发展联盟，推进基础教育、职业教育、高等教育的协同发展	落实国家京津冀协同发展战略的重要举措，旨在优化京津冀区域教育协同发展布局，提升区域教育水平
医疗	《京津冀医疗卫生协同发展规划》	规划提出构建京津冀医疗卫生资源配置均衡化体系；构建京津冀医疗服务水平均质化体系；构建京津冀基本公共卫生服务均等化体系；构建京津冀医药卫生体制机制创新体系	深化医药卫生体制改革和重大体制机制创新，提高基本医疗卫生服务的公平性和可及性
	《关于开展京津冀区域内就医视同备案工作的通知》	京津冀区域内的参保人员，在任意一地的定点医药机构进行住院、普通门诊治疗及购药等，均视为已办理备案手续	方便京津冀参保人员区域内异地就医
社会保障	《京津冀社会保险经办服务协同合作协议》	畅通数据共享渠道、优化社会保险信息互认、完善社保关系转移接续机制、加强社保待遇领取核查、推进社会保障卡应用合作、深化"一网通办""跨省通办"、加强培训交流合作	促进三地参保群众共享体制革新、机制创新、协同发展成果

三　京津冀协同发展效果量化评估

为聚焦京津冀协同发展推动首都都市圈建设，亟须对京津冀协同发展效

① 《京津冀协同发展十周年成效：经济总量连跨 5 个万亿元台阶　向世界级城市群迈进》https：//fgw.beijing.gov.cn/gzdt/fgzs/mtbdx/bzwlxw/202402/t20240226_ 3570548.htm，2024 年 2 月 23 日。

果进行量化评估。本部分运用距离协同模型对京津冀协同发展水平进行量化评估与分析。

（一）指标评价体系的构建

测度区域发展协同程度需选取科学的指标体系，以反映协同发展内在联系。截至目前，学术界尚未就京津冀协同发展程度的评价指标达成一致看法。本报告立足于京津冀协同发展战略目标并兼顾数据可获得性，构建以经济、社会和资源环境为基础的评价模型。以现有文献为依据，将指标体系划分为目标层、准则层和指标层。目标层即为该指标体系的核心目标——京津冀协同发展（见表2）。

表2　京津冀协同发展指标

目标层	准则层	指标层	变量	单位
京津冀协同发展	经济	人均地区生产总值	$X1$	元
		GDP 增长率	$X2$	%
		城镇居民人均可支配收入	$X3$	元
		第三产业增加值占比	$X4$	%
		公共财政收入	$X5$	元
	社会	参加城镇基本养老保险人数	$X6$	万人
		每万人拥有医疗床位数	$X7$	张
		每万人高等教育在校学生数	$X8$	人
		每万人拥有公共交通车辆	$X9$	台
	资源环境	人均水资源量	$X10$	立方米
		工业污染治理完成投资	$X11$	万元
		生活垃圾无害化处理率	$X12$	%
		每平方公里人口数	$X13$	人

（二）评价方法

本部分基于距离协同模型对京津冀协同发展水平进行测度。具体过程如下。

本报告选取的指标均为正向，以京津冀三地历年最大值为去量纲标准，标准化公式如下：

$$a_{ijt} = x_{ijt}/\max(x_{ijt}) \tag{1}$$

其中 x_{ijt} 表示 t 期子系统 i 的第 j 个指标，a_{ijt} 表示标准化后的值。$\max(x_{ijt})$ 为所有年度子系统指标中最大值。

确定样本区间内各项指标的正负理想点，各指标标准化后的数值是相对于最大值比较的结果，以最大值 1 为正理想点，0 为负理想点。

计算历年中各子系统指标与其正负理想点距离，得出各子系统及整体的发展度。其中，子系统 i 在时期 t 与正负理想点的距离分别为 D_{it}^+、D_{it}^-，由以下公式计算得出：

$$D_{it}^+ = \sqrt{\sum_j (1 - a_{ijt})^2} \tag{2}$$

$$D_{it}^- = \sqrt{\sum_j a_{ijt}^2} \tag{3}$$

子系统 i 在 t 期的发展度 d_{it} 为：

$$d_{it} = \frac{D_{it}^-}{D_{it}^- + D_{it}^+} \tag{4}$$

d_{it} 表示与最优发展状况的相对程度，值越大发展度越高，反之发展度越低。京津冀三地全样本期限内的发展度为：

$$d_t = \sum_i \omega_i d_{it} \tag{5}$$

其中 ω_i 为子系统 i 的权重，本研究将京津冀三地对于协同发展的贡献视为相同，即 $\omega_i = 1/3$。

计算三地之间灰色关联度与相互拉动因子。

绝对关联度用 u_{ij} 表示：设初始行序列为 $X_i = (d_{i1}, d_{i2}, \cdots d_{it})$，零化象为 $X_i^0 = (d_{i1}-d_{i1}, d_{i2}-d_{i1}, \cdots d_{it}-d_{i1}) = (d_{i1}^0, d_{i2}^0, \cdots d_{it}^0)$

令：

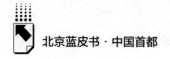

$$| s_i | = \left| \sum_{k=2}^{t-1} d_{it}^0 + \frac{1}{2} d_{it}^0 \right| \qquad (6)$$

$$| s_i - s_j | = \left| \sum_{k=2}^{t-1} (d_{it}^0 - d_{jt}^0) + \frac{1}{2} (d_{it}^0 - d_{jt}^0) \right| \qquad (7)$$

则子系统 i , j 间的绝对关联度为：

$$u_{ij} = \frac{1 + | s_i | + | s_j |}{1 + | s_i | + | s_j | + | s_i - s_j |} \qquad (8)$$

该值越大子系统关联度越高。

相对关联度 v_{ij} 表示子系统间发展度变化速度的联系程度，数值越大表明子系统间变化趋势越接近，将上述 X 换为 $X'_i = \left(\dfrac{d_{i1}}{d_{i1}}, \dfrac{d_{i2}}{d_{i1}}, \cdots, \dfrac{d_{it}}{d_{i1}} \right)$ ，即为相对关联度。

最后，计算子系统的综合关联度：

$$a_{ij} = \theta u_{ij} + (1 - \theta) v_{ij} \qquad (9)$$

a_{ij} 综合反映子系统绝对和相关关联度。在研究中，将绝对关联度和相对关联度视为同等，即 $\theta = 0.5$

计算理想发展度及协同度。

理想发展度测算公式为：

$$d'_{it} = \sum_{j=1}^{k} \omega_j \beta_{ij} d_{jt} \qquad (10)$$

子系统协同度测算公式为：

$$C_{it} = \frac{| d_{it} |}{| d_{it} | + | d_{it} - d'_{it} |} \qquad (11)$$

则整个系统的协同度为：

$$C_t = \sqrt[k]{\prod_{i}^{k} C_{it}} \qquad (12)$$

其中 k 为子系统个数。

测算整个系统协同发展度：

$$CD_t = \sqrt{C_t d_t} \tag{13}$$

（三）评价结果与分析

按照上述方法对 2009～2022 年京津冀地区协同发展程度进行计算，得出三地相互拉动因子、各自及整体发展协同度、区域协同度的具体结果。如表 3、表 4、表 5、图 1 所示。

表 3 京津冀三地相互拉动因子

区域	京	津	冀
京	1.0000	1.0151	1.1564
津	0.9849	1.0000	0.8955
冀	0.8436	1.1045	1.0000

表 4 京津冀三地及整体发展度

年份	发展度			
	京	津	冀	京津冀整体
2009	0.5082	0.4139	0.3943	0.4388
2010	0.5080	0.4150	0.3979	0.4403
2011	0.5547	0.4613	0.4264	0.4808
2012	0.5978	0.5091	0.4720	0.5263
2013	0.6211	0.5483	0.5119	0.5604
2014	0.6590	0.5725	0.5329	0.5881
2015	0.6646	0.5917	0.5514	0.6026
2016	0.6940	0.6375	0.5783	0.6366
2017	0.7236	0.6643	0.5898	0.6592
2018	0.7294	0.6972	0.5952	0.6739
2019	0.7518	0.7031	0.6190	0.6913
2020	0.7896	0.6908	0.6222	0.7009
2021	0.7790	0.6819	0.5941	0.6850
2022	0.7811	0.7012	0.6009	0.6944

表5　京津冀三地及整体协同度、协同发展度

年份	协同度				协同发展度
	京	津	冀	京津冀整体	
2009	0.7916	0.7781	0.7909	0.7869	0.6128
2010	0.7888	0.7619	0.7845	0.7784	0.6094
2011	0.8024	0.7825	0.7848	0.7899	0.6354
2012	0.8020	0.8032	0.7936	0.7996	0.6630
2013	0.7925	0.7823	0.8027	0.7925	0.6765
2014	0.7990	0.7962	0.8038	0.7997	0.6939
2015	0.8057	0.7992	0.8026	0.8025	0.7025
2016	0.8089	0.8018	0.8034	0.8047	0.7207
2017	0.8085	0.8104	0.8039	0.8076	0.7334
2018	0.8125	0.8095	0.8039	0.8086	0.7413
2019	0.8120	0.8105	0.8014	0.8080	0.7496
2020	0.8116	0.8134	0.8095	0.8115	0.7562
2021	0.8104	0.8046	0.7997	0.8049	0.7450
2022	0.8200	0.8085	0.7995	0.8093	0.7519

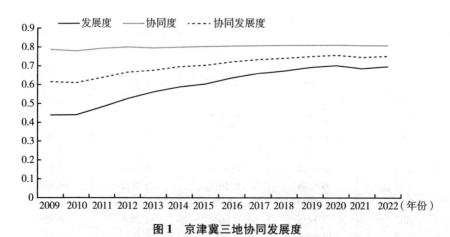

图1　京津冀三地协同发展度

　　首先，从三地互相拉动因子可以看出，北京对于天津和河北的发展具有重要拉动作用，北京对于天津和河北的拉动因子为1.0151和1.1564，未来可通过加大对北京的政策支持力度全力促进京津冀全领域的发展。其次，在

2009~2022 年，京津冀三地发展度、协同度以及协同发展度总体上处于上升趋势，其中发展度水平在 2009~2016 年提升较快，近些年来提升速度明显放缓，2021 年出现一定程度的下降。协同度水平在 2015~2017 年提升速度快，这与 2014 年京津冀协同发展战略提出有关，但受制于协同发展中面临的约束瓶颈，2021 年协同度水平同样出现一定程度下降。在发展度及协同度变化趋势影响下，京津冀三地协同发展水平在 2009~2020 年稳步提升，2021 年出现小幅下降后 2022 年有所回升。

四 京津冀协同发展推动首都都市圈建设的约束瓶颈

在京津冀协同发展推动首都都市圈建设的广阔图景中，不可避免地会遇到一系列制约因素和瓶颈挑战，其中，体制机制约束作为首要且根本性的问题，对首都都市圈的利益协调、公共服务均等化及资源高效配置构成显著的阻碍。

（一）体制机制约束阻碍首都都市圈利益协调与公共服务均等

首先，京津冀三地间存在的行政壁垒和政策差异成为首都都市圈建设中资源自由流动和配置优化的主要障碍。财税、土地及环保政策的不一致增加了企业跨区域经营成本，限制了资本、技术等要素流动，可能导致"污染转移"，影响区域生态环境和整体协调发展。其次，利益协调机制缺失是关键制约因素。北京在资源分配上占据优势，三地缺乏有效沟通平台，利益分配机制不健全，区域规划协同性不足，导致信息不对称，影响政府合作积极性，阻碍资源整合、产业升级和生态环境保护。最后，公共服务供给机制不完善加剧了区域发展不平衡。公共服务均等化受制于行政体制和经济运行矛盾，北京、天津公共服务水平较高，与河北在基础设施、教育医疗资源分配、社会保障衔接等方面存在差距，限制了劳动力市场高效配置，阻碍了首都都市圈作为区域经济发展引擎的潜力。

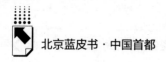

（二）市场化改革约束导致首都都市圈市场政策力度不足

市场化改革不彻底导致京津冀区域市场分割严重。行政壁垒和体制机制约束阻碍市场一体化进程，制造业企业在设立生产基地时面临不同政策环境和市场规则，影响跨区域经营和扩张积极性，制约市场拓展、供应链优化及产业升级，削弱首都都市圈整体竞争力。此外，市场政策力度不足限制市场活力和创新能力。尽管已出台《京津冀协同发展规划纲要》等政策措施，但因执行力度不足和监管机制不完善，效果有限。例如，科技创新企业申请专项基金时，审批流程烦琐、标准不明确影响申报意愿和竞争力，创新资源分布不均和成果转化率低问题突出，制约首都都市圈创新驱动发展潜力。

（三）产业协同约束抑制首都都市圈产业优势互补

产业协同的不充分是制约首都都市圈建设的关键因素之一，具体表现在产业结构差异明显及产业链上下游对接不畅两方面。首先，产业结构存在差异。高端制造业、科技创新和现代服务业主要集中在北京和天津两大核心城市，而河北的产业结构相对传统，多以资源型、重工业型产业为主，产业结构的不平衡使得区域内的资源无法得到有效配置，难以实现产业间的优势互补，抑制首都都市圈经济的整体效率和竞争力。其次，产业链上下游对接不到位。京津冀三地拥有各自的产业基础，北京作为科技创新中心，拥有众多高科技企业和研究机构，但在产业化过程中通常难以在区域内找到合适的配套企业，导致科技成果转化效率不高。产业链上下游的断裂影响区域产业整体竞争力，限制首都都市圈产业优势互补的潜力，导致都市圈内的产业协同效应难以充分发挥。

（四）资源流动约束带来首都都市圈资源配置问题

资源流动约束限制生产要素的有效配置。在首都都市圈内人才、资金、技术等生产要素的自由流动受到阻碍，使内部资源无法根据市场需求进行最优配置。首先，在技术创新层面，三地在技术创新转移转化过程中的知识产权、财税等方面缺乏统一的区域性技术规划和政策指导，各地之间的技术资源共享和合作项目推进不充分，存在一定程度的恶性技术竞争和利益分歧。其次，金融资源方面，京津冀各地之间的金融信息共享和信用互认不充分，金融合作机制不完善。北京金融机构和金融市场占据绝对优势，天津的金融创新能力有待提升，河北缺乏适应区域协同发展的金融产品和服务，难以有效支持区域内创新型企业和战略性新兴产业良好发展。最后，京津冀三地间缺乏统一的人才政策和市场环境，人力资源流动不畅，优秀人才无法在区域内自由流动和合理配置，特别是在高端人才引进和培养方面难以有效整合和利用。

五 京津冀协同发展推动首都都市圈建设的路径选择

面对京津冀协同发展在推动首都都市圈建设过程中遇到的种种挑战与瓶颈，探索并实施有效的路径选择显得尤为重要，不仅有助于破解当前的体制机制障碍，更为首都都市圈的长远发展奠定坚实基础。

（一）推动跨区域协调机制建设，促进利益协调与公共服务均等化

优化资源调配对接平台，推动信息共享与资源流动。充分发挥京津冀协同发展联合工作办公室职能，统筹协调区域内资源调配和重大政策制定。完善利益共享政策，构建社会参与机制，探索由三地政府共同出资设立京津冀协同发展基金，按照投资比例进行分配，吸引社会资本支持京津冀区域内的重大基础设施建设、产业升级、科技创新、环境保护等项目。鼓励企业、社会组织、公民等参与京津冀协同发展的规划与实施，提升公民意识，加强信息互通，使协同发展政策符合民众需求。完善信息共享机制，利用大数据、云计算等现代信息技术，构建京津冀区域信息共享平台，推动教育、医疗、交通等资源充分流动与合理配置。

（二）加快市场化改革步伐，提升市场政策力度

营造公平竞争、法治保障、便利高效的营商环境。加强京津冀三地政策

协同，推进市场化改革，打造高标准市场体系，实现营商环境一体化发展，为企业提供更多政策便利。借鉴国际经验，鼓励企业转型升级与创新发展，提高开放型经济水平；完善营商环境指标体系、监测评估机制，定期评估并公布结果和改进措施。落实《京津冀营商环境一体化框架协议》，推动首都都市圈营商环境发展。强化政策支持，加大高新技术、绿色能源及现代服务业等领域的税收优惠力度，提供税收减免、研发费用加计扣除等支持。探索建立三地统一的招商引资政策体系，加强区域金融市场协同。

（三）加强产业协同合作，促进产业优势互补

充分利用北京的文化底蕴和创意人才，大力发展文化创意产业，打造具有国际影响力的文化创意产业集群；依托天津港口优势和制造业基础，加强与北京的科技创新合作，推动先进制造业的转型升级，打造高端装备制造、航空航天等产业集群；充分利用河北丰富的矿产资源和土地资源，发展风电、光伏等绿色能源产业，加强与天津和北京在产业链上下游的合作，推动传统制造业的绿色化、智能化改造。构建京津冀三地跨区域产业链合作机制，实现产业链的无缝对接。推动三地产业园区、科技园区的合作共建，实现资源共享和优势互补。培育一批具有核心竞争力的产业集群，通过产业集聚效应，提升区域产业的整体竞争力，推动首都都市圈产业高质量发展。

（四）促进资源高效流动，优化资源配置

探索建立灵活的土地管理制度，以市场化手段盘活存量土地，激励地方政府与企业通过协商、置换、奖惩等途径，加速低效土地清理与再开发。健全土地市场监管机制，规范市场行为，防止资源浪费，服务首都都市圈发展。畅通人才流动渠道，建立三地人才信息共享机制，优化流动政策，实施京津冀人才一体化战略，为高端人才提供住房、教育便利。深化户籍改革，推动户籍准入年限互认、居住证互通，实现由常住地登记户口提供基本公共服务制度。完善事业单位编制管理，支持引进高层次人才，激发创新创业活力，吸引优秀人才参与首都都市圈建设。

参考文献

王凯、杜宝东、周婧楠等：《京津冀协同发展十周年：新进展、新挑战与新举措》，《城市规划》2024年第 S1 期。

章露兮：《现代化首都都市圈演进特征与协同发展路径》，《产业创新研究》2024年第 1 期。

B.14
京津冀机器人制造业的
空间布局与网络关系研究[*]

赵继敏[**]

摘　要： 推动高精尖产业优化布局是京津冀协同发展战略中的重点任务。机器人产业是京津冀协同发展的战略性先导产业，是高精尖产业的核心组成部分，对于带动区域经济转型升级、提升城市竞争力具有十分重要的作用。本报告以京津冀地区13个城市的机器人制造企业工商数据、分支机构数据和对外投资数据为依据，通过社会网络分析方法和Alderson-Beckfield转译模型分析京津冀机器人产业的发展现状，以及京津冀机器人制造企业在国内其他城市设立分支机构和对外投资的网络关系，从企业联系的角度提出京津冀机器人产业未来应该进一步优化布局的方向。

关键词： 京津冀　机器人　空间布局　网络关系

一　研究背景

机器人是实现传统制造业和服务业智能化、数字化的重要设备，是衡量一个国家科技能力创新水平的重要指标。[①] 当前，全球机器人产业正

---

　*　基金项目：北京市社会科学院一般课题"京津冀高精尖产业链布局研究"（项目编号：KY2023C0079）的阶段性成果。

　**　赵继敏，博士，北京市社会科学院城市问题研究所研究员，主要研究方向为城市发展和产业布局。

①　朱磊、葛姗姗：《中国机器人产业发展报告（2022~2023）》，载合肥市智能机器人研究院等研创《中国机器人产业发展报告（2022~2023）》，社会科学文献出版社，2023。

处于格局未定的机遇期和抢占主导权的关键期,[1] 包括京津冀地区、长三角地区、粤港澳大湾区等在内的主要经济区必须要紧抓历史机遇,优化产业布局,提升产业发展活力,才能在激烈的全球经贸竞争中占据优势地位。在此背景下,我国城市和区域发展研究领域已有部分学者围绕机器人产业开展了研究。比如,李诗韵等应用 PSTR 模型分析了工业机器人对中国区域产业结构的影响,认为工业机器人可以通过吸引人力资本集聚及技术要素集聚促进区域产业结构升级。[2] 沈静等借助空间分析方法探究了 1990~2021 年粤港澳大湾区机器人产业空间格局演变特征,指出粤港澳大湾区的机器人产业呈现"大扩散、小集中"的空间格局演变特征,机器人产业依托产业园区在珠三角东岸形成了空间集聚核心区,影响空间集聚的因素主要包括产业规划、产业中游基础、高水平人力资源、经济基础和人口数量等。[3] 李凤娇等利用核密度估计和地理探测器等方法分析上海工业机器人产业空间格局,说明工业机器人产业具有显著的集聚特征,工业机器人产业会最大概率选择技术创新水平和信息化水平较高的区域布局,其次选择技术创新水平高且成本低的区域布局。[4]

近年来,京津冀三地均针对机器人产业出台了一系列重要的支持政策。比如,2017 年天津市印发《天津市机器人产业发展三年行动方案(2018—2020 年)》;2023 年 3 月,河北省政府办公厅印发《河北省支持机器人产业发展若干措施》;2023 年 8 月,北京市经济和信息化局印发《北京市促进机器人产业创新发展的若干措施》。目前,京津冀地区机器人产业发展仍然存在关键技术积累不足、产业链配套能力较弱、龙头企业较少等问题。本报

---

[1] 梁筱雯、丛晓泉:《浅析北京机器人产业发展规划建议》,《电子技术与软件工程》2022 年第 22 期。

[2] 李诗韵、徐承红:《工业机器人对中国区域产业结构的影响研究》,《地域研究与开发》2022 年第 1 期。

[3] 沈静、林承憓、魏成等:《粤港澳大湾区机器人产业空间格局演变与规划响应》,《规划师》2023 年第 8 期。

[4] 李凤娇、姜丽丽、刘家明等:《上海工业机器人产业空间格局及形成机理》,《地理与地理信息科学》2023 年第 1 期。

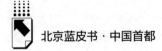

告将从城市群的网络关系视角来测度和分析京津冀机器人产业在 13 个城市中的布局问题。

二 数据来源和分析方法

（一）数据来源

国民经济行业分类中通用设备制造业大类下有"工业机器人制造""特殊作业机器人制造"两个小类，经检索发现京津冀地区这两个小类的企业仅有 196 家，远少于相关文献中对于京津冀机器人企业数量的描述。由于很多智能设备制造企业从事工业机器人制造，也生产其他产品，没有归入机器人产业小类。为了尽量涵盖全部机器人制造企业，本报告借鉴李凤娇等[①]的做法，于 2023 年 12 月 5 日以关键词（匹配方式为模糊）查找的方式从企查查网站搜索经营范围涵盖"机器人"的京津冀三地制造业企业，共查找到 3435 家。依据企查查提供的查找分支机构和对外投资功能，采集到京津冀 3435 家机器人制造企业设立的分支机构共 440 家，对外投资企业 917 家。

（二）分析方法

本报告依据转译模型累加研究范围内任意两城市之间机器人制造业企业的联系次数，判定这两个城市之间机器人制造业的网络关系。流行的转译模型包括 GaWC 的链锁模型[②]以及 Alderson-Beckfield[③] 转译模型，其中，Alderson-Beckfield 转译模型是基于真实的总部—分支关系而建立的网络关系。与已有研究主要分析 500 强企业或者上市企业不同，本报告聚焦机

---

① 李凤娇、姜丽丽、刘家明等：《上海工业机器人产业空间格局及形成机理》，《地理与地理信息科学》2023 年第 1 期。

② Taylor. P. J, "Specification of the World City Network," *Geographical Analysis*, 2001. 33 （2）：181-194.

③ Alderson, A. S., Beckfield, J., "Power and Position in the World City System," *American Journal of Sociology*, 2004, 109 （4）：811-851.

器人制造这一新兴的高精尖产业领域，并利用社会网络分析方法和 Alderson-Beckfield 转译模型对基于企业的产业网络开展结构分析。主要数据来源于企查查网站。具体而言，一是利用企业工商数据分析京津冀企业在全国其他城市设立分支机构或者对外投资构建的网络关系。二是在全国网络的基础上提取京津冀城市群机器人企业网络，分析京津冀内部的网络关系。社会网络分析在社会科学领域有非常广泛的应用，结合本报告研究主题，主要采用以下指标分析京津冀城市群机器人企业的网络关系。

1. 网络密度

所谓网络密度，是某个网络中实际存在的关系数除以理论上最多可能存在的关系数之商，一般用其刻画网络中各节点间联系的密集程度。由于网络密度的大小与节点数量有关，为了比较不同规模的网络密度的差异，一般将平均点度与网络密度指标结合在一起分析网络紧密程度。

2. 中心度

度数中心度在有向网络中分为点入度和点出度。点入度是指有向网络中某个节点接收到的联系构成的网络中，向其发送联系的节点的数目。加权点入度是指有向网络中某个节点接收到的联系总次数，等于发送联系的节点的数目和单个节点发送联系次数（权重）乘积之和。点出度是指有向网络中某个节点发送联系构成的网络中，其发送联系的节点的数目。加权点出度是指有向网络中某个节点发送联系的总次数，等于接收联系的节点的数目和单个节点接收联系次数（权重）乘积之和。

3. 比较分析

本报告同时分析了京津冀城市群机器人企业的总部—分支网络和对外投资网络，并对二者的结果进行比较分析，进一步阐明京津冀城市群围绕机器人产业的分工关系。

以上方法均为社会网络分析中的常用方法，因此略去具体公式。

三 京津冀机器人制造业行业分布和空间分布

（一）行业分布

机器人涵盖工业机器人和服务机器人两大类别。工业机器人逐步替代产业工人是大势所趋。[1] 目前，我国的工业机器人已在包括卫浴、陶瓷、五金、家具等传统行业和新能源、半导体等新兴行业在内的 65 个行业大类、206 个行业中类中得到应用。[2] 服务机器人主要应用于养老院、医院、商场、餐厅、写字楼等生活场景。机器人是一个为各类制造业赋能的产业。从国民经济行业分类看，机器人相关的企业几乎可以从属于制造业中的任何行业。按照企业数量排列，本报告采集的京津冀机器人制造企业在国民经济行业分类中排在前 10 位的行业如表 1 所示。

表 1 京津冀机器人制造企业在国民经济行业分类（前 10 位）

单位：家，%

排名	国民经济行业大类	企业数量	占比
1	通用设备制造业	988	28.8
2	专用设备制造业	681	19.8
3	仪器仪表制造业	310	9.0
4	电气机械和器材制造业	300	8.7
5	计算机、通信和其他电子设备制造业	198	5.8
6	金属制品业	182	5.3
7	其他制造业	152	4.4
8	金属制品、机械和设备修理业	146	4.3
9	汽车制造业	63	1.8
10	文教、工美、体育和娱乐用品制造业	55	1.6

---

[1] 林春霞：《工业机器人逐步替代产业工人是大势所趋》，《中国经济时报》2023 年 10 月 31 日。

[2] 戴正宗：《"机器人+"赋能千行百业》，《中国财经报》2023 年 12 月 14 日。

通用设备制造业企业数量最多，工业机器人属于此类。可见，京津冀地区的机器人制造业中，工业机器人企业数量较多。相反，服务机器人与计算机、通信和其他电子设备制造业，汽车制造业，文教、工美、体育和娱乐用品制造业等关联较为密切，企业总量较少。这一结果间接反映京津冀地区机器人产业以生产工业机器人企业为主，服务机器人企业相对较少。

（二）空间分布

京津地区是国内一流院校和科研院所高度集聚的地区，拥有科研院所等创新引擎以及国家机器人检验检测平台等公共服务平台，丰富的人才资源和平台设施为机器人产业的发展提供了重要依托。近10年来，京津冀机器人产业迎来了快速发展的新阶段，京津冀三地机器人制造业企业数量进入了猛增期。依据企查查网站查询的企业工商数据，2014~2023年，京津冀新成立机器人制造业企业2963家，占全部企业（3435家）的比例约为86.3%。其中，河北省企业数量增长最快，天津次之，北京相对较慢。与此相反，从企业规模来看，北京大、中型企业占比（15.7%）远高于天津（5.0%）和河北（7.2%）。

四　京津冀机器人企业的网络关系分析

（一）在全国范围内的网络

京津冀机器人企业在全国108个城市建立了分支机构。网络密度是0.016，平均点度是3.463。其中，长三角、珠三角等经济发达地区网络明显更密。对于方向数据，区分点出度（发送的联系）和点入度（收到的联系）通常很重要。根据Alderson和Beckfield[1]的判断，每个城市的点出度是

---

[1] Alderson, A. S., Beckfield, J., "Power and Position in the World City System," *American Journal of Sociology*, 2004, 109 (4): 811-851.

对权力或影响力的直接衡量，发送更多联系的城市是获得更多控制功能的城市；点入度更多的城市可以解释为其声望更高。因此，如表 2 所示，在京津冀机器人企业发出的全国范围的网络中，可以看到北京、上海、深圳、济南、武汉等是声望较高的城市（点入度最高），这些城市都是区域中心城市，既可以作为机器人企业销售中心，也可以成为区域性的研发中心。北京、天津、沧州、保定和邯郸是京津冀机器人产业影响力最强的城市，在全国其他城市设立了更多的分支机构，它们是京津冀地区机器人企业的"大本营"。其中，北京远高于其他城市，在 86 个城市（点出度）设立分支机构 179 处（加权点出度）。

表 2　全国点度最多的城市

| 序号 | 总部—分支网络 | | | | | | 对外投资网络 | | | | | |
| | 点入度最多城市 | | | 点出度最多城市 | | | 点入度最多城市 | | | 点出度最多城市 | | |
	城市	点入度	加权点入度	城市	点出度	加权点出度	城市	点入度	加权点入度	城市	点出度	加权点出度
1	北京	7	14	北京	86	179	北京	11	39	北京	86	198
2	上海	4	13	天津	23	40	天津	7	26	天津	76	156
3	深圳	4	11	沧州	18	25	石家庄	5	11	保定	23	28
4	济南	4	9	保定	13	18	西安	5	10	唐山	12	15
5	武汉	4	9	邯郸	12	14	上海	4	17	廊坊	11	13
6	沧州	4	6	邢台	10	12	广州	4	10	邯郸	10	13
7	邯郸	4	5	廊坊	9	14	深圳	4	16	石家庄	9	11
8	沈阳	4	5	石家庄	6	12	郑州	4	5	沧州	9	11
9	保定	3	12	唐山	6	4	重庆	4	5	邢台	5	6
10	广州	3	10	秦皇岛	3	5	青岛	4	13	衡水	4	5
11	西安	3	10	张家口	2	2	徐州	4	7	承德	4	4
12	石家庄	3	7	衡水	1	1	苏州	4	11	张家口	4	5
13	成都	3	6	承德	1	1	沈阳	4	7	秦皇岛	3	6

京津冀机器人企业在全国 146 个城市进行了对外投资，形成的对外投资网络的密度是 0.012，平均点度为 3.507。网络形状与分支机构基本相似。

相比于总部—分支机构网络，北京和河北的其他城市的网络地位基本没有太大变化。天津和石家庄两个京津冀的区域性中心城市的网络地位却有显著的提升。从点入度观察，京津冀有 7 个城市（点入度）向天津投资了 26 次（加权点入度），有 5 个城市（点入度）向石家庄投资了 11 次（加权点入度）。一方面，作为区域的中心城市，天津和石家庄经济相对发达，在京津冀地区拥有较多投资机会，对周边城市企业具有一定吸引力。另一方面，天津作为区域内的重要港口城市，在对外贸易领域具有较为重要的地位。京津冀部分机器人企业对天津的贸易公司进行了投资。从点出度观察，京津冀机器人企业的对外投资网络与总部—分支机构网络较为相似，京津冀 13 个城市的排名虽有差异，但是整体变化不大。

（二）京津冀范围内的网络

为了具体分析京津冀内部机器人产业分工情况，本报告在全国范围内的网络中提取出京津冀 13 个城市机器人企业的总部—分支机构网络和对外投资网络（见图 1）。经计算，京津冀机器人总部—分支机构网络的密度为0.225，平均点度为 5.846，是一个比较密集的网络。从点入度观察，可以看到北京是区域内最具声望的城市，京津冀有 7 个城市的机器人制造企业在北京建立了 14 家分支机构。保定排在第 2 位，区域内有 3 个城市的企业在此建立了 12 家分支机构。天津排在第 3 位，共有 9 家外企业在此建立分支机构，但是，这 9 家企业全部来自北京和沧州 2 个城市。其中，8 家分支机构的总部在北京。因此，京津之间的联系较多，但是天津与周边缺少联系。天津在京津冀机器人产业中的声望不算很高。从点出度观察，可以看到北京在京津冀 9 个城市共设立了 22 家分支机构，影响力最强，石家庄在 4 个城市设立了 10 家分支机构。廊坊、沧州等城市在其他城市设立了较多的机构。天津作为直辖市，仅在北京、承德、沧州 3 个距离较近的城市设立了 5 家分支机构，对周边城市的机器人产业发展影响十分有限（见表 3）。

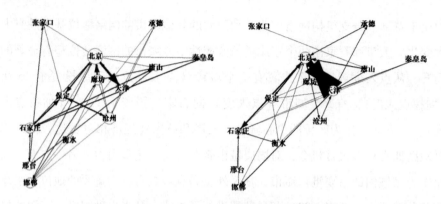

图1 京津冀机器人企业在京津冀内部的网络关系图

注：左图根据总部—分支机构绘制，右图根据企业对外投资关系绘制。连线的粗细代表分支机构或者对外投资次数的多少；箭头方向代表总部到分支机构的方向；节点大小代表点度（点入度和点出度之和）的多少。

表3 京津冀内部网络各城市的点度中心度

城 市	总部—分支网络				对外投资网络			
	点入度	加权点入度	点出度	加权点出度	点入度	加权点入度	点出度	加权点出度
北 京	7	14	9	22	9	39	8	33
天 津	2	9	3	5	6	26	7	34
石家庄	3	7	4	10	5	11	3	3
唐 山	2	4	1	2	3	5	1	3
保 定	3	12	3	6	1	2	5	8
廊 坊	3	5	4	9	3	3	2	3
沧 州	4	6	5	8	2	3	2	4
邯 郸	4	5	3	4	2	4	2	2
秦皇岛	2	3	1	3	1	1	1	2
邢 台	2	4	3	5	0	0	1	2
张家口	3	4	0	0	0	0	1	1
衡 水	1	1	1	1	2	2	2	3
承 德	2	2	1	1	2	4	1	2

经计算，京津冀机器人对外投资网络的密度为0.213，平均点度为5.538，比总部—分支网络略稀疏。从点入度观察，可以看到北京和天津是区域内最具声望的城市，京津冀有9个城市的企业在北京进行了39次投资；

6 个城市的企业在天津进行了 26 次投资。河北的城市与北京、天津存在较大差距，石家庄仅收到了来自 5 个城市的 11 次投资。从点出度观察，可以看到北京在京津冀 8 个城市共进行了 33 次投资；天津在京津冀 7 个城市进行了 34 次投资，两个城市在对外投资网络中的影响力较为接近。河北的城市与北京、天津存在较大差距，保定仅在 5 个城市进行了 8 次投资。

对比京津冀总部—分支网络和对外投资网络，不难发现，最主要的差别是在投资网络中京津之间的联系远高于与河北城市的联系。产生这一现象可能有两方面的原因。一是企业设立分支机构和对外投资的网络关系性质存在差异。分支机构仍然是机器人企业内部的机构，局限于机器人行业。对外投资则常常会跨越行业壁垒，很多机器人企业投资了其他相关领域。比如，富泰京精密电子（北京）有限公司投资了生物科技类企业河北德路通生物科技有限公司。北京和天津城市经济规模巨大、投资机会远多于河北。其在对外投资网络中的平均点度显著高于总部—分支网络。二是企业在周边设立分支机构和对外投资的门槛有所差异。为了占领更大的市场，企业往往倾向于在周边布局更多的分支机构。但是，企业一般发现有赚钱的机会才会向周边城市投资，例如，邢台和张家口在总部—分支网络中都有其他城市设立的分支机构，但是在对外投资网络中的点入度却为 0，意味着没有其他城市的机器人企业对其进行投资。

五　结论

京津冀协同发展战略实施以来，产业协同发展一直是关注的重点，也是解决的难点。本报告运用企查查网站采集的企业工商数据、分支机构数据和对外投资数据，分析了京津冀机器人制造业空间布局以及京津冀 13 个城市机器人产业的对外网络关系，得出了如下主要结论。

一是京津冀机器人产业进入了快速发展期。京津冀机器人产业的发展与京津冀协同发展战略的实施大约是同一时期开始的，自 2014 年以后，河北和天津的机器人企业数量迅速增长。2019 年以后北京的机器人企业数量也大幅增加。

二是北京是京津冀机器人产业链的核心。从企业数量来看，北京最少，但从企业规模来看，北京大、中型企业比例最高。从总部—分支机构网络和对外投资网络来看，北京既是向京津冀其他城市设立分支机构最多的城市，也是吸引了周边最多城市设立最多分支机构的城市。

三是天津机器人产业与河北的联系相对薄弱。从总部—分支机构网络来看，天津对河北的企业吸引力不强，京津冀城市在天津设立的分支机构数量不仅少于上海、深圳、济南等京津冀区域外的经济中心，还少于保定、石家庄等河北的城市。从对外投资网络来看，天津对外联系的城市主要是北京。北京向天津投资 18 次（占北京对京津冀投资次数的 54.5%），天津向北京投资 24 次（占天津对京津冀投资次数的 70.6%）。

四是河北的机器人企业分布较为分散，缺乏明确的中心城市。13 个地级市均有机器人制造业相关企业布局。廊坊、沧州、保定企业数量最多，占全省比例为 10%~21%。省会石家庄是河北受到京津冀机器人企业投资次数最多的城市，北京、保定、邯郸、衡水、邢台 5 个城市向石家庄企业进行了11 次投资。

京津冀三地机器人产业发展面临的局面存在较为显著的差异。北京作为区域内的增长极，亟须发挥建设国际科技创新中心的优势，充分利用本地的人才和创新资源，攻克科技创新难题，推动机器人产业升级发展。北京与周边城市已经建立了较多的联系，这意味着北京机器人产业的发展对周边具有最为显著的带动作用。天津作为北方的工业中心城市，在京津冀机器人产业中应该发挥更大的作用，未来应当在周边城市设立更多的分支机构。政府层面也应通过设立创新引导基金等方式推动天津与河北之间建立更多的合作关系。河北的主要问题是企业分布较为分散，缺乏增长极。考虑到沧州、保定、廊坊等城市有较好的基础，建议结合雄安新区建设，引导相关企业向雄安新区集聚发展，打造河北机器人产业的战略支点。

B.15
基于自由席的首都都市圈轨道交通运营模式创新研究

陆小成*

摘　要：　首都都市圈轨道交通运营模式创新是提升城市交通效率、改善乘客出行体验的必然要求。随着轨道交通网络的不断完善，买票问题已经得到很大程度的改善和进步。但在上下班高峰期、春节等节假日的部分时段，因旅客出行井喷式增长等制约，一票难求现象依然突出。通过实地考察东京都市圈轨道交通特别是新干线设置自由席、无指定座位等做法，发现这些做法可以从根本上解决乘车无票或买票难问题。应借鉴东京都轨道交通设置自由席的重要经验与发展模式，进一步优化中国首都都市圈内铁路列车的车厢设置和运营模式，推行自由席车厢和适度增加无座票等举措，有效破解买票难等难题，提升轨道交通运营效率，改善乘客出行体验，助力中国首都都市圈的高水平建设与高质量发展。

关键词：　首都都市圈　轨道交通　运营模式　东京都　自由席经验

首都都市圈作为我国政治、经济、社会、科技、文化发展的重要承载区域，提升其交通运输效率与能力、加强轨道交通体系建设、提升运营模式创新水平，不仅是构建现代化交通体系的重要组成部分，更是构建京津冀世界级城市群与推动京津冀协同发展的关键支撑。《京津冀协同发展规划纲要》

---

* 陆小成，博士，北京市社会科学院市情研究所所长、研究员，主要研究方向为城市治理、公共政策。

明确提出京津冀协同发展的核心目标之一是建设"以首都为核心的世界级城市群",并将其定位为区域整体协同发展的引领区、创新驱动增长的新引擎和生态修复的示范区。《京津冀国土空间规划（2021—2035 年）》指出,京津冀应构建现代化基础设施体系,包括多层次轨道交通网络、世界级机场群和港口群。首都都市圈轨道交通体系建设对于构建京津冀世界级城市群具有重要的支撑作用。加快构建以北京、天津为核心,连接河北各主要城市的轨道交通网络,京津冀城市群内部的时空距离被大幅压缩,有助于都市圈内的同城化、一体化发展。京津城际延伸线、京唐城际、京雄城际等铁路的建成通车,使得北京与周边城市的通达时间大幅缩短,形成了"1 小时交通圈",甚至"半小时通勤圈",极大地提升了城市群内部的交通便利性与通达性。首都都市圈轨道交通网的建设有助于优化京津冀城市群的空间结构,形成多中心、网络化的城市群格局,不仅提升了城市群的整体竞争力,避免了单中心城市过度膨胀带来的"大城市病",促进了区域内的协调发展,还提升了城市群的国际竞争力,更好地与国际先进城市群接轨,助力世界级城市群建设。

随着城市化进程的加速,首都都市圈的人口流动日益频繁,包括高铁、城际铁路、市郊铁路、地铁等在内的轨道交通体系不断完善,轨道交通的覆盖面不断扩大,可以说已经取得了举世瞩目的成就。中国高铁技术不断发展并加速领先全球,高铁以其高速、便捷、安全的特性,成为人们出行的首选交通方式,但在运营模式、服务水平和一体化发展方面仍面临诸多挑战。在首都都市圈内,即使是发车较为密集的京津线、京石线、京唐线、京张线等线路,在春运、节假日、上下班等出行高峰期也存在买票难等问题,长期困扰着广大旅客外出旅游和上下班通勤需求,不仅影响了人们的出行体验,也制约了轨道交通经济和社会效益的充分发挥,制约了都市圈的可持续发展。东京都作为国际大都市圈,其轨道交通网密集、覆盖面广、车次多且运营模式较为灵活多样,特别是在新干线、城际铁路、普通铁路、市郊铁路等均设置了无指定座位和车次的自由席车厢,实现旅客随到随走的乘车需求,为我国解决买票难问题提供了新的思路和借鉴方向。

一 首都都市圈轨道交通运营现状与主要难题

（一）首都都市圈轨道交通运营现状与主要成就

轨道交通是超大城市的"动脉"，其运营和服务水平直接体现了城市的文明程度和治理水平。北京高度重视轨道交通建设，近些年来不断扩大轨道交通覆盖面，持续完善服务体系，取得了一定的发展成效。从线路网络规模来看，首都都市圈轨道交通经过多年发展，已形成了庞大的线路网络。截至 2024 年底，北京逐步改善交通出行条件，开通 3 号线一期、12 号线、昌平线南延一期等 3 条轨道新线，新增地铁运营里程 43 公里，总里程达到 879 公里。[①] 这些线路覆盖了首都都市圈内北京大部分城区以及部分周边地区，在城市公共交通中占据着重要地位。自 2008 年 8 月我国首条设计时速 350 公里的京津城际铁路开通以来，首都都市圈内的京张高铁、京雄城际、京哈高铁、京唐城际等多条线路陆续开通运营，"轨道上的京津冀"加速形成。如表 1 所示，2012 年以来，通过"四网融合"、站城融合、智能化服务等措施，首都都市圈城市轨道交通在里程增长、技术创新、服务优化和政策支持等方面取得了显著成就。截至 2023 年底，京津冀区域营运性铁路总里程达 9400 公里，较 2014 年增加 25.3%。[②] 京津冀地区高铁总里程由 2008 年的 118 公里增长到 2024 年的 2576 公里，实现对区域内所有地级市的全覆盖，主要城市间 2 小时通达交通圈已经形成。[③]

---

① 北京市《2025 年政府工作报告》。

② 《八座火车站+两座机场，北京年底将迎交通枢纽新格局》，https：//baijiahao. baidu. com/s? id＝1791961298728192232&wfr＝spider&for＝pc，2024 年 2 月 26 日。

③ 《京津冀高铁总里程增至 2576 公里》，https：//www. beijing. gov. cn/ywdt/gzdt/202401/ t20240112_ 3533507.html，2024 年 1 月 12 日。

表1 首都都市圈城市轨道交通发展历程及主要成就

年份	里程变化	主要成就	技术创新与服务优化	政策支持与规划
2012	城市轨道交通里程442公里	轨道交通骨干框架基本形成，线路覆盖12个行政区和亦庄。轨道交通在公共交通出行中的占比为32.3%。	以战备为主转向交通运输为主。轨道交通服务设备可靠度保持在99.9%以上。	开始大规模轨道交通建设。推进轨道交通与城市空间一体化发展。
2014	城市轨道交通里程527公里	轨道交通进入规模化快速发展阶段。骨干线路逐步完善。	轨道交通服务设备可靠度保持在99.9%以上。初步探索车站地下空间与车辆基地开发一体化。	发布《北京市城市轨道交通第二期建设规划(2015-2021年)》。推进站城融合。
2019	城市轨道交通里程783公里	轨道交通日均客运量达1300万人次。轨道交通在公共交通出行中的占比提升至57.4%。	列车服务可靠度达到3000万车公里/次。实现支付宝、微信二维码等移动支付方式全覆盖。	推进轨道交通"四网融合"。编制出台市郊铁路线网规划。
2023	城市轨道交通里程836公里	与外围新城及城市副中心连接的轨道线路达到15条。轨道交通运营总里程跃居全国第一。	推进轨道交通与城市更新互动。轨道交通站点一体化改造，完成21个轨道微中心设计方案。	推进京津冀智能网联新能源汽车科技生态港建设。编制现代化首都都市圈空间协同规划。
2024	城市轨道交通里程879公里	开通地铁3号线等3条(段)地铁,城市轨道交通879公里,市域(郊)铁路365公里。构建轨道交通夜间"小网",围绕"七站两场"等综合交通枢纽优化服务保障。"轨道上的京津冀"加快构建,朝阳站综合交通枢纽开通运营。	推进轨道交通"四网融合",构建"轨道上的都市生活",进一步增强轨道交通吸引力和辐射带动能力。实现公交、轨道一张网、一张图,衔接换乘更便捷。轨道交通全路网实现了支付宝、微信二维码、银联云闪付等移动支付方式全覆盖。	推进京津冀交通一体化,构建1小时通勤圈。加快北京地铁11号线二期、7号线三期、"丽金线"等轨道交通三期项目建设,进一步优化北京轨道交通网络。

从首都都市圈跨区域通勤效率来看，京津冀三省市不断创新体制机制，联合发行"交通联合"互通卡，不断提升都市圈的出行便利性与运输服务质量。京津城际延伸线实现公交化运营，各层级轨道交通间的融合发展使得跨区域通勤服务提质增效，极大地满足都市圈内上下班的通勤需求，客流量日益攀升。北京城市轨道交通目前工作日承担1100万人次的客流，北京7条地铁线路发车间隔在2分钟内，北京71座车站113处通道实现与建筑衔

接。北京坚持公交优先发展战略，地铁与公交 50 米换乘接驳率达 88%，北京公交已优化与地铁重复并行线路 31 条。① 加快北京地面公交与城市轨道交通的"两网融合"，地铁、公交的换乘更加便利。

（二）首都都市圈轨道交通运营存在的主要难题

一是存在需求巨大波动与运能有限的内在矛盾。近年来，中国高铁客运量持续攀升。据中国国家铁路集团有限公司数据，2023 年全国铁路旅客发送量完成 38.55 亿人次，其中高铁旅客发送量占比超过 70%。② 而在春节、五一、国庆等重大节假日期间，旅客出行需求呈现井喷式增长，部分热门线路的车票往往在开售几分钟内便被抢购一空，部分热点城市全天"无票"现象持续存在。首都都市圈在节假日、大型活动期间，客流量显著增长，对轨道交通的运载能力提出了严峻的考验。首都都市圈内短途出行路线的部分时间段经常存在一票难求现象。这种需求的大幅波动与高铁等轨道交通相对固定的运能之间存在尖锐矛盾，导致部分时段运力严重不足。买票难的核心问题在于铁路运力与客运需求之间的矛盾。

二是单一指定座位的车厢设置与运营模式存在局限性。目前，除了地铁，包括高铁在内的大部分轨道交通线路运营，主要采用对号入座、指定座位的传统车厢设置模式。尽管部分车次提供少量的无座票，但因座位和空间有限，难以满足大量旅客的出行购票需求。这种模式能够在一定程度上保障有限数量和范围内的旅客乘车的舒适性，确保承载人数可控性和安全性，但对号入座的车厢设置模式在一定程度上限制了旅客承载量，进而降低或弱化了旅客的出行灵活性，难以做到随到随走，也难以解决节假日等高峰期买票难、抢票难等问题。有的线路如京津线、京沪线、京广线等发车时间间隔密集，也难以从根本上破解买票难问题。在客流量大的超大、特大城市站点，即使进一步增加车次和发车密度，也难以保障特殊时期的大量出行需求。如

---

① 《北京地铁日均客流量 1100 万人次》，《新京报》2024 年 12 月 4 日。
② 《40 亿人次！全国铁路年旅客发送量实现新突破》，http://www.china-railway.com.cn/xwzx/ywsl/202412/t20241205_139610.html，2024 年 12 月 5 日。

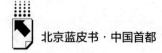

果不进行轨道交通车厢设置及其运行模式的创新,难以从根本上破解长期以来购票难的问题。

三是轨道交通调度与管理应变不足。中国轨道交通以国铁集团主导的集中管理模式为主,虽在统一调度、安全运输和效率提升方面优势明显,但首都都市圈轨道交通的调度与运营主要依赖预设时刻表,在应对突发情况(如设备故障、客流激增)时缺乏灵活性和应变能力,特别是缺乏调度和管理的自主性,难以满足跨区域通勤和短途出行需求。比如热门站点和线路(如市中心至郊区通勤线)因客流过于集中,上下班高峰期以及节假日期间的车票供应过于紧张,调度未能根据出行量实时调整,制约了都市圈通勤效率,高峰时段乘客常面临拥挤、候车时间过长以及无票等问题。

四是轨道交通市场化运营机制不完善。高铁服务虽不断优化,如12306系统及各大平台提供购票服务,方便了乘客购票,但客运需求的快速增长仍带来了更多挑战。首都都市圈的轨道交通体系包括干线铁路、城际铁路、市域铁路和地铁等,各层次技术标准、运营模式和票务系统未完全统一,导致换乘不便、效率低下。此外,轨道交通建设和运营成本高,主要依赖政府财政投入,社会资本参与不足、市场化机制未充分发挥作用,影响运营效率和可持续性。目前,首都都市圈轨道交通以对号入座为主,缺乏多样化、灵活性的票务与座位选择。东京的自由席车厢模式则提供了更大的灵活性和便利性,提升了运载能力,降低了购票难度和时间成本,其经验值得学习与借鉴。

二 东京都轨道交通运营及自由席模式的基本经验

(一)多层次轨道交通体系与一体化贯通化运营

东京都的轨道交通网络发达,由多家铁路公司承担建设与运营。其线路覆盖东京都及其周边地区,形成了密集的轨道交通网络。以东京站为圆心,依次以5千米、10千米、15千米、30千米、50千米为半径得到5个圈层,分别统计各圈层轨道交通线网规模及车站数，如表2、表3所示。[1] 东京都轨道交通的客流量非常大，在高峰时段同样面临着巨大的运营压力。但是东京都市圈的轨道交通体系相对完善，干线铁路、市域铁路和地铁之间实现了无缝衔接。为了提高轨道交通的运输效率，东京都市圈广泛采用地铁与私铁、地铁与JR铁路之间的跨线运营模式，免去了这部分客流在地铁与私铁、地铁与JR铁路之间的换乘，提升了整个网络的直达性。[2] 通过统一的票务系统和灵活的直通运营模式，乘客可以在不同线路之间自由换乘。例如，东京区部直通地铁线路的市域铁路列车比例超过60%，通过增设复线实现快慢车分线运营提高轨道交通的通达性与便利性。

表2 分圈层轨道交通线网规模统计

圈层	有效面积（平方千米）	轨道交通系统线网规模（千米）			合计线网规模（千米）	线网密度（千米/千米²）
		地铁	私铁	JR铁路		
0~5千米	71.33	142.0	6.0	59.0	207.0	2.90
5~10千米	202.59	93.0	111.0	106.0	310.0	1.53
10~15千米	329.26	54.3	147.0	62.0	263.3	0.80
15~30千米	1564.39	40.4	434.0	340.0	814.4	0.52
30~50千米	4528.70	34.5	510.3	320.2	865.0	0.19

资料来源：日本铁道统计数据库。

表3 分圈层轨道交通车站数统计

圈层	有效面积（平方千米）	轨道交通车站数（座）	车站密度（座/千米²）
0~5千米	71.33	115	1.61
5~10千米	202.59	164	0.81
10~15千米	329.26	156	0.47
15~30千米	1564.39	361	0.23
30~50千米	4528.70	439	0.10

资料来源：日本铁道统计数据库。

① 张清东、朱培呈：《东京都市圈轨道交通一体化对长三角市域/城际铁路互联互通启示》，《交通与港航》2024年第6期。
② 明瑞利、叶霞飞：《东京地铁与郊区铁路直通运营的相关问题研究》，《城市轨道交通研究》2009年第1期。

（二）设置自由席车厢模式的主要特色与优势

日本新干线、普通铁路、电车等轨道交通系统，普遍采用自由席与指定席相结合的车厢设置模式。如表4所示，自由席车厢是指没有指定座位的车厢，乘客可以选择任一空座位就座。自由席车厢适当增加了车厢容纳能力，满足更多的旅客灵活出行需求，缓解购票压力。乘客可以随到随走，减少了候车时间，可以体验到与乘坐地铁一样的服务和便利性。自由席车厢内通常采用开放式座位布局，座位数量相对较多，且不进行固定编号。比如，新干线希望号有16节车厢，其中1~3号车厢为自由席车厢。相比之下，指定席则为需要固定座位的乘客提供保障，满足了不同乘客的多样化需求。不同线路根据客流量和运营需求，设置了不同的自由席与指定席比例。一般来说，通勤线路上自由席的比例相对较高，以满足大量通勤乘客的需求；而长途线路或旅游线路上，指定席的比例可能会适当增加。从停靠站台看，日本铁路优化流程和线路，实现同一线路、同一方向的车次在同一站台停靠。各车次进出站台准时准点，选择自由席的乘客可乘坐同一方向的任一车次，满足随到随走的公交化通勤需求。

表4　日本轨道交通自由席车厢与其他车厢设置的特色与优势

项目	自由席车厢	其他车厢
座位选择	无须提前预订座位,可在自由席车厢内自由选择空位。	指定席:需提前预订,固定座位。 绿色车厢:更宽敞,每排4个座位。 Gran Class:最豪华,每排仅3个座位。
价格	票价较指定席便宜约500日元。	指定席:价格较高,但座位有保障。 绿色车厢:价格比指定席贵数千日元。 Gran Class:价格最高,提供豪华服务。
适用人群	适合追求自由出行的旅客和短途通勤不需要指定座位的旅客。	指定席:适合家庭、团队或高峰时段出行。 绿色车厢:适合商务人士或追求舒适体验的乘客。 Gran Class:适合追求极致舒适和豪华服务的乘客。
座位布局	一般为3+2布局,类似地铁车厢座位布局,根据客流量而动态调整。	普通指定席:3+2布局。 绿色车厢:2+2布局,更宽敞。 Gran Class:独立宽座椅,间隔更大。

续表

项目	自由席车厢	其他车厢
适用线路	大部分新干线、市郊铁路以及其他一般铁路线路提供自由席,但东北新干线全车指定席。	指定席:所有新干线线路均有。 绿色车厢:部分线路提供。 Gran Class:仅在部分东北、北陆和上越新干线提供。
灵活性	自由选择列车和座位,适合临时出行,可以随到随走,不担心买不到票。	指定席:需按指定列车和座位购票和乘坐。 绿色车厢:需提前预订,座位固定并有限。 Gran Class:需提前预订,座位固定并有限。

注:日本的指定席、绿色车厢、Gran Class 分别类似中国高铁的二等座、一等座、商务座。

设置自由席车厢的主要优势。一方面,有效提升乘客运载量。采取日本新干线的自由席车厢模式,在一定程度上达到及时疏散客流、提升运载能力、提高通达性和便捷性等目的。另一方面,增强旅客出行的灵活性和便利性,实现随到随走、随时结算。自由席的设置使得旅客无须提前规划详细的出行时间和车次,可根据实际情况灵活安排行程,减少因错过车次而无法出行的情况,提高乘客的满意度。尤其是对于行程临时变更或无须固定座位的旅客来说,自由席的优势更为明显,也减少了因退票、改签等带来的资源浪费。日本设置自由席车厢,使整个日本的轨道交通系统如同一个城市的地铁系统一样便利和通达,满足各方面旅客的随到随走的出行需求,不存在"一票难求"和长时间候车等现象。此外,有利于提高轨道交通收益,降低运营成本。自由席的设置简化了售票系统的管理流程,减少了对座位信息的精确管理和维护成本。自由席车厢采用开放式布局,减少了座位编号和固定设施的投入。比如,东京至大阪的东海道新干线通过设置自由席,每天能够多运送旅客 5000~8000 人次,极大地提高了线路的运输能力,增加了票务收益,提高了运行效率。

(三)推行市场化运营与服务创新

一是采取"上下分离"模式。东京都轨道交通系统是全球最繁忙、效率最高的交通网络之一。其独特的"上下分离"运营模式在基础设施建设和运营服务方面实现了高效协同,为城市交通的可持续发展提供了宝贵经验。这种模式不仅有效降低了资本负担,还显著提升了运营效率和服务质量,成为东京都市圈交通治理的重要创新实践。东京都轨道交通的"上下分离"模式,是指将轨道交通的基础设施建设和运营服务分离为两个独立的业务领域。"下"指的是基础设施建设与维护,由政府主导实施;"上"则是指列车的运营服务,由私营企业负责。例如,东京的私营铁路企业如东急电铁、相模铁道等,通过提高列车的准点率、优化票价结构、改善车站设施等方式,不断提升运营效率和服务质量。这些企业还通过与其他商业机构合作,开发沿线的商业潜力,进一步增加收入来源。"上下分离"模式降低资本负担,提升运营效率,保障服务质量。这种模式通过明确的职责划分,实现了公共部门与私营部门的优势互补,既保障了轨道交通的公益属性,又充分发挥了市场机制的活力与服务效率。

二是注重多主体合作与利益分配机制。通过合资入股、网运分离、风险共担等市场化合作,实现资源共享和优势互补。在直通运行模式下,不同运营商线路互联互通,如东京地铁与 JR 铁路、私营铁路直通运行,减少换乘次数,并通过合理利益分配机制,更好地平衡各方投入与收益比重。选择多元化的运营主体,包括 JR 集团、私营铁路、地铁公司及第三部门等,促进多元主体的市场竞争与创新合作,提升服务质量和效率。

三是推动直通运行与无缝换乘。直通运行是指不同线路、不同运营主体的列车可以在同一条轨道上运行,甚至可以在不同线路之间直接过轨运行,实现了轨道交通网络的"一体化"服务。直通运行的关键在于联络线和接轨站的建设。例如,东京地铁东西线与 JR 中央线通过联络线实现了直通运行。接轨站则是列车从一条线路切换到另一条线路的转换站,通常配备先进的信号系统和调度设备,以确保列车的安全与高效运行。直通运行减少换乘次数、缓解换乘站拥堵、提升运营效率。比如,地铁与其他轨道的两者终点直接对接,通过改造放射线区部终点站以满足直通要求,或者新建直通连接线,放射私铁线路建设一段新线或改造旧线满足两者直通条件等。① 无缝换

---

① 张清东、朱培呈:《东京都市圈轨道交通一体化对长三角市域/城际铁路互联互通启示》,《交通与港航》2024 年第 6 期。

乘是东京轨道交通系统的另一大特色。通过一体化的枢纽设计和高效的运营组织，比如多层立体设计、紧凑的站点布局、多元化的购票与支付方式等，东京的轨道交通系统实现了不同线路、不同交通方式之间的无缝衔接，提升乘客体验，促进都市圈的同城化、一体化发展，提高系统整体效益，吸引了更多客流，提高了运营收入。利用大数据、人工智能和云计算等先进技术，实现智能化调度和个性化选择，如实时调整列车班次、发车间隔（最小间隔不超过 3 分钟），并提供最佳换乘路线和车厢拥挤度提示，进一步提高运营效率，降低时间或成本。

三 首都都市圈轨道交通运营模式的经验借鉴与创新建议

日本轨道交通经过多年发展，新干线及其他普通铁路基本不存在买票难问题。其成功的关键在于，除了布局比较密集的线路、车次之外，更重要的是采取自由席车厢模式。即使在客流量巨大的东京等超大、特大城市，也可以有效规避节假日一票难求的问题，保障了随到随走的出行需求和旅行体验。目前，我国的长株潭城铁、广深城铁、郑开城铁等部分线路已经基本采取不限定座位和部分车次的自由席车厢模式，有效解决了一票难求的问题，为我国其他高铁及普通铁路设立自由席车厢提供了很好的经验借鉴。即便在高峰时段或特定节假日，可能会出现乘客拥挤和超载现象，但可以通过限制自由席车厢、车次的乘客数量或设置必要的分流措施，避免安全问题的出现。可以说，自由席车厢建设经验，值得首都都市圈借鉴和参考。

（一）进一步创新轨道交通投融资模式，推动多网融合与一体化运营

借鉴东京都经验，中国首都都市圈轨道交通的建设与运营需要创新投融资模式，如采用 PPP 模式，吸引社会资本、企业等主体参与建设。1999 年以来，北京开始进行投融资体制改革创新，经过多年的实践与不断探索，基本形成"政府主导、社会参与、市场运作"的管理体制，在吸引社会资本

参与、创新 PPP 模式等方面已经取得较好的发展经验和项目基础。比如北京轨道交通 16 号线项目总投资额近 500 亿元，通过"特许经营+股权融资"的模式吸引社会投资 270 亿元，是目前北京市轨道交通线路吸引社会投资规模最大的项目之一，搭建了轨道交通建设和保险股权之间的桥梁，既缓解了轨道交通建设的融资压力，也契合了保险资金的投资需求。[①]

对于首都都市圈的轨道交通建设而言，有必要进一步创新轨道交通投融资机制。吸引社会力量与资本参与，共同推动实现首都都市圈内干线铁路、城际铁路、市域铁路和地铁的多网融合。通过基本自主运营或完全自主运营模式，降低人工成本，提高管理灵活性；通过运营时间、票务、安检、信息、标识和应急等方面的一体化服务融合，提升整体运营效率和服务品质。特别是市郊铁路加快建立规范的路市、路企合作机制，统筹规划城市与市郊铁路的协同发展，探索与其他交通方式的末端衔接与无缝对接，提升首都都市圈的综合交通效率和出行便利性。加快构建首都都市圈轨道交通多层次、一体化、贯通化运营体系，制定统一技术标准，优化线路布局，推进票务系统互联互通，推动多网融合与一体化、贯通化运营，提升首都都市圈轨道交通运营效率和服务能力，进而为构建以首都为核心的京津冀世界级城市群提供强大的交通支撑。

（二）进一步加强轨道交通运力供给，推动快慢车结合与组织多元化

目前，北京中心城区与河北、天津等周边地区的通勤密度大，但主要是依靠跨市的公交承担通勤需求。比如北京站至香河、北京国贸至燕郊、北京至固安、北京至涿州等线路的公交发车密集，但存在承载量有限、出行时间长、公交耗能量和碳排放量大，不够绿色环保等问题。针对首都都市圈轨道交通建设的短板与不足，应多方面增加轨道交通建设的投入，持续扩大首都都市圈及周边人口密集区域的轨道交通覆盖面，优化运力供给。采用先进的建设技术和管理模式、大数据与人工智能等新一代信息技术，提高轨道交通

---

① 《16 号线引入 PPP 模式　吸引社会资本 270 亿元》，《新京报》2017 年 9 月 24 日。

建设效率和覆盖范围，进一步增加通勤需求高的新线路，切实提升面向通勤和节假日旅行需求的承载力。对于首都都市圈较长距离的市域（郊）铁路，可以采用快慢车结合的运营模式，通过设置越行站，实现"站站停"与"大站停"相结合，兼顾长距离快速出行和沿线短途出行需求。例如，北京轨道交通6号线已经实现快慢车结合模式，部分站点甩站通过不停车，显著提升了运营灵活性和通行能力。特别是结合首都都市圈内如北京至天津、北京至北三县、北京至涿州等因上下班通勤需求较大的现状，进一步推广快慢车相结合，实现运输组织的多元化、便捷性和灵活性。此外，采用先进的技术与设施，加快推动首都都市圈轨道交通的直通运行，加快建设联络线、接轨站，采用统一的技术标准，实现不同线路之间的无缝衔接和运输组织的多元化发展。

（三）进一步加快试点并推广自由席模式，推动随到随走与多元化选择

一是试点面向首都都市圈通勤需求的自由席车厢模式。充分借鉴日本新干线等模式，当前我国的不少都市圈也在不断推行自由席车厢模式，比如，广深城际作为连接广州、深圳两大城市核心的"黄金通道"，经过数次调整，持续深化"公交化"运营模式，实现两地上班族随到随走的通勤需求。广深城际列车日常支持"车票当日有效"，即旅客持广深城际车票可在当日提前或延后乘坐对应席别、出发站、到达站列车一次，并支持使用支付宝小程序"广深城际"扫码乘车。针对首都都市圈特别是北京与天津，北京与河北廊坊、保定、唐山、石家庄等城市之间的强大通勤需求，建议首都都市圈内的轨道交通线路上的各车次普遍设置2~3个自由席车厢，缓解"一票难求"和运力紧张问题。建议先在京津城铁、京石高铁等通勤高铁试点，考虑到京津线路运行时间不到1小时，可以适当减少商务座、一等座，增加自由席车厢，提升都市圈内的上下班通勤承载力，提升出行体验和获得感。

二是合理设置自由席车厢数。根据试点线路客流量和运能，科学确定自由席车厢数，初期可控制在列车总车厢数的10%~20%。通过分析试点运营

数据，逐步调整自由席车厢比例，优化运能利用。试点成功后推广至其他线路，并根据不同时段和线路客流灵活调整编组。高峰时段增加自由席车厢提高运力，平时段适当减少自由席车厢以节约成本。

三是面向随到随走的通勤需求与自由化选择，完善自由席车厢的售票和刷卡系统。借鉴东京都自由席车票策略，在 12306 系统中增设自由席购票功能或将无座票改为自由席票，在安全范围内适当增加自由席数量。参考日本新干线经验，实施灵活票价策略，在高峰时段提高对号入座票价，引导和鼓励选择自由席车厢；在低谷期给予自由席票价优惠，提升运能利用率，引导乘客合理安排出行，利用价格杠杆实现客流均衡分布，解决上下班通勤服务需求。

（四）进一步优化车站自由席车厢标识和出行引导，提升智能化与精准化服务

一是优化车站引导标识。在试点车站设置清晰、明确的自由席引导标识，包括在候车大厅、检票口、站台等位置设置指示牌，引导旅客前往自由席车厢候车和乘车。利用车站广播、电子显示屏等设备，实时发布自由席车厢的位置信息和剩余座位情况，方便旅客了解和选择自由席出行。不断改进和优化车站服务、自由席车厢设置，提升首都都市圈轨道交通运营效率。建议京津冀地区轨道交通有关管理和服务部门组团或派人赴日本东京等地进行实地考察和深度体验，学习日本轨道交通在设计、建设、运营、管理、服务等各个方面的成功经验和重要做法，同时也规避其风险与不足，更好地提升首都都市圈轨道交通建设与服务水平，助力"轨道上的京津冀"高质量发展。

二是规范列车乘车安全秩序。在自由席车厢内设置明显的座位使用规则标识，提醒旅客遵守相关规定。加强自由席车厢相关安全秩序的宣传推广，依托铁路官方网站、微信公众号、微博等各类媒体平台，向旅客广泛宣传自由席的设置目的、购票方式、乘车规则等，提高大众对自由席的认知度和接受度。广泛收集旅客的意见和建议，不断优化和创新自由席车厢模式，切实

提升运载服务能力，为广大旅客提供更加便捷、灵活的出行选择。

三是加快智能化改造与精准化运营。首都都市圈轨道交通应推动智能化运营模式创新，利用"北斗+5G+空间数字化"等新一代信息技术，搭建多维度乘客服务平台，实现全时段智能服务。采用智能化手段，进一步优化站内布局和火车车厢设置，提供多元化的购票与乘坐方式，加快推动首都都市圈轨道交通运营服务的智能化和精准化，实现首都都市圈交通体系的高效、便捷、可持续发展，为首都都市圈高水平建设、京津冀世界级城市群协同发展提供有力的技术支撑，在全国乃至全球发挥示范引领作用。

参考文献

潘昭宇：《都市圈轨道交通规划建设关键问题研究》，《都市快轨交通》2020 年第 6 期。

李宝银：《多层次轨道交通一体化运营策略和标准体系研究》，《高速铁路技术》2024 年第 6 期。

李鹏：《城市轨道交通对容积率影响的定量分析——以东京为例》，《铁道运输与经济》2024 年第 6 期。

钱蕾、郭然：《多圈层视角下北京市轨道交通发展策略研究——基于与东京都市圈的对比分析》，《现代城市轨道交通》2024 年第 1 期。

曹哲静：《东京轨道交通与城市空间协同发展的历史演进和经验启示》，《国际城市规划》2023 年第 6 期。

贺鹏：《东京轨道交通直通运营特征分析及启示》，《都市快轨交通》2021 年第 5 期。

王淑伟：《东京都市圈轨道交通与城市空间互动发展经验》，《综合运输》2021 年第 5 期。

B.16
京津冀城市群视域下北京全国
文化中心建设形象建构研究

袁 媛[*]

摘 要： 文化中心是北京重要的首都功能，发挥好首都全国文化中心的示范作用，对于建设社会主义文化强国、打造世界级文化地标具有重要意义。京津冀地区地缘相接、人缘相亲、文化一脉，为北京建设成为中国特色社会主义先进文化之都提供了深厚的历史文化资源支撑，京津冀文化协同发展也能进一步助推现代化首都都市圈高质量建设，打造京津冀世界级城市群。在挖掘北京自身文化优势的基础上，通过协同开发京津冀历史文化资源，打造"一核两翼"的开发格局，并以数字化赋能，形成贯通京津冀的文化全产业链，切实发挥北京在文化引领区域经济发展上作为首都应有的示范作用。

关键词： 全国文化中心 京津冀城市群 京津冀文化协同

一 研究背景

京津冀三地文化资源丰富、历史底蕴深厚，三地同属燕赵文化这一根脉，同根同源使得京津冀文化协同发展拥有得天独厚的优势。2024年是京津冀协同发展上升为国家战略的十周年，中共北京市委贯彻落实《中共中央关于进一步全面深化改革、推进中国式现代化的决定》强调的"完善京

---

* 袁媛，博士，北京师范大学文化创新与传播研究院副教授，主要研究方向为文化中心建设、城市形象。

津冀协同发展体制机制"的要求。北京市推进全国文化中心建设为京津冀协同发展提供了一个重要契机,以北京为核心,以北京城市副中心和雄安新区为两翼,以长城和大运河这两条重要的文化带建设为重点内容,实现京津冀三地文化资源共享,以文化赋能京津冀协同发展,传承和弘扬中华历史文化,探索中国式现代化发展新道路,北京市全国文化中心建设发展相关政策文件如表1所示。

表1　北京市全国文化中心建设发展相关政策文件

发布时间	文件名称
2016 年 6 月	《北京市"十三五"时期加强全国文化中心建设规划》
2017 年 9 月	《北京城市总体规划(2016 年–2035 年)》
2017 年 12 月	《北京市人民政府关于进一步加强文物工作的实施意见》
2018 年 7 月	《关于推进文化创意产业创新发展的意见》的通知
2019 年 6 月	《北京市文化中心建设调查方案》
2019 年 12 月	《关于推动北京音乐产业繁荣发展的实施意见》
2019 年 12 月	《关于推动北京游戏产业健康发展的若干意见》
2020 年 4 月	《北京市推进全国文化中心建设中长期规划(2019 年—2035 年)》
2021 年 1 月	《北京历史文化名城保护条例》
2021 年 12 月	《北京市文化产业"投贷奖"政策实施细则》
2021 年 12 月	《关于加强北京市旅游产业知识产权工作的指导意见》
2022 年 5 月	《北京中轴线文化遗产保护条例》
2022 年 11 月	《北京市人民代表大会常务委员会关于京津冀协同推进大运河文化保护传承利用的决定》
2023 年 12 月	《北京市文物建筑开放利用导则(试行)》
2023 年 12 月	《北京大视听公益广告精品创作提升工程若干举措》

资料来源:北京市人民政府官网。

二　北京全国文化中心建设成效

北京市自身悠久的历史、丰富的文化遗产是北京作为全国文化中心的强大文化资源优势，多年来北京市积极利用自身的文化优势，全国文化中心建设取得重大成效。

（一）以首善标准建设历史文化名城

随着北京中轴线申遗成功，北京市已经拥有8项世界文化遗产，成为拥有全球世界文化遗产数量最多的城市。《北京文化产业发展白皮书（2023）》显示，北京市构建起了"一轴三带"的首都文化建设名片，大力推动了中华优秀传统文化的保护传承。党的二十届三中全会强调"推动文化遗产系统性保护和统一监管"。北京市积极贯彻落实这一要求，强化顶层设计，全力加强大运河、长城国家文化公园建设和大运河文化带、长城文化带、西山永定河文化带建设，加强文化遗产系统保护和统一监管；以北京中轴线申遗带动老城整体保护与古韵复兴，落实"老城不能再拆"要求，大力开展重点文物修缮工程；弘扬革命文化，打造建党、抗战、新中国成立三大革命文物主题片区，保护修缮中国共产党早期北京革命活动旧址31处，推出"进京赶考之路"文物主题、"曹雪芹在京史迹"、"一铲千年——琉璃河遗址考古研学"等多条线路，不断擦亮历史文化遗产这张金名片。

（二）"博物馆之城"建设呈现新气象

2024年2月，《北京博物馆之城建设发展规划（2024—2035年）》面向社会公开征求意见，明确要求到2025年，全市博物馆总数超过260家；到2030年，全市博物馆总数超过360家；到2035年，全域活态博物馆基本形成。截至2023年，北京全市按行业管理登记的博物馆（备案博物馆）总数达到226家（见表2），居全国首位，建设"博物馆之城"，北京拥有得天独厚的优势。2024年，北京继续推进博物馆集群打造，持续扩大备案博物馆和类博物馆规模，2024年5月，国家评出第五批国家一级博物馆，北京拥有28家，"博物馆之城"建设成效显著。同时，北京市利用博物馆资源，大力加强中华文化与世界其他文化的交流，成为国外馆藏文物"大展""首展"的首选。2024年，故宫博物院引入"紫禁城与凡尔赛宫——17、18世纪的中法交往",涉及大约 200 件文物精品,成为展现中法百年文化交流、彼此借鉴的重要人文项目之一;举办了"璀璨波斯——伊朗文物精华展",共展出 216 件文物,大规模、全方位展现了伊朗文化的魅力;举办了"历史之遇——中国与西亚古代文明交流展""埃尔奥拉——阿拉伯半岛的奇迹绿洲展"。文物展览,跨越千年,既是中国与西亚文化交流的见证,也将为全面推动共建"一带一路"高质量发展增添文化张力。

表 2　2008~2023 年北京市博物馆情况

年份	全市按行业管理登记的博物馆		文物局系统内博物馆及文物保护机构				
	个数（家）	文物藏品数（万件）	个数（家）	博物馆（家）	文物藏品数（万件）	一级品（件）	参观人次（万人次）
2008	148	331	71	37	116.0	678	1368.4
2009	151	331	76	40	117.0	722	1647.9
2010	156	332	79	41	117.0	725	1712.1
2011	162	430	78	41	117.0	852	1373.4
2012	165	430	78	41	117.0	903	1887.9
2013	167	430	78	41	117.0	903	1760.0
2014	171	430	78	41	128.0	891	1848.0
2015	173	430	77	40	126.0	931	2069.1
2016	178	430	79	43	128.0	960	1994.3
2017	179	430	78	43	128.0	1160	2362.7
2018	179	463	78	43	128.0	1144	2383.5
2019	183	463	78	43	129.0	1167	2530.8
2020	197	1625	80	45	130.0	1139	562.9
2021	204	1629	80	45	131.0	1093	1019.0
2022	215	1784	58	33	130.0	1098	413.3
2023	226	832	50	26	130.0	904	1829.0

注:1. 自 2020 年起,全市按行业管理登记的博物馆包含中央属及非国有博物馆;
　　2. 自 2023 年起,全市按行业管理登记的博物馆文物藏品数统计范围不包括参考品、标本等。
资料来源:北京市统计局《北京统计年鉴 2024》。

(三)高标准打造"演艺之都"

习近平文化思想为社会主义文艺事业提供了根本遵循。北京市《2023

年政府工作报告》中首次强调着力打造"演艺之都",对北京"演艺之都"建设作出了重要指示。一是推出系列文艺精品。习近平总书记指出,"要把提高质量作为文艺作品的生命线",①北京市聚焦打造高质量文艺作品,推出了"北京文化论坛""大戏看北京""北京大视听""'京'彩文化,青春绽放"等系列品牌活动,彰显了北京城市文化的辨识度、知名度。广大文艺家围绕中华优秀传统文化、抗美援朝、社会主义法治、科幻产业、乡村振兴等主题,创造出了一系列文艺精品,其中京剧《齐白石》《流浪地球 2》《第二十条》《志愿军:雄兵出击》《南来北往》《欢迎来到麦乐村》《马兰的歌声》《我的阿勒泰》等作品获评第 17 届精神文明建设"五个一"工程。二是北京市积极贯彻党的二十大关于"培育造就大批德艺双馨的文学艺术家和规模宏大的文化文艺人才队伍"②的重要精神,高度重视文艺人才培养工作,设立文艺创作专项扶持资金,2019 年 1 月至 2024 年 6 月,北京市文联共举办会员培训 139 期,覆盖了 1.2 万余名会员,推动党的创新理论和习近平文化思想在首都文艺界入脑入心、落地生根。依托自身的文化资源优势,北京市推动中华文化走向世界。北京市文联以"北京文学让世界看到北京作家与世界对话"为主题,打造了"优秀文学作品翻译工程""北京文学海外推广"等系列品牌活动,推动了中华优秀文学作品海外传播,让世界感受真实的中国。

(四)文化产业快速发展

2013~2023 年,北京市规模以上文化产业企业快速增多,2023 年北京市规模以上文化产业企业资产总计 32701.1 亿元,利润总额高达 2614.3 亿元(见表 3)。同时,北京在国家文化和科技融合示范基地、国家文化出口重点企业和重点项目以及数字文娱独角兽企业的拥有数量上,均居全国首

---

① 习近平:《在中国文联十大、中国作协九大开幕式上的讲话》,《人民日报》2016 年 12 月 1 日,第 2 版。
② 习近平:《高举中国特色社会主义伟大旗帜　为全面建设社会主义现代化国家而团结奋斗——在中国共产党第二十次全国代表大会上的报告》,人民出版社,2022,第 51 页。

位，一定程度上体现了北京市文化产业高质量发展取得的成效。北京市严格落实文化+金融深度融合政策，构建起了"投、融、担、贷、孵、易"首都文化投融资服务体系和"优政策、建体系、搭平台、强服务"的文化与金融深度融合"北京模式"，不断为文化企业拓宽融资渠道，推动北京市上市文化企业数量不断增多，为北京市文化产业发展注入了新的活力。在文化产业飞速发展的同时，北京市大力加强文化产业服务体系建设，2023年，北京市级文化产业园区认定数量达到105家，文化产业园区以入驻的文化企业需求为战略导向，为文化企业提供了由基础到高阶的不同服务类型，搭建起了包括一站式综合服务平台、知识产权保护平台、专业技术平台、成果转化平台以及专业人才培养平台在内的各个类型的文化产业服务平台，为北京市文化产业发展保驾护航。

表3　2013~2023年北京市规模以上文化产业企业经营情况

年份	企业单位数（个）	年末从业人员（万人）	资产总计（亿元）	营业收入（亿元）	利润总额（亿元）
2013	3981	41.6	5731.0	5155.2	390.2
2014	3820	47.8	7937.9	6876.9	495.6
2015	3418	47.4	9419.6	7548.1	550.8
2016	3539	48.1	10870.2	8195.4	530.5
2017	3994	54.1	13887.9	9586.0	802.9
2018	3887	53.7	16579.0	10963.0	852.7
2019	4831	54.2	19020.3	12997.3	739.1
2020	5119	56.0	23738.4	14944.0	1324.4
2021	5309	59.9	28067.4	17628.6	1458.0
2022	5450	54.9	29934.9	17797.3	1949.1
2023	5304	50.8	32701.1	20140.1	2614.3

资料来源：《北京统计年鉴2024》。

（五）推进京津冀文化协同发展

《北京城市总体规划（2016年—2035年）》指出，充分发挥首都辐射带动作用，推动京津冀协同发展，打造以首都为核心的世界级城市群。这一规划明确了京津冀协同发展建设世界级城市群的目标。因此，推进北京全国文化中心建设，不仅要聚焦北京市自身的文化发展状况，也要深入把握京津冀城市群的整体情况。一方面，京津冀历史文化资源协同开发深度展开。2024年京津冀三地协同绘制完成了《京津冀地区主要历史文化资源分布图》，首次基于统一空间框架，系统梳理与展示了京津冀地区的历史文化资源，为从整体性、系统性上传承、保护、利用好京津冀三地的历史文化资源，助力京津冀文化协同发展提供了重要支撑；京津冀统筹推进"五位一体"，以文化为支点，共同制定了共管辖区内长城保护与利用计划、建立大运河文化保护传承利用协同会商机制，协同推进大运河、长城等文化带建设，推进文化事业共建共享。另一方面，京津冀文旅协同发展成果丰硕。京津冀协同发展以来，雄安新区承接产业资源，通州区与北三县推进一体化高质量发展，北京城市副中心功能日趋完善；京津冀大力推动文化旅游市场一体化发展，举办京津冀老字号联展、"京津冀老字号嘉年华"等活动，实施一系列文化惠民工程，深化了三地的文化认同；共建演艺联盟，签署京津冀民乐联盟合作协议、河北梆子剧院团战略合作协议，推动了三地艺术发展合作，共享三地文化艺术资源；上线"乐游京津冀一码通"，逐渐形成京东休闲旅游示范区、京北生态（冰雪）旅游圈、京西南生态旅游带、京南休闲购物旅游区、滨海休闲旅游带五大旅游协同发展示范区知名品牌。据统计，2023年，河北和天津居北京客源地前两位，河北和北京居天津客源地前两位，京津冀已互相成为重要的旅游客源地，随着2024年京津冀三地文化和旅游部门共同出台的《京津冀文化和旅游产业协同发展行动计划（2024—2026年）》的落地实施，京津冀文旅融合发展将迈上更高台阶。

三 北京全国文化中心建设面临的难题

经过不懈努力，北京全国文化中心引领示范作用进一步加强，但是在文化供给质量、文化产业创新以及打造京津冀城市群世界文化地标方面仍然需要进一步努力。

（一）亟须实现文化供给从"有"到"好"的转变

公共文化服务供给是衡量北京市文化建设的重要指标，直接关系到人民群众的文化获得感。北京市践行以人民为中心的发展思想，全市拥有 1300 多家实体书店，5800 多家公共图书馆，7000 多家新时代文明实践中心（所、站），上万家文化馆站，能够满足人民对于公共文化服务供给的基本需求。在此基础上，需要建成供给更加丰富、服务更加便捷高效的现代公共文化服务体系，满足人民日益增长的公共文化服务需求，实现公共文化服务供给从"有"到"好"的转变。一是基层公共文化服务半径需要进一步缩短，注重解决城乡基本公共文化服务供给不平衡问题；二是公共文化服务供给主体较为单一，企业、社会组织等社会群体参加意愿和程度不高，未能充分发挥市场优势，激发各类主体力量，导致专业化运营水平不高；三是需要进一步明确服务项目、支付类别、服务对象、质量标准、支付责任等在内的公共文化服务标准体系。

（二）文化产业创新尚需提高

2024 年 12 月，北京市推进全国文化中心建设领导小组出台《关于培育新型文化业态 大力发展文化新质生产力的若干措施》，强调推进新一代信息技术、数字技术赋能文化新场景新业态。如何创新驱动文化产业高质量发展，加大北京数字化业务建设，是北京市需要进一步解决的问题。从文化与科技融合层面来讲，文化产业链与科技链对接度还需进一步提高，一方面，科技企业对文化产业的技术需求和应用场景关注不够；另一方面，文化企业则对文化领域的创新技术很难做到精准理解和全面应用，导致双方合作出现偏差。例如在科技文旅层面，仍存在市场化程度不高、场景设计单一等问题。从文化创新层面来看，文化创新激励机制和产权保护机制尚未健全，在文化创新产品开发上，存在专业人才短缺、文化创新产品同质化程度较高、IP 开发能力不强、消费黏性不高等问题。

（三）京津冀城市群国际影响力尚需增强

进入后工业时代，文化软实力愈加成为影响综合国力的重要因素，当今的世界级城市群，不仅具备强大的经济实力，社会文化软实力也具有高度的全球吸引力和辐射力。京津冀协同发展战略的提出特别是推进北京全国文化中心建设以来，京津冀文化协同引领区域高质量发展颇有成效。但是与世界级城市群相比，文化协同度与国际影响力、辐射力仍需提高。从京津冀城市群自身文化协同发展现状来看，三地经济文化发展水平差异较大，立足三地特色的历史文化资源统一挖掘程度不高，基本公共服务体系建设参差不齐，统一的京津冀文化大市场尚未健全。与其他世界级城市群相比，京津冀城市群文化协同发展起步较晚，1994年巴黎便通过《巴黎大区总体规划》，确定保护文化遗产的原则，建设大巴黎地区为世界一流大都市。2000年伦敦将文化发展作为城市规划的主要战略方向，创立"文化保护办公室"、推动"变革代理人"新政，大力保护文化遗产；推出"文化英里"项目、"伦敦东岸"项目，积极打造世界级文化地标。文化创新、传播力仍需提高，以伦敦为中心的英伦城市群，大力发展世界级创意产业、影视产业、游戏产业、音乐产业，并设立"推广伦敦委员会"（Promote London Council）等协作机制推动伦敦文化产业在世界范围内的传播。伦敦、巴黎作为全球文化网络中心城市，综合这些城市的文化建设经验，可以看出要提升北京及京津冀城市群的全球文化吸引力、竞争力，要在全面打造世界级文化地标、提升城市的独特竞争优势上更加努力。

四　北京全国文化中心建设的优化路径

北京全国文化中心建设，既要以北京市为核心，繁荣兴盛首都文化；又要促进京津冀文化协同发展，利用京津冀文化同根同源的优势。一方面，助力北京全国文化中心建设，带动京津冀地区高质量发展；另一方面，将京津冀城市群建设成为世界级城市群，以此为窗口，推动中华文明在世界范围的传播。

（一）加强历史文化名城建设

一是打造中华文明金名片。深入挖掘、充分发挥北京自身的文化优势，以中轴线申遗为抓手，加大老城区的保护修缮工作，建立北京文化档案，健全文物和历史建筑保护利用体制机制、文化创意产品开发机制和文化传播机制，加强对北京历史文化资源的保护利用。二是健全历史文化资源开发布局，坚持"四个文化"基本格局，打造"一核一主一副、两轴多点一区"的城市空间结构，重点抓好"两轴"建设，构建"点线面"三级保护体系。三是数字化助力历史文化资源保护与创新，深化"新媒体+非遗""互联网+中华文明"行动，以数字化为文化遗产和典籍资源的保护与开发工作注入新动能。

（二）深入推进文化惠民工程

一是创新公共文化治理体系。通过推出专项政策，协调部市之间以及市区各部门之间资源，解决区域公共文化服务不平衡、不充分问题；通过政府拨款、减免税收等方式，拓宽融资渠道，激励社会主体参与到公共文化服务中来，提高公共文化服务的社会化和专业化程度，解决公共文化服务"好不好""精不精"问题。二是构建成熟完善的现代公共文化服务体系。充分挖掘"双奥"遗产，大力加强图书馆、博物馆、纪念馆、美术馆、剧院等文化设施建设，适时调整、逐步扩大公共文化设施免费开放时间和范围。三是激活公共文化教育功能。通过建立健全博物馆、图书馆、美术馆的群众性文化活动机制，特别是针对中小学，开展一些教育活动，例如提供集体参观、讲解研讨、实习培训机会等，不断提升人民特别是广大青少年的文化素养和美育能力。

（三）激发文化产业发展活力

一是构建竞争力强的现代文化市场体系。发挥好中央国有文化企业的带头作用，深化央地合作；培育壮大民营文化企业，通过采取税收优惠、租金补贴、低息贷款等措施，拓宽民营文化企业的融资渠道，政策引导民营文化企业转型升级。二是推动"文化+"产业融合发展行动，助推"文化+科技""文化+金融""文化+旅游"等产业深度融合，加快发展文化新质生产力，实现北京文化产业转型升级。三是科技赋能文化产业发展，落实文化与科技融合发展规划，设立文化科技融合专项基金，根据文化产业科技发展的新需求，促进最新科技成果在文化领域的转化与运用；通过加强北京市文化资源数据库建设，搭建文化数据服务平台，与文化企业对接，提高文化产业链与创新链对接精准度，推动人工智能、大数据、区块链、海量存储等技术融入文化产业发展，助推数字影视、数字文学、数字音乐、数字出版等文化产业新业态新模式发展。四是加强文化创意产品开发。通过健全相关激励机制，鼓励根据北京市自身历史文化资源特点，打造原创 IP，利用沉浸式数字光影、交互式数字光影以及实景游戏、精品演出等形式，虚实结合，为文化创意"赋形"，扩大文化创新产品的传播范围。在此过程中，注重加强对文化知识产权的保护力度，减少文化创意产品同质化问题。

（四）打造国际文化名片

挖掘首都文化魅力，以此为窗口向世界传播中华文明。以"四大文化"为抓手，用好中轴线、大运河、长城、故宫、寺庙园林、胡同会馆等历史文化资源；北大红楼、卢沟桥、中国人民抗日战争纪念馆、香山革命纪念馆等涵盖中国共产党早期革命活动、抗日战争、新中国成立等时期的红色资源；京剧、北京曲剧、景泰蓝制作技艺等京味文化资源；高校和科研院所聚集区、老旧厂房改造形成的文化新空间，打造一批国际精品旅游路线。除此之外，还要加强对"四大文化"的解读，借助全球首个"双奥之城"的优势，构建讲好中国故事的国际平台，推动中华文化走出去，提高首都文化的辨识度、知名度，在世界范围内传播北京独特的城市文化魅力。

（五）实现京津冀文化协同发展

实现京津冀文化协同发展是建设全球性文化网络中心的关键。推进三地文化产品、文化服务共建共享，促进京津冀文化建设水平整体提高，打造具有全球文化引领力的城市群。推进京津冀历史文化资源的协同开发，通过加大京津冀红色文化资源协同开发力度，制定整体战略规划，以整体性思维深入挖掘京津冀红色文化内涵，打造红色旅游线路。"一核两翼"构建京津冀文化开放格局，健全"一核"辐射带动和"新两翼"联动发展的工作机制，北京作为京津冀协同发展的核心，需要挖掘自身的文化优势，并辐射周边地区的发展；将北京城市副中心和雄安新区打造成城市文化建设新样板，推出一批文化宣传新名片，从而推动京津冀地区文化资源的合理配置。数字化建设赋能区域文化产业发展，京津冀地区需要抓住数字文化消费火热的机遇，加快形成统一的京津冀文化大市场，满足人民日益增长的精神文化需求，真正实现科技赋能文化，文化赋能城市。

参考文献

李倩茹：《依法保护北京老城"金名片"》，《前线》2020 年第 8 期。

于丹：《首都文化治理与全国文化中心建设》，《前线》2020 年第 5 期。

刘绍坚：《北京文化产业高质量发展路径》，《前线》2020 年第 3 期。

马娜、刘士林：《北京建设全国文化中心的历史还原与理论思考》，《甘肃社会科学》2019 年第 6 期。

王长松：《北京三个文化带的文化精髓与保护传承创新》，《人民论坛》2017 年第 34 期。

李建平：《"三个文化带"与北京文化中心建设的思考》，《北京联合大学学报》（人文社会科学版）2017 年第 4 期。

《把全国文化中心建设摆在更加重要位置抓紧抓好》，《前线》2017 年第 9 期。

B.17
京津冀地区高技能人才发展
难题及对策研究

田　蕾*

摘　要：　技能人才是支撑中国制造、中国创造的重要力量，也是推动京津冀协同发展的支撑和要素保障。随着产业结构的深度调整和产业协作格局的不断优化，在京津冀人才一体化发展框架下，三地在技能人才引进、贯通培养、评价服务、人才交流等方面逐步实现政策联动和资源共享。在促进京津冀地区高技能人才发展方面主要存在三重错位：产业转型与现有职工技能结构错位；技能培训供给与产业需求错位；职工发展需求与企业评价制度错位。为此，本报告建议发挥北京作为头雁城市的引领作用，提升京津冀高技能人才集聚水平；完善技能人才的培育、使用、评价和激励等相关跨区域政策制度设计；立足优势产业与新兴产业模式与特点，推动建设面向新质生产力发展的高技能人才政策体系；完善技能导向的薪酬分配与长效激励制度，营造良好的高技能人才发展环境，促进人才链与创新链产业链资金链深度融合，推动京津冀协同迈向中国式现代化新征程。

关键词：　京津冀　高技能人才　人才强国

一　研究背景

习近平总书记指出，技能人才是支撑中国制造、中国创造的重要力

---

* 田蕾，经济学博士，北京市社会科学院市情研究所助理研究员，北京世界城市研究基地特约研究员，主要研究方向为文化经济与城市发展。

量。党的十八大以来，以习近平同志为核心的党中央将技能人才工作摆在重要位置，印发了《关于加强新时代高技能人才队伍建设的意见》《高技能领军人才培育计划》《中共中央　国务院关于深化产业工人队伍建设改革的意见》等一系列政策文件，为新形势下我国技能人才队伍建设提供坚实支撑。在技能人才"1+N"政策框架下，贯通人才培养、使用、评价、激励各个环节、各行业领域的配套支持政策纷纷出台。2021年技能中国行动启动，各省市纷纷响应落实技能强省、技能强市行动，谋划推动高素质劳动者和技术技能人才队伍建设。目前我国技能人才总量超过2亿人，高技能人才超过6000万人，占技能人才的比例约为30%。①

2024年1月，人力资源和社会保障部等七部门印发《关于实施高技能领军人才培育计划的通知》，提出力争用3年左右时间，全国新培育领军人才1.5万人次以上，带动新增高技能人才500万人次左右。2024年7月，党的二十届三中全会审议通过的《中共中央关于进一步全面深化改革、推进中国式现代化的决定》强调要"建设一流产业技术工人队伍"，对新时代新征程深化产业工人队伍建设改革作出新部署、提出新要求。2024年10月，中共中央办公厅、国务院办公厅印发《中共中央　国务院关于深化产业工人队伍建设改革的意见》，聚焦强化思想政治引领、发展全过程人民民主、完善技能形成体系、健全职业发展体系、维护劳动经济权益、搭建竞赛创新平台等方面综合施策推进产业工人队伍建设改革。2025年1月，人力资源和社会保障部等八部门联合印发《关于推动技能强企工作的指导意见》，充分释放各类企业在技能人才培养中的主动性。中共中央、国务院印发的《教育强国建设规划纲要（2024—2035年）》提出，加快建设现代职业教育体系，培养大国工匠、能工巧匠、高技能人才。2018年至今国家推动技能人才工作相关政策文件汇总如表1所示。

---

① 郎琦、苗昱澍：《建设一流产业技术工人队伍》，《经济日报》2024年8月7日。

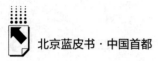

表1　2018年至今国家推动技能人才工作相关政策文件汇总

序号	发布时间	出台部门	政策文件
1	2018年3月	中共中央办公厅、国务院办公厅	《关于提高技术工人待遇的意见》
2	2018年5月	国务院	《关于推行终身职业技能培训制度的意见》
3	2019年5月	国务院办公厅	《职业技能提升行动方案（2019—2021年）》
4	2019年8月	人力资源和社会保障部	《关于改革完善技能人才评价制度的意见》
5	2020年12月	人力资源和社会保障部	《关于进一步加强高技能人才与专业技术人才职业发展贯通的实施意见》
6	2021年6月	人力资源和社会保障部	《"技能中国行动"实施方案》
7	2021年10月	中共中央办公厅、国务院办公厅	《关于推动现代职业教育高质量发展的意见》
8	2022年3月	人力资源和社会保障部	《关于健全完善新时代技能人才职业技能等级制度的意见（试行）》
9	2022年4月	全国人民代表大会常务委员会	《中华人民共和国职业教育法》
10	2022年3月	人力资源和社会保障部	《推进技工院校工学一体化技能人才培养模式实施方案》
11	2022年10月	中共中央办公厅、国务院办公厅	《关于加强新时代高技能人才队伍建设的意见》
12	2022年12月	中共中央办公厅、国务院办公厅	《关于深化现代职业教育体系建设改革的意见》
13	2023年3月	教育部办公厅	《全国职业院校技能大赛执行规划（2023—2027年）》
14	2023年12月	住房城乡建设部、人力资源和社会保障部	《关于加强乡村建设工匠培训和管理的指导意见》
15	2023年12月	国家邮政局办公室、人力资源和社会保障部办公厅	《关于加快推进邮政快递业职业技能等级认定的实施意见》
16	2023年12月	人力资源和社会保障部办公厅	《关于加强农民工职业技能培训工作的意见》
17	2023年6月	国家发展改革委、教育部等八部门	《职业教育产教融合赋能提升行动实施方案（2023—2025年）》
18	2024年1月	人力资源和社会保障部等七部门	《关于实施高技能领军人才培育计划的通知》
19	2024年10月	中共中央办公厅、国务院办公厅	《中共中央　国务院关于深化产业工人队伍建设改革的意见》

续表

序号	发布时间	出台部门	政策文件
20	2024 年 10 月	国家发展改革委、教育部、财政部、人力资源社会保障部、商务部	《关于深化家政服务业产教融合的意见》
21	2024 年 10 月	教育部办公厅	《加强市域产教联合体建设的通知》
22	2024 年 11 月	国家医保局、人力资源社会保障部	《关于推进长期照护师职业技能等级认定的实施意见》
23	2025 年 1 月	人力资源社会保障部等八部门联合印发	《关于推动技能强企工作的指导意见》
24	2015 年 1 月	中共中央、国务院	《教育强国建设规划纲要(2024—2035 年)》

资料来源:人力资源社会保障部等官方网站。

二　京津冀地区技能人才发展现状

(一)京津冀地区技能人才政策梳理

京津冀是中国北方经济规模最大、高技能人才最多的地区。[①] 三地以服务区域协同发展为出发点,在技能人才培养、人才流动、就业与培训资源共享、赛事联动、政策协调等方面的合作与交流更加深入。在部门协同方面,三地发布实施全国首个人力资源服务区域协同地方标准,合作共建京津冀(河北三河)人力资源服务产业园,加快京津冀人社协同发展步伐。2024 年 2 月,北京市教育委员会、天津市教育委员会、河北省教育厅决定依托北京经济管理职业学院固安校区,成立京津冀职教改革示范园区,促进"三教"创新协同、"三融"系统改革,以教育协同创新推动三地产教资源聚合,推进教育、科技、人才"三位一体"融合发展。在技能人才培养方面,三地

[①] 《京津冀高技能人才协同发力　北京引导技能评价机构落地雄安》,https://rsj.beijing. gov.cn/xwsl/mtgz/202311/t20231128_3317960.html,2023 年 11 月 28 日。

签署基础教育合作协议 13 项，成立 20 余个不同类别的高校联盟，开展跨区域校企合作，不断推动优质教育资源共享。① 在政策支持方面，《京津冀人才一体化发展规划（2017—2030 年）》《京津冀人社部门人才工作协同发展合作框架协议》《京津冀技能人才评价协同发展框架协议》等政策文件相继出台。在职业技能赛开展方面，联合举办京津冀家政服务职业技能大赛、京津冀（五区三市）职业技能大赛、"创新京津冀"职工职业技能大赛等系列大赛，两家社评组织落地雄安，在全国范围内首次实现互认，助力新区完成技能人才评价认定 581 人次，其中高技能人才 425 人次。②

近年来，北京市积极适应经济社会发展需求，着眼于发展壮大高精尖产业，加强复合型、知识型、创新型高技能人才队伍建设，不断完善职普融通、产教融合、技能评价等政策体系，印发《关于加强新时代首都高技能人才队伍建设的实施方案》《关于推进职业教育高质量发展的实施方案》《北京市高技能人才研修培训工作管理办法》等主要政策文件。2024 年，北京市人力资源和社会保障局强化政策协调和工作协同，会同北京市财政局等部门共同印发《北京市"产教评"技能生态链建设试点工作方案》和《北京市加强和改进企业新型学徒制工作实施方案》等文件，充分释放和全方位保障各类政策的组合效应。

天津市牢牢夯实"一基地三区"功能定位，主动服务北京发展和"新两翼"建设，围绕制造业立市、产业转型升级需求，深入实施"海河工匠"建设工程，持续完善技能人才培养、使用、评价、激励机制相关政策，全力打造"技能天津"。2021 年，人力资源和社会保障部与天津市人民政府签署《共建"技能天津"框架协议》。近年来天津全面加强技能人才队伍建设，加强顶层设计与政策引领，印发《天津市关于加强新时代高技能人才队伍建设的实施意见》《关于深入实施人才引领战略加快天津高质量发展的意见》《天津市职业教育产教融合促进条例》等一系列政策文件，在推动职教

① 穆桂斌、杨君：《京津冀人才一体化发展十周年回顾与展望》，《中国人才》2024 年第 5 期。
② 吴幸坤：《推进京津社评机构互认落地雄安》，《河北经济日报》2024 年 11 月 28 日。

改革、职业发展贯通、技能等级认定、产教融合、薪酬分配指导和数据服务等方面完善技能人才工作体系，强化政策针对性、实效性。印发全国首部省级职业技能培训政府规章《天津市职业技能培训规定》，从法律层面保障了职业技能培训工作。

河北省科学把握新时代河北经济社会发展新需求，高度重视高技能人才队伍建设，着力为创新型河北建设和加快推进新型工业化提供有力支撑。近年来，河北省陆续印发《关于推动职业教育高质量发展加快建设技能型人才强省的实施意见》《技能强省行动实施方案（2023-2027年）》《关于加强新时代高技能人才队伍建设的二十条政策措施》《河北省数字经济领域技术技能人才培育项目实施方案》等一系列政策文件，积极落实框架协议，在健全高技能人才培养制度方面先行先试，不断创新政策措施，进一步完善高技能人才保障体系，为加快建设经济强省、美丽河北提供有力的人才支撑。

（二）京津冀地区技能人才分布情况

2024年，京津冀三地技能人才总量为1714.95万人，高技能人才536.35万人，占比约为31.3%。其中，北京高技能人才121万人，约占技能人才总量的34.1%。天津、河北两地高技能人才总量分别为84万人和331.35万人，但技能人才总量的比重较低，为30.8%、30.5%，技能人才结构有待优化（见表2）。

相比之下，上海、江苏、浙江、安徽四地不仅技能人才规模总量较高，达到3886.4万人，而且高技能人才比例约为33.2%，整体技能人才质量较为优质。珠三角地区技能人才总量达到1411.39万人，其中高技能人才为515.83万人，约占技能人才总量的36.5%。从广东省内看，珠三角九市高技能人才总量为515.8万人，约占全省高技能人才的74.8%，成为当之无愧的技能人才高地。从高技能人才数量和比例来看，广州和深圳技能人才规模均约为400万人，分别约占广东技能人才总量的1/5，而且高技能人才比例较高。东莞、佛山、珠海、中山等地高技能人才比例也均在34%以上，高技能人才集聚态势显著（见表3）。

表2　京津冀地区与长三角地区高技能人才分布情况

单位：万人，%

地区	技能人才总量	高技能人才数量	高技能人才比例	统计截止日期
北京	355	121	34.1	2024 年 12 月
天津	273	84	30.8	2023 年 12 月
河北	1086.95	331.35	30.5	2024 年 4 月
上海	331.4	116	35.0	2024 年 12 月
江苏	1494	494	33.1	2025 年 1 月
浙江	1291	439.6	34.1	2024 年 6 月
安徽	770	240	31.2	2024 年 9 月

资料来源：各省市人力资源和社会保障局网站或地方新闻报道。

表3　广东省及珠三角地区九市高技能人才分布情况

单位：万人，%

地区	技能人才总量	高技能人才数量	高技能人才比例	统计截止日期
广东	1979	690	34.9	2023 年 12 月
广州	398.5	146.57	36.8	2024 年 12 月
佛山	128.8	45.1	35.0	2024 年 11 月
肇庆	70.6	23.9	33.9	2024 年 9 月
深圳	403.3	155.3	38.5	2024 年 12 月
东莞	146.3	53.5	36.6	2023 年 12 月
惠州	66	21	31.8	2023 年 7 月
珠海	67.58	25.68	38.0	2024 年 4 月
中山	75	25.97	34.6	2023 年 12 月
江门	55.31	18.81	34.0	2023 年 12 月

资料来源：各省市人力资源和社会保障局网站或地方新闻报道。

（三）京津冀地区技能人才培养情况

职业教育协同发展步伐加快，协同协作机制不断完善。2019 年底，教育部、财政部公布中国特色高水平高职学校和高水平专业建设计划名单（简称"双高计划"）。2020 年 11 月，京津冀地区的 24 所"双高"院校共同成立京津冀"双高"建设联盟，促进三地"双高"院校在资源建设、人才培养、师资培训、质量评价和院校管理等方面协同发展。2024 年，京津冀三省市教育部门签署《京津冀职业教育高质量协同发展合作框架协议》，从七个方面推动职业教育有机融入京津冀"五群六链"产业布局。天津职业院校发挥国家现代化职业教育改革创新示范区建设引领作用，与河北雄安新区、石家庄市、邯郸市等地签署战略合作协议，组建津雄职教发展联盟，组织天津职业大学等 8 所中高职院校"多轮次、宽领域、深层次"对口帮扶雄安、承德、威县、青龙等地职业学校。① 北京市 136 家企事业单位与天津市 14 所高职院校在人才培养、产教融合、技能培训、合作办学等方面开展合作，累计培养、培训 10.5 万余人次。

深化京津冀产教融合，职业教育产教融合协同平台进一步夯实。聚焦京津冀"五群六链五廊"产业布局规划和重点产业链发展需要，深化高等教育与职业教育综合改革，统筹三地产教联合体、行业产教融合共同体、卓越工程师学院及现代产业学院等各级各类资源，着力提升高校科技创新、人才供给与区域产业需求的契合度。全国高端装备制造（工业控制技术）、车联网、精细化工、绿色包装、视光、智慧社区养老、现代旅游饭店等 7 个行业产教融合共同体组建。②

（四）京津冀地区技能人才评价情况

在职业技能等级认定机构分布上，北京全国性评价机构分支数量较多，高达 119 家，居全国首位。而天津和河北职业技能等级评价机构数量较少，用人单位、社评组织和技工院校类的评价机构数量整体不足，远不及浙江、江苏、安徽、广东等地。从城市群角度看，京津冀社评组织数量均大幅落后于长三角地区和珠三角地区，尤其是省属评价机构内用人单位评价机构的数

---

① 《天津市教育系统多措并举助力京津冀教育协同发展》，https：//sdxw.iqilu.com/share/YS0yMS0xNTYxODk5Nw.html，2024 年 5 月 20 日。

② 《"推动京津冀协同发展走深走实"系列新闻发布会第六场：教育协同发展走深走实》，https：//www.tj.gov.cn/sy/xwfbh/xwfbh_210907/202405/t20240511_6622165.html，2024 年 5 月 11 日。

量及占比，低于长三角地区和珠三角地区对应指标。例如，京津冀地区全国性与省属的用人单位评价机构数量为934家，而浙江、江苏用人单位评价机构数高达8392家和4210家（见表4）。

2024年12月，在京津冀协同发展战略框架下，京津冀三地人社部门建立技能人才队伍建设联合评审机制，跨省（市）抽取评审专家、互派评审观察员，整合三地专家资源。入库专家将服务于京津冀三地技能人才队伍建设政策制定和决策咨询、技能人才队伍建设评审、技术技能交流、职业技能竞赛等工作。京津冀三地将充分共享、利用专家资源，推动京津冀高技能人才培养、使用、评价和激励等工作高质量发展。

京津冀在毕业证书查询、职业资格证书查询、技能等级证书查询等方面率先实现互通。技工院校毕业证书查询、技能人员职业资格证书查询、专业技术人员职业资格证书查询、职业技能等级证书查询等人社服务事项均进入"京津冀人社功能名录清单"，率先实现"一卡通办"。

表4　京津冀与长三角地区职业技能等级机构数量

单位：家

地区	全国性评价机构		省属评价机构		
	用人单位	社评组织	用人单位	社评组织	技工院校
北京	119	3	150	70	35
天津	46	2	42	56	29
河北	63	3	514	143	94
京津冀地区	228	8	706	269	158
上海	66	0	122	62	0
浙江	38	9	8354	607	216
江苏	67	0	4143	260	437
安徽	27	11	570	381	135
长三角地区	198	20	13189	1310	788
广东	61	27	2973	463	358
珠三角地区	47	26	2152	345	212

资料来源：职业技能等级评价机构公示查询系统（http：//pjjg.osta.org.cn），采集时间为2025年1月15日。

（五）京津冀地区技能竞赛与人才激励

2024 年，京津冀三地联合举办了多项职业技能大赛和交流活动，如在河北唐山举办京津冀（五区三市）区域职业技能大赛，在河北香河县举办通武廊职业学校技能大赛，在北京举办京津冀高级技术经理人培训班，在天津举办第二届京津冀航空职业技能大赛，在廊坊举办京津冀康养产业职业技能大赛，在天津举办"创新京津冀"职工职业技能大赛等。这些大赛与活动以赛促学、以赛促训、以赛促干，激发技能人才创新创造潜能，进一步提升产业工人技能水平和技术技能人才供给质量。

根据《2024 年北京市人力资源市场薪酬数据报告》《2024 年天津市企业薪酬调查信息》《2022 年企业技能人才市场工资价位》，上海初级技能、中级技能和高级技能人才薪酬中位数普遍高于北京，尤其上海技师和高级技师工资中位数分别达到 19.43 万元和 20.87 万元，比北京技师和高级技师工资中位数分别高 47.2% 和 50.1%。可见与上海相比，北京高技能人才报酬的吸引力较为不足。天津高技能人才年薪酬水平达到 9.5 万元，虽然高于江苏、浙江、安徽等地，但依然低于技能人才大省广东的 11.8 万元。2024 年 12 月，上海、江苏、浙江人力资源和社会保障部门对一体化示范区（上海青浦、江苏吴江、浙江嘉善）内 300 户制造业企业的 12.1 万从业人员 2023 年工资性收入数据进行分析，联合印发《2024 年长三角一体化示范区制造业企业市场工资价位》，① 首次从城市群角度调研制造业人力资源市场薪酬数据，以促进人力资源要素有序流动和高效配置。

三　京津冀地区高技能人才发展的主要难题

当前京津冀地区技能人才储备较为薄弱，结构比例欠合理，高技能人才

---

① 黄红芳：《长三角示范区制造业企业市场工资价位发布》，《新华日报》2025 年 1 月 5 日。

供给仍存在较大缺口，难以满足快速发展的产业需求。与新时代京津冀高质量发展的要求相比，高技能人才结构性短缺矛盾制约着"四链融合"，高技能人才培养机制滞后、教育资源不均衡、产学研协同机制不深入等方面问题制约着高技能人才队伍建设。综合来看，高技能人才发展存在三重错位，即产业转型与现有职工技能结构错位、技能培训供给与产业需求错位、职工发展需求与企业评价制度错位。

（一）产业转型与现有职工技能结构错位

数智化产业转型对高技能人才的总体规模、能力结构和技能素养提出更高要求，岗位任务呈现系统性、复杂性、协同创新性，要求从业者具有融合性、普适性、再创性人才素质。在企业人才需求端，复合型技能人才需求与日俱增，产业转型与现有职工技能结构错位。随着人工智能技术快速发展，"机器换人"步伐加快，减少了大量重复性、流程性工作岗位，尤其是流水线操作工、一线客服等技能要求相对较低的岗位。

技能劳动力需求和现有职工技能结构的不匹配，从就业角度反映经济发展不平衡不充分的结构性问题。以人口大省河北为例，由于整体产业体系大而不强、全而不精，长期以来呈现偏重的产业结构，近年来风险挑战明显增多，国内经济下行压力较大，大量从业人员外流。河北在技能人才质量和储备方面并不具有优势。根据第七次全国人口普查数据，河北省劳动年龄人口占比仅为59.92%，远远落后于天津（64.87%）和北京（68.53%）。虽然从技能人才占常住就业人口比重来看，北京、天津和河北可以与浙江、江苏、广东等地相当，但从高技能人才占常住就业人口总量的比重来看，河北省高技能人才占比仅为9.1%，大大落后于浙江（11.2%）和江苏（10.2%）。随着河北工业化进程推进，产业链向中高端转型，部分毕业生专业技能水平、创新创业能力与市场和企业的用工需求存在较大差距。从京津冀乃至全国范围看，制造业、服务业技术工人短缺，部分技术技能人才的求人倍率超过2，"就业难"与"招工难"并存的现象较为突出。初级工多、高级工少，传统技工多、现代型技工少，单一型技工多、复合型技工少，短训速成的技工多、系统培养的技工少。① 高技能人才队伍总量仍然不足，尤其是高技术制造业人才供需失衡问题突出。

（二）技能培训供给与产业需求错位

技能培养与产业需求脱节。高技能人才培养主要有院校、企业和校企合作三种模式。院校培养因职教体系不健全、设施更新滞后、课程僵化、师资不足等问题，难以满足行业需求。企业培养因特色培训体系开发难、形式单一、自主评价困难等问题，培训与考核、激励、晋升机制衔接较弱，积极性不高。校企合作是衔接院校与行业的桥梁，推动人才培养与实际需求匹配，为产业转型升级提供技能人才支撑。

2025 年 1 月，人社部等八部门印发《关于推动技能强企工作的指导意见》，首次提出打造产教评技能生态链。政策目标转向服务经济建设与人的全面发展，重点从产教结合走向产教融合，强调职业教育与产业深度交融。各地各部门结合实际，围绕技能人才培养、使用、评价、激励等环节，加快落实政策措施，在产教融合、职教改革、职技融通等方面探索新模式，加强高素质技能人才队伍建设，支撑经济高质量发展。

京津冀地区已建立多个市域产教联合体和行业产教融合共同体，提出打造"产教评"技能生态链，明确了重点任务和需求清单，但如何推动成员单位深度参与职业教育仍是新问题。目前整体处于探索阶段，校企"联而不合""合而不深"的困局依然存在。无论是广东的技能生态链、上海的产教融合新生态，还是浙江的工学一体化改革，产教融合仍处于初级阶段，多以项目为载体。要实现多方主体同频共振，缺乏完善的保障机制将影响共同体或生态链的有效性、稳定性和可持续性，企业主体性未充分发挥，税收优惠和风险补偿政策不完善。

（三）职工发展需求与企业评价制度错位

在人才供给端，职工发展需求与企业评价制度错位。首先，社会就业观

---

① 孟优悠：《技能人才迎来高光期》，《成才与就业》2022 年第 11 期。

念普遍存在"重学历轻技能"倾向，技工院校生源质量受限，学历证书认可度不高，岗位晋升通道狭窄，就业竞争力弱于高职院校。新一代劳动者更注重职业发展、工作环境和自我价值实现，而目前的就业市场上制造业、服务业一线普通工人和服务岗位工作环境相对较差、待遇不高，对技能人才吸引力有限。其次，用人单位尚未建立完善的技能人才薪酬分配制度和岗位晋升体系，技能水平未能与薪酬等级精准对应，难以充分体现业绩贡献与岗位价值，尚未形成"技高者多得"的良性激励机制。因此，亟须拓宽人才链进入产业链、创新链的渠道，对技能人才的培养、使用、评价、保障等环节进行体系化制度设计，确保高技能人才作为技术创新的实践者，在推动技术创新和实现科技成果转化中充分发挥作用。

四　促进京津冀高技能人才协同发展的对策建议

高技能人才是推动京津冀地区高质量发展的重要人才支撑。促进京津冀地区高技能人才发展，要强化顶层设计，破解地区与行业壁垒，面向新质生产力发展需求，实施更加积极、开放、有效的技能人才政策，促进人才链与创新链、产业链、资金链深度融合，推动京津冀协同迈向中国式现代化新征程。

（一）发挥北京作为头雁城市的引领作用，提升京津冀高技能人才集聚水平

在京津冀协同发展战略下，北京作为以服务经济为主导的大国首都，也是高技能人才集聚高地，在人才资源优化配置、技能品牌示范引领、职业教育体系建设改革、产教深度融合、区域人才流动共享等方面肩负着重要使命。围绕"技能京津冀"建设，紧盯京津冀重点产业领域人才需求，增强职业教育跨区域协作机制，夯实生源统筹机制、共享教育资源和技术手段，促进专业体系提升、实训水平提升、融合深度提升，提升技能人才素质与地方经济、行业企业发展的适配性，推动京津冀三地相向而行、协同发力，推动区域人才一体化协同发展。

（二）完善技能人才的培育、使用、评价和激励等相关跨区域政策制度设计

落实推动职教高考制度、资历框架制度等技能人才培养机制落地，从企业内训、行业认证、区域发展三个维度打通技能人才培养与晋升通道，实现横向贯通、纵向衔接，为高技能人才成长提供广阔发展空间。注重政策落实与衔接，持续推进职业技能评价制度改革。加快落实《京津冀技能人才评价协同发展框架协议》，推进职称与职业资格、职业技能等级制度有效衔接，支持高技能人才参加职称评审和职业资格考试，尽快形成有针对性、实质性、预期性的高技能人才与专业技术人员互通互评的可落地政策，保障各部门政策有效衔接。探索深化京津冀地区技能等级认定协同，推动优质社会培训技能备案评价机构通过互认落地雄安。探索职业技能等级证书跨区域互通互认，确保高技能人才跨企业、跨区域流动过程中的技能等级晋升、岗位聘用、人才引进、培养选拔、服务保障等方面享有同等待遇，促进京津冀地区高技能人才流动。

（三）立足优势产业与新兴产业模式与特点，推动建设面向新质生产力发展的高技能人才政策体系

推动建设适应新质生产力发展的技能人才政策体系。一是先行先试改革创新高技能人才体制机制，促进学徒制培养与职业教育培养有机结合，为京津冀技能人才发展注入动力。二是围绕京津冀产业协同的五个产业集群和六条产业链，创新重点领域技能人才培养模式，深入推动工学一体化教学改革，建立技能人才储备基地，加强产教融合与校企合作。三是尊重新兴产业领域技能人才的价值和作用，重点聚焦区域新产业、新业态、新模式、新赛道，探索建立职业技能培训与产业需求联动的培训课程动态更新机制，加快培养与产业需求相匹配的技能型劳动者队伍。四是支持重点产业的产教融合政策，对高技术制造业人才引才育才出台针对性优惠政策，优化高技能人才引进政策与服务保障，推动国家、地方、产业政策之间有机衔接。

（四）完善技能导向的薪酬分配与长效激励制度，营造良好的高技能人才发展环境

健全高技能人才的多样化激励方式。探索建立技能等级与收入增长联动机制，以技能津贴、带徒津贴等，构建政府、企业、社会共同组成多元奖励体系。优化高素质技术技能人才薪酬分配制度，确保技能水平与劳动贡献精准对应薪酬等级，对推动技术革新和攻关项目有突出贡献的技能人才，探索协议工资、项目工资、岗位分红、年薪制等激励分配形式，充分贯彻落实"以技加薪""以技嘉奖"的理念。全面提升高技能人才社会地位，营造技能型社会氛围，形成良好的人才发展环境。鼓励各类企业建立符合本单位特点的职业技能等级体系，强化与工资福利、岗位聘任、职务晋升的衔接。拓宽高技能人才的职业发展通道，打造横向可贯通、纵向可衔接的人才发展路径。完善面向高技能人才尤其是高技能领军人才的"绿色通道"服务。

参考文献

穆桂斌、杨君：《京津冀人才一体化发展十周年回顾与展望》，《中国人才》2024年第5期。

姚凯：《高技能人才供给：难点、目标与路径》，《人民论坛》2024年第21期。

祝慧琳、史珍珍：《美国先进制造业技能人才培养经验》，载刘军、刘军胜主编《中国薪酬发展报告（2023）》，社会科学文献出版社，2023。

叶堂林、王雪莹、江成、刘佳等：《京津冀发展报告（2024）》，社会科学文献出版社，2024。

张天扬主编《北京人才发展报告（2024）》，社会科学文献出版社，2024。

陈亮、石晓飞等：《京津冀人才一体化发展研究报告》，社会科学文献出版社，2023。

李双杰、祝合良：《京津冀制造业发展报告（2024）》，社会科学文献出版社，2024。

国际经验篇

B.18

京津冀与东京湾区产业集群
及创新体系比较研究[*]

徐 爽[**]

摘 要: 随着全球经济一体化和区域协同发展的需求,产业集群和创新体系已经成为推动区域经济高质量发展的核心因素。京津冀地区与东京湾区分别是中国和日本的两个典型的代表性地区,在全球产业链中的产业集群形成和创新体系建设中起到了不可或缺的作用。本报告通过比较京津冀地区和东京湾区的产业集群特性,深入探讨了产业集群发展、科技创新和政府政策等方面的相似性、差异性和相互作用机制。本报告通过比较京津冀地区和东京湾区两个区域的创新体系,提出旨在优化京津冀地区产业集群和创新体系的对策建议,以期为推动京津冀地区经济高质量发展提供理论和实践方面的有价值参考。

---

[*] 本报告是北京市社会科学基金咨询类一般项目"科技创新政策推动北京教育、科技、人才一体化发展研究"(项目编号:23JCC083)阶段性成果。

[**] 徐爽,博士,北京市社会科学院市情研究所助理研究员,主要研究方向为科技创新、产业经济等。

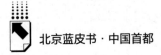

关键词： 京津冀 东京湾区 产业集群 创新体系 区域协同发展

一 研究背景

产业集群和创新体系是推动区域经济高质量发展的关键。通过资源共享、技术创新和信息流通，产业集群能显著提升区域竞争力和创新潜力。近年来，各国积极推动技术研发，强化产业集群和创新体系建设，尤其在快速发展的地区，构建全球竞争力的产业集群创新生态系统已获得全球高度认可。产业集群指特定地理区域内，相同或相关产业的企业、机构和组织聚集形成的经济现象。迈克尔·波特（Nichael E. Porter）认为，产业集群通过资源共享、信息交换、技术合作和劳动力流动，能提升生产效率、增强创新能力和加快市场反应速度。它不仅是企业集聚形态，更是创新环境，通过企业间的合作与竞争，促进技术迭代和创新支撑。

创新体系是产业集群发展的核心机制，受到学者和政策制定者的重视。其建设涉及政府、企业、学术机构等多方合作，旨在为产业提供技术创新动力，推动技术转化，并通过人才流动、资金支持提升区域创新能力。经济合作与发展组织（OECD）指出，创新体系需政府政策支持、企业创新投入和学术机构科研成果三大要素，为产业集群提供技术升级驱动力。

京津冀地区是中国经济发展的重要区域，作为首都经济圈，涵盖北京这一政治、经济、文化中心。在中国经济高质量发展阶段，京津冀地区产业从传统制造、资源型向高端制造、科技创新和现代服务业转型。北京依托科研基础成为国家科创中心，天津以先进制造和港口物流为引擎支撑其产业发展，河北推动传统产业绿色转型增强竞争力。然而，京津冀地区的产业集群与创新体系仍面临一定的挑战。区域内的产业分工和创新资源分布不均匀，虽然北京的创新能力处于国内领先地位，但天津与河北的科技创新相对滞后，导致区域内产业链的整合和协同效应不强，京津冀在技术创新和产业升级方面的良好机制尚未完全建立，创新资源的配置和流动存在不平衡现象。

如何通过政策引导和跨区域的产业合作，提升京津冀在全球经济中的竞争力，已成为当前亟待解决的问题。

东京湾区位于本州岛，作为日本经济的核心地带，涵盖了东京及其周边七个县，形成了全球人口最为密集、城市基础设施极为发达的大都市圈之一。该区域与旧金山湾区、纽约湾区以及粤港澳大湾区并驾齐驱，被公认为世界四大湾区之一。东京湾区不仅是日本最大的工业城市群，亦是国际金融、交通、商贸和消费中心。作为产业湾区的典范，东京湾区在技术产业领域表现尤为卓越，成为日本制造业和高新技术产业的中心。该区域的面积占日本国土总面积的 9.6%，集中了日本 1/3 的人口、2/3 的经济产出和 3/4 的工业产值。东京湾区具有极强的全球产业集群竞争力，尤其是在电子信息、汽车制造、精密仪器等领域。东京湾区依托全球知名的技术企业如丰田、索尼、松下等的创新驱动，得益于日本政府的政策支持以及东京大学等顶尖学术机构的支撑，形成了以技术创新为核心的模式，推动了区域内产业的快速发展。东京湾区的产业集群与创新体系不仅在日本具有重要地位，在全球经济竞争中也享有优势地位。其产业集群的成功经验为全球其他产业发展提供了丰厚的成果。其成功并非一蹴而就，背后有政策的精准引导、产业之间的深度协作以及全球化创新网络的支持。因此，东京湾区的发展模式为我们研究京津冀地区产业集群与创新经验系统提供了重要的比较视角。

本报告通过对比分析京津冀与东京湾区的产业集群和创新体系，旨在揭示区域在产业发展、技术创新、政策支持等方面的异同，并探讨其协同发展的机制和路径。本研究试图为产业集群与创新体系的理论研究提供新的视角，填补了京津冀地区与东京湾区产业资源和创新体系比较研究的空白。在现实中，本研究不仅为京津冀地区如何借鉴东京湾区的成功经验提供了建议，也为政府在推动区域经济一体化、促进产业升级和创新驱动发展方面提供了具体思路。

二　东京湾区与京津冀地区的产业资源特征分析

通过详细分析东京湾区与京津冀地区的产业资源特征，重点从产业布局、主导产业、产业链整合与良好效应三个方面进行对比，揭示产业集群的异同，并通过数据支持分析其相应的竞争优势与挑战。

（一）东京湾区产业的特征

东京湾区的产业集群布局体现在区域内四大产业的高度集聚性和专业化上。东京湾区的货物产业主要集中在横滨、川崎和千叶等地，尤其是川崎作为日本的石化与汽车制造产业重镇，拥有全球领先的石油化工、化学工业和汽车产业集群。横滨是日本电子信息产业的集中地，以先进的半导体和通信设备制造业为核心，并带动了周边区域的电子产业和技术创新。千叶则以大型港口和物流中心为基础，支撑了东京湾区的进出口贸易（见表1）。

表1　东京湾区产业分布情况

地区	主要产业背景	产业特征与发展优势	企业与技术
东京都	信息技术、金融服务、创意产业	东京是全球金融中心和科技创新中心，汇集了跨国公司总部、高科技公司和创投机构。产业集聚于高端信息技术、人工智能、金融服务及创意产业	日本电信电话（NTT）、索尼、软银、三菱 UFJ 金融集团等
横滨、川崎	石油化工、汽车制造、精密制造	横滨电子信息产业、川崎石化与汽车制造产业以生产精密零部件和高端技术设备为主导，产业链完善，形成了良好效应	丰田、日立、松下、川崎重工等
千叶	化学工业、制药产业、食品加工	作为重要的物流和北极中心，千叶的产业资源集中在化学工业、制药及食品加工领域，并且在环保技术和可再生能源领域也有布局	三井化学、住友化学、千叶化学等
房总(外环)	绿色能源、环保技术、可再生能源产业	房总地区正在快速发展绿色能源产业，推动氢能、电动汽车、太阳能和风能等技术的产业化，逐步形成低碳经济的产业集群	丰田、三菱电机、住友电气等
东京湾地区总体	电子信息、汽车、精密制造、化学产业	东京湾区的产业集群以高技术制造业为主导，涵盖汽车、半导体、精密制造、电子信息、化学等多个领域，形成高度和谐的产业体系，推动全球竞争力提升	日产、富士通、三菱重工等

资料来源：依据日本经济产业省官网数据整理，https：//www.meti.go.jp。

东京湾区的主导产业包括电子信息、汽车制造、精密制造和化学工业等。这些产业的高度集聚和良好效应促进了东京湾区在全球产业链中的领先地位。其中，电子信息产业凭借先进的技术创新和全球化的供应链布局，成为东京湾区的核心竞争力之一。汽车产业，特别是丰田、日产等全球知名汽车产业制造商的聚集，推动了区域经济的增长和产业的全球影响力。

（二）京津冀产业特征

京津冀地区产业布局显示三地分工合作的特点。北京作为国家科技创新中心，拥有河北丰富的创新资源和顶尖的科研能力，尤其在人工智能、大数据、信息技术方面，天津作为制造业基地，拥有完善的工业基础，尤其是在先进装备制造、航空航天及高端材料等领域具有重要优势。河北省则正在推动传统资源型产业向高新技术产业转型，特别是在新能源、新材料、绿色化工等方面逐步形成新的产业集群。京津冀地区的产业集群正在从传统制造业旗舰转向高端装备制造业和科技创新领域。

未来，在京津冀地区，高端装备制造、信息技术与新能源产业是当前发展的主导产业。京津冀协同发展统计监测办公室发布的监测数据显示，京津冀城市群在创新驱动发展战略实施中呈现显著的协同发展态势。京津冀区域研发投入强度持续提升，创新要素集聚效应凸显。区域创新发展综合指数跃升至180.9，较基准年增长了12.4，其增速与绝对值均居各分项指标之首。

根据京津冀协同发展统计监测办公室2024年发布的"京津冀区域协同发展指数评价指标体系"。经回溯性测算，2014~2023年京津冀区域协同发展指数呈现稳定上升曲线（见图1），2023年总指数达148.8（2014＝100），年度增幅5.6。分项指标显示，创新发展（180.9）与绿色发展（165.8）构成主要驱动力，分别贡献12.4个和0.8个增长点；共享发展（147.1）、协调发展（139.7）、开放发展（110.7）共同构成三个层次的增长梯队，形成多维协同发展格局，其中指数增长点由高到低排序为协调（7.8）、共享（5.8）、开放（1.2）。这种指标体系的重构与测算结果，为评估区域协同发展质量提供了新的计量基准。

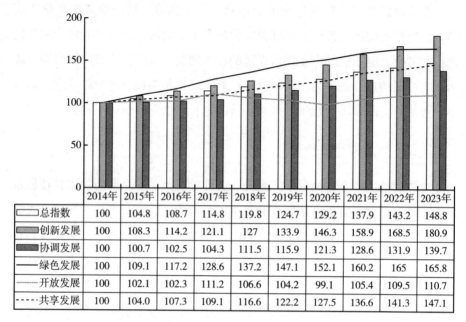

图1　2014~2023年京津冀区域协同发展指数

资料来源：京津冀协同发展统计监测办公室。

（三）东京湾区产业特征

东京湾区的产业链集成度非常突出，产业链的整合与协同效应明显，尤其在电子信息和汽车制造产业等方面，企业之间的合作与资源共享推动了创新和产业升级。深度协作，形成了强大的供应链和创新链，显著提高了产业链的竞争力和全球影响力。

相比之下，京津冀地区的产业链整合度较低，尤其是在技术转化和人才流动方面仍然存在河北增量。虽然北京在科研创新领域具有明显优势，但天津的创新资源相对较弱，导致整个京津冀产业链的良好效应不足。京津冀产业结构尚未形成高度统一和谐的产业链，尤其是在区域的技术转移与产业升级过程中，技术障碍和人才不足等问题时常出现。因此，京津冀地区急需加强产业链整合和良好机制的建设，提升区域内产业集群的整体竞争力。

根据日本贸易信息中心最新统计数据，东京湾区的高技术制造业出口占日本全国制造业总出口的28%。而京津冀地区的高技术制造业出口占中国全国制造业出口的15%。该数据表明，东京湾区在全球制造业中的竞争力远超京津冀地区，尤其是在高技术制造业的全球供应链中，东京湾区被赋予了更为重要的地位。京津冀地区需要通过深化区域和谐与创新合作，提升产业集群的全球竞争力和技术创新能力。

东京湾区在产业链整合、创新资源共享及全球竞争等方面具有明显优势。其高技术制造业和全球化程度较高的产业链布局，使东京湾区成为全球经济中不可忽视的重要区域。

三　创新生态系统的构建与运行机制

通过探讨东京湾区与京津冀地区创新生态系统的构建与运行机制，分析政府区域创新生态系统的主要特点、政策支持情况、科技园区与孵化器作用以及人才流动的影响，这能够揭示区域在创新能力和生态系统运作方面的异同。

（一）东京湾区创新生态系统的运行机制

东京湾区创新生态系统的核心特点是政府、企业和学术界三方的紧密合作模式。该模式凸显了政府政策支持、企业市场需求驱动和学术界的紧密合作，技术创新之间的协同作用共同推动创新成果的转化和产业发展。东京湾区的这一创新生态系统已经成为全球领先的创新体系，特别是在高科技领域和绿色能源技术领域。

例如，横滨市的高技术企业依托东京大学等顶尖学术机构开展联合研发项目，推动了多项示范性技术的创新，如量子计算、自动驾驶技术以及新能源汽车技术得到了政府的资金支持和政策引导，这些合作项目不仅提升了区域的技术创新能力，也促进了科技成果的产业化和市场化。

日本政府一直致力于通过政策支持推动东京湾区的创新发展，尤其是在自动驾驶技术、绿色能源和环保领域。《日本科技振兴机构（2022年）》指出，政府为东京湾区的高科技企业提供大量的研发资助，特别是自动驾驶和绿色能源产业的研发投入。这些政策措施不仅增强了东京湾区的创新能力和全球竞争力，还帮助企业降低了技术研发成本，加速了新技术的研发商业化进程。

此外，日本政府还通过税收优惠、融资支持、技术孵化等多种方式为企业创新提供了优良的外部环境。东京湾区的创新生态系统在政府、企业和学术界的良好作用下，形成了一个增强自我的创新机制。

（二）京津冀创新生态系统的发展现状

京津冀地区的创新生态系统发展正在逐步推进，北京、天津、河北建立了多个科技园区和创新孵化器。尤其是北京中关村科技园区聚集了大量科技创新型企业和高科技人才。天津滨海新区、河北廊坊等地都在积极建设创新型园区，吸引了1/3的企业入驻。

然而，京津冀地区整体的创新生态机制较弱，尤其是在产业间的科技成果转化方面，仍面临更大的挑战。虽然京津冀地区的科技园区和孵化器数量分布较广，但整体科技成果转化率仍然偏低，原因是缺乏有效的产业协同机制和技术转移平台。各地创新资源布局不均衡，导致技术创新与产业应用脱节，影响了整个区域创新生态系统的效率。

人才流动是创新生态系统的重要组成部分。《中国人才发展报告（2024）》数据显示，北京每年吸引超过50名科技领域的科技人才，然而，天津和河北的科技人才流失严重。[①] 尤其是河北，鉴于较低的创新资本选择源头和不完善的创新环境，大量高端人才流向北京和上海等一线城市。这种不平衡的人才流动加剧了京津冀地区创新资源的不均衡分配，进一步影响了整体创新能力的提升。

同时，京津冀地区的科技人才吸引力不足，部分企业和科研机构由于资

---

① 王见敏主编《中国人才发展报告（2024）》，社会科学文献出版社，2025。

金、政策等因素的限制，难以吸引更多的创新型人才。为解决这一问题，相关部门正在加大对科技创新人才的引进力度，出台了多项人才引进政策，但与东京湾区相比，差距仍然较大。

（三）两地区创新生态系统的比较分析

东京湾区在全球创新生态系统中表现优异，根据世界知识产权组织（WIPO）年度报告，东京湾区排名第6，而京津冀地区位居第18。差异主要体现在创新能力、科研总量、技术转化和产业应用等方面。东京湾区凭借高效的创新生态系统，能迅速将创新成果转化为产业应用，保持全球领先态势。相比之下，京津冀地区的创新生态系统尚处于初级阶段，资源整合能力、成果转化率和全球竞争力仍有较大提升空间。

东京湾区在自动驾驶、绿色能源等领域提供全面政策支持，包括资金援助。京津冀地区政策支持虽逐步加强，但在创新资源配置、科技资金支持和跨地区协调等方面仍显不足，尤其是河北和天津在政策推动和资金投入上存在差距，导致创新生态系统动力不足。

东京湾区凭借强大创新资源和生态系统吸引全球科技人才。在京津冀地区，北京科技创新优势明显，但天津和河北高端科技人才流失严重。北京依托政策支持和创新环境吸引大量科技人才，而天津和河北的人才吸引力不足，导致区域内创新资源分配不均。河北创新资源匮乏和基础设施薄弱，使人才倾向于流向北京等科技创新中心，加剧了京津冀地区内部创新能力差距，阻碍整体创新生态系统的良性发展。

与东京湾区相比，京津冀地区在人才吸引和留存方面面临严峻挑战。东京湾区的全球化创新生态系统能吸引全球顶尖人才，通过高效合作机制推动技术创新和快速迭代。而京津冀地区尚未形成有效的创新人才集聚效应，人才流动瓶颈制约了地区创新能力的提升。

东京湾区在政策支持、产业链、产学研合作及人才吸引等方面优势显著，成熟的创新生态系统使其在全球创新体系中处于领先地位。相比之下，京津冀地区虽在科技园区和创新孵化方面有所发展，但因存在创新资源分布

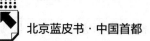

不均、成果转化率低及人才流动性差等问题，整体创新效率和竞争力仍显不足。

京津冀地区应加强政策协调，优化创新资源配置，推进科技成果转化平台建设，注重人才引进与留存，促进创新生态良性循环。借鉴东京湾区经验，推动政企学深度合作，整合产业链、延伸创新链，提升整体创新能力和全球竞争力。比较分析显示，东京湾区创新生态建设成效显著，但京津冀地区发展潜力巨大。通过深化区域协同、加大创新政策支持力度及优化人才流动机制，京津冀地区有望实现赶超，构建具有全球竞争力的创新生态系统。

四　区域产业集群与创新生态系统的交互关系

分析东京湾区与京津冀区域产业集群与创新生态系统之间的相互关系，有助于探讨区域如何通过政策引领和资源共享推动产业集群与创新生态系统的融合。

（一）东京湾区的实践经验

东京湾区在全球资源整合方面的成功经验，为区域产业集群与创新生态系统的对接提供了重要成果。通过建设国际化创新合作平台，东京湾区提升了产业集群的全球竞争力，特别是在高科技产业链领域，实现了与全球领先创新中心的深度合作。例如，川崎半导体产业链通过与硅谷合作，强化了其全球技术领先地位，促进了技术共享与创新，吸引了大量外资和先进技术，巩固了全球市场份额。此外，东京湾区积极参与全球创新网络，推动产业集群向高端、标准化升级，尤其在绿色能源、人工智能和数字化产业等新兴领域，通过整合全球创新资源，提升了区域创新能力和产业竞争力。

东京湾区政府在促进产业集群与创新生态系统方面发挥了关键作用。政府不仅通过税收优惠、研发资助等方式激励企业创新，还通过制定长期战略，推动跨境合作。政府通过推动企业与欧洲、美国等国际科技企业合作，引导本土企业积极参与国际项目，提高了产业链的全球化水平。通过这些政策，东京湾区形成了互利共赢的产业与创新生态系统，推动了区域内技术快速发展和产业快速创新。

（二）京津冀地区的现状与挑战

与东京湾区相比，京津冀地区在产业集群与创新生态系统的关系上面临更大挑战。尽管政府政策推动了区域协调创新，但由于地方发展不均、创新资源匮乏，河北在创新生态系统中的作用薄弱。根据《京津冀协同发展规划（2022年）》，北京作为全国科技创新中心拥有丰富资源，但河北与天津的创新资源差距显著，尤其在科技人才、资金和研发方面，进一步加剧了区域内部创新资源的不均衡。河北在吸引高科技企业和创新人才方面困难重重，创新环境薄弱影响了产业集群与创新生态系统的良性互动。

京津冀地区产业布局已形成以北京为创新驱动、天津为制造基地、河北为资源型产业转型的格局，但产业链整合能力仍弱于东京湾区。各子区域在技术创新与产业化对接上存在较大难度，地方政策、市场需求和产业基础的差异导致缺乏有效协调机制，创新资源分配不均，科技成果转化效率低，影响了区域整体创新能力的提升。北京的科技创新成果丰富，但由于天津和河北的产业基础薄弱，科技成果难以有效转化为生产力，创新资源无法在区域内良性互动和共享。

（三）创新生态系统的良性互动

东京湾区的产业集群与创新生态系统形成了良性互动。政府政策和企业需求推动技术创新，企业通过市场化手段将技术转化为产业优势。湾区通过资源共享和产业链整合，促进了技术快速应用和产业持续升级，尤其在跨国合作和全球资源整合方面具有强大竞争力。相比之下，京津冀地区虽推动了创新资源共享和产业集群整合，但由于地方发展不均、产业基础薄弱及创新链条断裂等问题，创新资源未能有效协同。河北和天津的政策与企业需求对接不足，导致产业资源与创新生态系统交互效果较差。京津冀地区需进一步优化创新生态系统，推动区域间创新资源流动和科技成果转化。东京湾区在资源整合、政策引导、产业协同和创新支持方面表现突出，提升了全球竞争力。京津冀地区在推动区域发展和创新资源共享方面做出努力，但仍面临挑战，需加强政策协同，推动创新资源合理分配与产业链整合，促进产业集群与创新生态系统的良性互动。

五 京津冀地区的启示和对策建议

借鉴东京湾区的成功模式，京津冀地区在产业集群和创新生态系统的建设上可以得到宝贵的经验和教训。为了促进京津冀地区的持续健康发展，有必要在交通、信息技术和绿色创新等领域加强政策协调和基础设施的建设。

东京湾区的成功实践证明，政府与市场之间的深度合作在促进区域产业集群和创新生态系统方面扮演了不可或缺的角色。政府通过调整政策方向和市场运作机制，促进了科技创新成果向市场化方向转变。京津冀地区需要深化政府与市场的合作伙伴关系，制定鼓励创新的策略，并保障市场在高科技产业和科研成果转化领域的持续增长。

东京湾地区致力于促进人才流动和技术创新整合，通过与政府、企业和学术界的合作，提高技术创新的效率和产业集群的竞争力。京津冀地区需要深化高科技企业与科研机构之间的合作关系，进一步促进该区域的创新与发展。另外，为了更好地实现人才资源的共享，建立一个跨区域的人才流动机制是非常关键的。

在推进创新生态系统的建设中，确保政策之间的高效协同显得尤为重要。京津冀地区有必要加强跨区域的创新政策合作，以减少投资的重复和政策间的冲突，进而提高整体的创新能力。确保区域创新政策体系的一致性是取得成功的核心，所以必须清晰地界定各方的职责和合作方向，以充分发掘创新的可能性。

一个区域的创新生态系统要想健康成长，基础设施的健全是不可或缺的。京津冀地区需要优化交通网络，强化信息技术的基础建设，并推动资源的流通与分享。因此，建议在交通、物流以及信息技术等领域加大投资力度，这样可以增强区域间的合作便捷性，更好地推动资源的流动。

京津冀地区的产业结构正逐渐向高科技和环境保护产业转型，其中绿色创新被认为是未来发展的关键方向。因此，有必要促进绿色技术与高端技术产业的深度整合，以提高产业的环境效益和经济增长的潜力。京津冀地区应当在新能源汽车、清洁能源以及绿色建筑等多个领域增加创新资金的投入，以促进绿色技术在产业中的广泛应用，从而提高其可持续发展的能力。

京津冀地区需要进一步加强人工智能技术的研究与应用，促进智能制造的发展，增加制造业的附加价值，整合科研资源，推动产业结构升级。东京湾区的实际操作经验为京津冀地区带来了有价值的启示，尤其在区域创新政策的协调、基础设施的建设升级以及绿色创新方面。京津冀地区应当深度研究高科技产业与绿色创新之间的结合，并加强人工智能的应用，以提升京津冀地区在全球竞争格局中的影响力。

参考文献

陈晓东、杨晓霞：《畅通教育、科技、人才良性循环：新质生产力驱动下科教兴国新战略》，《南京社会科学》2024 年第 10 期。

成程、王一出、田轩等：《对外开放制度创新、全球创新网络嵌入与中国科技国际影响力》，《管理世界》2024 年第 12 期。

姜南、韩琦、徐明：《支持科技全面创新的知识产权制度体系构建研究》，《中国软科学》2024 年第 9 期。

杜德斌、段德忠、张强等：《全球科技创新中心发展态势》，《中国科学院院刊》2024 年第 9 期。

Michael E. Porter, "The Five Competitive Forces that Shape Strategy," *Harvard Business Review*, 2008.

B.19
北京打造高品质文旅主题游的
国际经验借鉴及对策

——以北京中轴线为例

何仁伟*

摘　要： 北京中轴线作为展现中华文明魅力的重要窗口，其文旅主题游开发仍面临着诸多挑战。本报告借鉴巴黎埃菲尔铁塔、罗马斗兽场、京都金阁寺等世界文化遗产保护传承利用的成功经验，从开发创意旅游产品、深度挖掘文化内涵、完善基础设施与服务、加强国际推广营销、促进旅游与社区、商圈深度融合等方面，提出了打造高品质中轴线文旅主题游，助力国际消费中心城市建设的对策建议。

关键词： 国际消费中心城市　北京中轴线　文旅融合

　　全球旅游业正展现出蓬勃的生机与多元化的强劲发展态势，游客群体对于高品质、国际化的旅游体验需求愈发迫切。他们期待在旅途中享受到全方位、高质量的服务设施，包括舒适的住宿环境、精美的美食佳肴、便捷的交通网络以及专业的导游服务等。同时，对于旅游目的地的文化底蕴，游客们渴望通过生动有趣且深入浅出的方式加以了解，以期得到更加全面、深刻的认知与体验。

　　北京中轴线文旅主题游的开发，对于丰富消费内容、提升消费品质、增

---

　　* 何仁伟，博士，北京市社会科学院市情研究所研究员，主要研究方向为文旅融合发展、城乡融合发展。

强北京城市国际竞争力具有显著的推动作用。北京中轴线作为中国古代都城规划的杰出典范，承载着深厚的文化内涵和民族精神，其文旅主题游的发展状况备受关注。近年来，北京中轴线文旅主题游通过创新旅游产品和服务，成功吸引了全球游客的目光，成为北京文化旅游的新名片，也为北京的文化旅游消费注入了新的活力。特别是2024年北京中轴线被列入《世界遗产名录》后，其文旅主题游的品牌影响力和市场吸引力得到了显著提升。然而，面对国际消费中心城市建设的高标准和游客对高品质、国际化旅游体验的期待，北京中轴线的文旅主题游仍需转型升级。

一 北京文旅主题游发展现状及特点

（一）入境游市场强势复苏与结构优化

2024年北京入境游成效斐然，接待入境游客394.2万人次，同比增长186.8%，入境游客数量恢复至2019年的88.9%。[1] 其中，美国游客达35.3万人次，恢复到2019年的47.6%；俄罗斯游客29.3万人次，较2019年增长1.6倍；马来西亚游客20.9万人次，相比2019年增长1.2倍。[2] 这显示随着全球旅游市场的回暖以及北京旅游吸引力的提升，国际游客对北京的关注度和到访率迅速回升，北京在国际旅游市场的地位逐渐恢复。从时间趋势来看，疫情后北京入境游呈现出强劲的复苏态势，且在2024年实现了较大幅度的增长跨越，未来有望持续增长并超越疫情前水平。

从客源结构分析，不同国家和地区游客的恢复和增长速度有所差异，反映北京旅游资源在国际上的多元吸引力以及在不同区域市场的影响力变化。

① 《北京入境游实现"开门红"》，https://www.bdcn-media.com/a/33332.html，2025年1月21日。
② 《一季度北京入境游有望迎"开门红"，全年努力实现接待游客增长5%》，https://www.bbtnews.com.cn/2025/0113/543846.shtml，2025年1月13日。

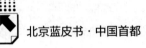

例如，新兴市场国家游客增长倍数较高，表明北京在拓展国际旅游客源地方面取得了一定成效，旅游市场的全球化布局更加均衡。

（二）国内旅游市场稳定增长与需求多样

国内游客对北京文旅主题游的热情持续高涨，在节假日期间，故宫、颐和园、八达岭长城等标志性景点游客络绎不绝。以故宫为例，近年来游客接待量稳中有升，尤其是在小长假和寒暑假期间，每日游客量可达数万人次。这得益于北京丰富的历史文化资源和不断提升的旅游服务品质，对国内游客具有强大的吸引力。

从游客需求角度，不同年龄段和兴趣爱好的游客呈现多样化的选择倾向。年轻游客热衷于体验北京的时尚文化和现代娱乐设施，如北京欢乐谷等主题公园；而中老年游客则更钟情于历史文化古迹的游览，体现了国内旅游市场的细分和成熟。随着居民生活水平的提高和旅游消费观念的升级，国内游客对北京文旅产品的品质和体验要求也日益增加，推动着北京文旅产业的创新发展。

（三）文旅产品创新升级与融合发展

中轴线申遗成功成为北京文旅产品创新的重要契机，"漫步中轴""骑游中轴""大美中轴"等特色旅游产品应运而生，受到游客的热烈欢迎。例如，北京京骑文化传播有限公司接待外国游客量在 2024 年同比增长 3 倍，充分彰显了北京文旅产品的市场活力和潜力。这些产品改变了传统的游览方式，为游客提供了更具深度和参与性的体验，丰富了中轴线旅游的内涵。

主题公园领域也不断推陈出新，北京欢乐谷的第二届奇幻冰雪节打造了戏雪场，并新增疯狂八爪鱼、雪地坦克、雪地卡丁车等 10 余个游乐项目，成功吸引大量游客，进一步巩固了主题公园在文旅市场的地位。这反映了北京文旅企业在产品创新方面的积极探索和投入，通过结合市场需求和自身特色，不断提升产品的竞争力。

文旅融合的深度和广度不断拓展，北京市珐琅厂的非遗工艺传承与利用项目便是典型代表。游客在参观过程中能够亲身参与非遗制作工艺，将旅游与非遗保护、传承有机结合，不仅提升了旅游的文化价值，也为非遗的传播和发展创造了新的途径，体现了北京文旅产业在融合发展方面的创新实践和积极成果。

（四）服务设施与产业协同共进与品质提升

在支付服务方面，北京取得了显著进展。全市 1.8 万家重点商户基本实现外卡受理全覆盖，1.14 万台 ATM 机支持外卡取现,① 两大机场支付服务示范区为 3.1 万名境外来宾提供咨询导办服务，累计办理外卡刷卡、外币兑换、外卡取现等业务 107 万笔，约 5.5 亿元。② 这一系列成果表明北京在旅游服务国际化方面迈出了坚实步伐，为国际游客提供了极大便利，提升了北京旅游的国际形象和竞争力。近年来，北京不断加强旅游基础设施建设和服务优化，支付服务的完善是其中的重要一环，未来还将持续改进和提升，以适应不断增长的国际旅游需求。

以朝阳区为例，休闲产业呈现多元化协同发展的良好格局。2024 年前三季度实现旅游收入 1179.7 亿元，同比增长 14.8%，占全市旅游收入的23.4%。③ 亮马河风情水岸国际艺术季汇聚 30 个国家的 3.1 万余名艺术家呈现 200 余场精彩演出，吸引 62.6 万余人次观看,④ 同时积极打造"场景+技术+内容"的新型发展模式，培育"博物馆+"文化与博物馆经济的新动能，力争在 2025 年之前，实现 100 家博物馆的建设目标，确保每 10 万人口中博

---

① 《地铁外卡拍卡过闸 6 万笔! 北京优化支付最新成绩单出炉》，https：//www.bbtnews.com.cn/ 2024/1030/535496.shtml，2024 年 10 月 30 日。
② 《截至 2024 年末，北京已累计办理外卡刷卡、外币兑换、外卡取现等业务 107 万笔》，https：//www.mpaypass.com.cn/news/202501/09102228.html，2025 年 1 月 9 日。
③ 《北京朝阳前三季度旅游收入全市第一 同比增长 14.8%》，https：//www.beijing.gov.cn/ ywdt/gqrd/202411/t20241115_3942480.html，2024 年 11 月 15 日。
④ 《2024 亮马河风情水岸国际艺术季收官，62.6 万余人次观看演》，https：//beijing.qianlong. com/2024/1107/8372742.shtml，2024 年 11 月 7 日。

物馆的覆盖率达到2.9个。① 这些数据充分体现了朝阳区在文化艺术、旅游产业等方面的繁荣发展以及相互促进的关系。文化艺术活动的丰富和博物馆建设的推进为旅游产业提供了更多的文化内涵和吸引力，而旅游产业的发展也为文化艺术的传播和展示创造了更广阔的平台，形成了良性循环，推动区域文旅产业整体品质的提升。

（五）文化科技融合与品牌建设成效斐然

在科技与文旅融合方面，石景山区的法海寺壁画艺术馆成为典范之作。通过数字技术将壁画转化为数字形式，并借助4K高清显示屏和360度全环绕球幕影院展示，使壁画"活起来""动起来"，吸引了更多游客参观，为文化遗产保护与展示开辟了新路径。这一案例体现了北京在文化科技融合领域的创新应用和实践成果，科技手段的运用不仅提升了文化遗产的展示效果和传播范围，也为游客带来了全新的文化体验，增强了北京文旅产业的科技感和吸引力。随着科技的不断进步，未来北京文旅产业在文化科技融合方面还有更大的发展空间和潜力。

朝外UIC城市活力创新中心的出现标志着文旅融合新场景的成功打造。它汇聚商业、旅游与文化，成为年轻人喜爱的打卡地，聚合多种商业业态，实现了文旅商的有机融合，显著提升了区域的文化旅游品牌形象。这反映出北京在文旅产业创新发展过程中，注重挖掘和培育新的消费场景和增长点，通过整合资源和创新模式，打造具有特色和吸引力的文旅品牌，进一步提升北京在国内外旅游市场的知名度和美誉度。

北京中轴线成功申遗后，品牌影响力和市场吸引力实现质的飞跃，成为北京旅游最大的"IP"。天安门广场、故宫、钟鼓楼、天坛等景点成为中外游客必游之地，带动了周边旅游相关产业的蓬勃发展。例如，周边酒店、餐饮、纪念品商店等生意兴隆，旅游收入大幅增长。同时，北京不断推出新的

---

① 《北京朝阳2025年将建成100家博物馆》，https://bj.leju.com/news/2024-06-11/11237206133955811390424.shtml，2024年6月11日。

文旅活动，如 2025 年春节计划整合全市文旅资源，围绕多个主题推出 4300 余场活动。这些举措持续丰富游客旅游体验，巩固和提升北京文旅品牌形象，使北京文旅产业在国内外市场保持强大的竞争力和吸引力，并且随着时间的推移，中轴线品牌的影响力有望持续扩大，成为北京乃至中国文化旅游的重要名片。

二 北京中轴线文旅主题游开发面临的挑战

（一）旅游产品创新不足，难以满足国际消费需求

一是目前北京中轴线的旅游产品以常规的景点参观为主，缺乏独特的创意和深度体验。例如，游客在游览故宫时，主要活动是沿着既定的参观路线欣赏宫殿建筑，而参与故宫文化相关的深度体验项目的机会较少。二是中轴线的旅游活动形式较为单一，缺乏新意。以天坛为例，尽管它是一个著名的世界文化遗产，但目前的旅游产品主要集中在观光活动上，对于天坛所承载的古代祭祀文化的深度挖掘和创新展示不足，针对天坛声学原理的体验项目开发不够，游客无法充分感受到古代建筑智慧的独特魅力。

（二）与社区、商圈融合度低，文旅商缺乏有效联动

一是中轴线周边的一些社区未能充分融入中轴线的旅游线路中，社区居民对旅游开发的支持度和参与热情不高。例如，草厂胡同虽然地理位置优越，但社区的传统文化和生活方式未能与旅游活动有效结合，游客难以感受到原汁原味的北京胡同生活。二是文旅开发与王府井、西单、前门大街等商圈的整合力度不够，导致两者之间的互动性和互补性不强。具体表现在文化体验与商业活动的衔接不紧密，缺乏有效的联动机制吸引和留住游客，以及在营销推广和品牌建设上缺乏统一的战略规划，未能充分发挥中轴线文化资源对商圈发展的带动作用。

（三）文化内涵挖掘不够，影响消费的"文化含量"

讲解员对中轴线所蕴含的深厚历史文化内涵缺乏生动和有深度的讲解，难以引发游客的情感共鸣。以故宫为例，讲解大多侧重于建筑的外观和基本历史，对于其建筑布局所体现的儒家礼制思想、风水理念以及背后的宫廷文化生活等方面的阐述相对较少。在讲解景山公园时，往往只是简单介绍其作为皇家园林的历史，而对于其在明清两代的政治象征意义以及所承载的文化故事挖掘不够深入；在讲解钟鼓楼的晨钟暮鼓制度时，往往侧重于介绍敲击的具体时刻及其功能，却很少深入讲解这一报时机制所反映的古代社会对时间的认知和秩序维护，游客往往难以充分领会其深厚的文化内涵。

（四）基础设施与服务不完善，制约消费品质提升

一是在交通方面，中轴线周边的交通拥堵问题在旅游旺季尤为突出。例如，在节假日期间，南锣鼓巷周边的道路平均车速不足 15 公里/小时，严重影响了游客的出行效率。二是在饮食方面，在一些热门景点区域，游客难以找到环境幽静、菜品精致的餐厅。美团数据显示，故宫周边 1 公里以内餐厅的平均分约为 4.1 分（满分 5 分），评分低于 4 分餐厅的约占 41%。三是在住宿方面，中轴线附近的高端酒店数量相对较少，经济型酒店的服务质量普遍较低。携程数据显示，故宫周边 4 公里以内的中低端酒店（价格 500 元以内）平均分约为 4 分，评分低于 4 分的酒店约占 40%，其中低于 3.5 分的约占 16%。

（五）国际推广与营销不足，知名度和影响力有待提高

一是北京中轴线在国际旅游市场上的知名度相对较低。在国际知名旅游网站上，关于北京中轴线的介绍和评价相对较少。例如，在 Tripadvisor 上，与巴黎埃菲尔铁塔和罗马斗兽场等国际著名景点相比，关于北京中轴线的英文评论数量明显较少。二是缺乏针对国际游客的定制化宣传资料和导览服务。当下北京中轴线的旅游服务在针对国际游客方面存在明显不足，尤其是在宣

传资料和导览服务的定制化方面。现有的宣传资料往往是通用版本，没有充分考虑国际游客的文化背景、语言习惯和兴趣点，导致信息传递效果不佳。

三 国外世界文化遗产保护传承利用的经验做法

（一）法国巴黎埃菲尔铁塔

文化的深度挖掘，特色鲜明的旅游产品。一是文化的深度挖掘。在入口处设置多媒体展示区，展示铁塔的建造过程、设计理念以及在法国文化中的象征意义。同时配备专业的讲解员，以生动有趣的故事和传说吸引游客。二是旅游产品的创新。除了常规的白天观光游览，埃菲尔铁塔还推出了夜间专属的灯光秀，为巴黎的夜晚增添了独特的魅力。塔上设有高级餐厅，游客可以在欣赏美景的同时享受精致的法式美食。针对情侣游客，提供在塔顶点灯求婚的定制服务，相关服务套餐的售价为5000欧元起。

完善的基础设施。一是周边交通便捷，有多条地铁线路和公交巴士直达，同时设有能容纳超过1000辆车的大型停车场，即使在旅游旺季也能满足游客的出行需求。二是餐饮选择丰富多样，从法式高级餐厅到街头小吃摊应有尽有，能够满足不同游客的口味和预算需求。三是周边分布着众多星级酒店、经济型酒店和特色民宿，为游客提供了多样化的住宿选择。例如，巴黎香格里拉大酒店距离埃菲尔铁塔仅1公里，每晚房价为500~5000欧元，价格不菲但其入住率在旅游旺季能超过85%。

文旅开发与商圈融合发展。通过战略规划和资源整合，实现了旅游地标与周边商圈的互促共荣。通过优化交通连接、提供多样化的购物和餐饮选择、举办与铁塔相关的文化活动以及实施联合营销策略，埃菲尔铁塔不仅增强了自身的吸引力，也有效地将游客流量转化为商圈的消费动力，同时借助政策支持和社区参与，构建了充满活力、具有国际竞争力的文旅商一体化发展模式。

多元化的国际推广策略。一是运营多语种官网和社交媒体，发布动态和旅游信息，吸引全球关注，如官方Instagram拥有粉丝千万人。二是参与旅游展会，与旅游平台和旅行社合作，推广优惠套餐，如与 Expedia 合作的"巴黎浪漫之旅"销量领先。三是与知名品牌合作，推出联名产品和活动，提升埃菲尔铁塔国际知名度，如与香奈儿和卡地亚合作，打造了以埃菲尔铁塔为主题的高级珠宝系列。

（二）意大利罗马斗兽场

鼓励社区参与。一是鼓励周边社区居民参与旅游服务，许多居民将自家房屋改建成民宿，为游客提供具有当地特色的住宿体验，讲述斗兽场的历史和文化。二是社区居民还经常组织传统的文化活动，如古罗马服饰表演、角斗士模拟战斗等，让游客更深入地了解罗马的历史和文化。

重视文化传承与教育。一是设立了专门的教育项目，为学校和教育机构提供定制化的参观课程和讲座，让学生在参观斗兽场的过程中学习古罗马的历史、建筑和文化，从小培养他们对文化遗产的保护意识。二是定期举办文化研讨会和学术交流活动，邀请国内外专家学者共同探讨斗兽场的保护和传承问题，增强公众对文化遗产保护的意识。

推动可持续发展。一是严格控制游客数量，每天限制入场人数 3000 人，并实行分时预约制度，有效保证了游客的参观质量。二是投入大量资金用于文物修复和环境保护。例如，2020 年完成斗兽场外墙修复工程，历时 9 年，耗资 2500 万欧元。三是推广绿色旅游，鼓励游客使用公共交通或步行前往。周边设置了多个自行车租赁点和电动巴士站点，鼓励游客选择绿色出行方式。

（三）日本京都金阁寺

创新的营销手段。一是推出了一系列与金阁寺相关的文创产品，如精美的明信片、传统手工艺品、特色纪念品等，深受游客喜爱。二是利用日本发达的动漫和影视产业，将金阁寺的形象融入动漫作品和电影中，吸引了大量年轻游客的关注。其中一款名为《金阁寺之谜》的手机游戏，融入了解谜元素，让玩家在虚拟世界中探索金阁寺的神秘。三是利用社交媒体进行"病毒式"营销,例如在 TikTok 上发起的"金阁寺之美"挑战,吸引了全球用户创作超过 100 万个相关视频,展示了金阁寺在不同季节、不同角度的美丽景色。

提升游客体验。一是提供多种语言的语音导览服务,游客可以根据自己的需求选择不同语言的讲解,更好地了解金阁寺的历史和文化。二是寺内设置了多个休息区和观景平台,方便游客休息和欣赏美景,同时在游览路线上设置了清晰的标识和引导,提高游客的游览舒适度。

与当地产业融合。一是将金阁寺旅游与京都的传统手工艺产业相结合,游客在参观金阁寺后,可以前往周边的手工艺品店,亲自参与制作传统手工艺品,如和纸、折扇等。二是与京都的茶道文化相结合,在周边开设了许多茶道体验馆,游客可以品尝正宗的抹茶,学习茶道礼仪,感受日本传统文化的魅力。

四　对策建议

(一)开发创意旅游产品,以科技感、中国潮、国际范引领旅游消费新潮

一是结合北京培育建设国际消费中心城市的科技赋能举措,运用虚拟现实(VR)、增强现实(AR)、人工智能(AI)等先进技术,打造"中轴线数字文旅体验中心",为游客提供沉浸式的旅游体验,如虚拟游览中轴线历史场景、互动式了解古建筑构造等。二是推出"中轴线主题定制游"服务,根据游客的兴趣和需求,定制个性化的旅游线路和体验项目,如"中轴线美食之旅""中轴线非遗手作之旅"等,满足不同游客的多样化需求。三是加强与国际知名文旅品牌的合作,引入国际先进的旅游产品开发理念和运营模式,共同打造具有国际影响力的中轴线文旅产品,如与国际主题乐园品牌合作,打造具有特色的主题游乐项目。

(二)构建旅游与社区、商圈深度融合机制,提升旅游消费活跃度和繁荣度

一是鼓励社区居民参与旅游经营。邀请专业的酒店管理和餐饮服务人

员，帮助他们开设具有老北京特色的民宿和餐厅。建立社区旅游合作社，居民共同参与旅游资源的开发和管理，收益按照一定比例分配。邀请居民参与社区文化活动，展示传统的京剧、杂技、民间工艺等，让游客深入感受北京的传统文化和生活方式。

二是构建与王府井、西单、前门大街等商圈融合发展的政策机制。由政府部门牵头，制定中轴线文旅与商圈融合发展的总体规划，明确发展目标、战略方向和实施步骤。优化交通和公共服务设施，增强中轴线与商圈的连通性和互动性。通过线上线下多渠道联合营销，利用中轴线的文旅资源吸引游客，同时推广商圈的商业活动。出台相关政策，为文旅与商圈的融合发展提供税收优惠、资金扶持等激励措施。

（三）深入挖掘文化内涵，让旅游消费"文化味"更浓郁

一是成立中轴线文化研究联盟，整合高校、科研机构、文化专家等资源，深入挖掘中轴线所蕴含的历史文化内涵，开设中轴线历史文化讲解专业课程，培养专业讲解人才。二是利用数字化手段，如 3D 建模、全息投影、数字博物馆等，创新文化展示方式，让游客更加直观、深入地了解中轴线的文化价值。三是开发中轴线文化课程和研学项目，面向国内外游客和学生群体，开展文化讲座、研学旅行等活动，让全球更多人感知中轴线文化魅力。

（四）完善基础设施与服务，增强旅游消费便利度和舒适度

一是基于北京智慧城市建设，加强中轴线景区的智能化基础设施建设，如智能导览系统、智能停车管理、实时游客流量监测等，提升游客的旅游体验。二是提升餐饮和住宿品质，鼓励发展具有中轴线文化特色的主题餐厅和酒店，同时引入国际知名餐饮和酒店品牌，满足不同层次游客的需求。三是强化旅游服务人员的培训工作，提升服务质量与专业素养，以期为游客提供更为卓越及细致的服务。对南锣鼓巷等地的特色民宿进行评级和规范管理，提升服务质量。

（五）加强国际推广营销，提高在全球市场的知名度和美誉度

一是制定针对国际市场的精准推广策略，结合北京国际消费中心城市的品牌建设，将中轴线文旅主题游纳入城市整体宣传推广体系，提升中轴线在国际旅游市场的知名度。二是利用国际社交媒体平台和旅游展会，积极开展线上线下相结合的宣传推广活动，展示中轴线的独特魅力和文化特色。定期发布高质量的图片、视频和旅游攻略。在国外媒体平台上发布中轴线四季美景图片集，并用多种语言介绍。三是强化与国际旅行社及旅游平台的合作，推出定制化的中轴线旅游产品与线路，以吸引更多国际游客前来北京中轴线旅游和体验，比如与欧美知名的旅行社合作，推出"北京中轴线深度游"产品，在欧美市场进行推广。

参考文献

王天舟、张华、刘奇申等：《深度学习与大模型技术在北京中轴线实景重建中的应用》，《信息通信技术与政策》2024 年第 12 期。

朱琦乐：《文商旅融合背景下商业街区的"演艺+"发展研究——以北京中轴线为例》，《商展经济》2024 年第 24 期。

孙燕：《北京中轴线的突出性价值及其海内外传播》，《国际传播》2024 年第 6 期。

张立新、褚建好、唐执科等：《让文化遗产焕发时代新韵——北京中轴线成功申遗的历程、做法与启示》，《北京党史》2024 年第 6 期。

何明夏：《品牌·宣传·消费：北京中轴线主题数字出版物推广联动路径》，《中国出版》2024 年第 20 期。

关子辰、牛清妍：《深化"文旅+"融合北京入境游可这样做》，《北京商报》2024 年 9 月 19 日。

杨悦、蒋永华：《文旅融合视角下基于短视频的北京城市形象建构研究》，《新传奇》2024 年第 34 期。

于兆楠、荆雯：《City Walk：美好生活视域下的体文旅融合发展研究》，《体育科技文献通报》2024 年第 9 期。

B.20
北京夜间经济高质量发展的
经验与推进路径

高辰颖*

摘 要: 北京已经将夜间经济视为打造城市品牌,建设国际消费中心城市和国际一流和谐宜居之都的重要抓手,北京市夜间经济近年来发展较快,在全国主要城市中居于前列。但同时,北京夜间经济供给体系等仍然存在产业布局不充分、业态内容不丰富、发展环境待优化等问题。国际大都市发展夜间经济的经验模式为北京夜间经济高质量发展提供参鉴,提出在北京夜间经济发展的新阶段,应坚持系统思维,从顶层设计、场景培育、产业发展、精准治理全方位推进高质量发展。

关键词: 北京市 夜间经济 国际消费中心城市 和谐宜居之都

夜间经济已经成为衡量国际化大都市经济水平、市场繁荣、生活质量、投资软环境及文化发展的重要指标,纽约、伦敦、巴黎等国际大都市均格外重视夜间经济的发展,夜间经济非常发达。在我国深入实施扩大内需战略背景下,城市夜间经济已成为创造文旅市场新需求,大力提振消费的重要途径。《国务院关于促进服务消费高质量发展的意见》《关于释放旅游消费潜力推动旅游业高质量发展的若干措施》等政策文件均提出要推动有序引导发展夜间经济,打造夜间经济集聚区,活跃夜间商业和市场,为夜间经济发

---

* 高辰颖,博士,中共北京市委党校(北京行政学院)经济学教研部副教授,主要研究方向为消费经济、产业创新。

展创造了良好的市场环境。在此背景下，北京市立足首都城市战略定位，聚焦"四个服务"，以建设国际一流和谐宜居之都为出发点，自 2017 年至今，已推出 5 个丰富夜间经济相关的政策措施和行动方案。目前，北京以"新消费"为主线，深入推动实施"夜京城" 3.0 版，但是与国际大都市相比，北京夜间经济发展质量仍有较大的提升空间。

一 北京夜间经济发展现状与国际比较

（一）规模维度：消费规模位居前列，市场潜力巨大

夜间消费规模与收入水平、消费意愿等因素紧密相关。北京市夜间消费潜力巨大，第七次全国人口普查结果显示，北京常住人口 2152 万人，中等收入群体占比超过五成，人均 GDP18.4 万元，居民人均可支配收入 7.5 万元，同时，北京拥有千万资产高净值家庭为 28.8 万户，居全国首位，是全国高净值人群最密集的城市，居民对旅游、演出、电影、读书等休闲文化消费需求大幅增加，而这些需求大多在夜间才有时间得到满足，形成了巨大的夜间消费市场。根据《北京市夜消费调查报告》，83% 的受访者有夜间消费经历，42% 的受访者每周有 1~3 次夜间消费，75% 的受访者夜间消费时长 1~3 小时，夜间消费已成为北京居民的常态化消费行为，夜间消费额约占全天消费额的 37%，并且与全国其他主要大中城市类似，主要集中在 18~22 时，该时段的消费额占夜间消费额的比重为 72%（见图 1）。以朝阳区为例，全区夜间经济消费总金额 2.41 亿元，同比增长 246.61%，占全区总消费金额的 24.91%。

（二）结构维度：业态结构持续优化，夜游态势良好

根据北京市统计局数据，超过七成的居民夜间消费选择美食餐饮，美食餐饮成为最受欢迎的夜间消费活动类型（见图 2），根据抖音生活服务数据，

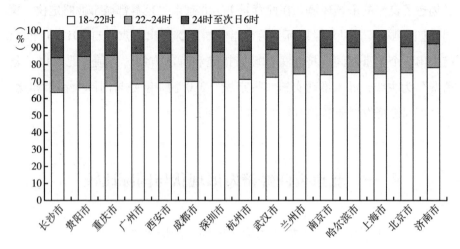

图1　全国大中城市夜间分时段消费额占比

资料来源：美团研究院《2020年上海夜经济发展趋势特征报告》。

2024年暑期期间，夜间美食销售额同比增长超226%，订单量同比增长153%，在所有业态中的需求最为旺盛。虽然"夜食"领跑夜间经济，是居民夜间消费的最主要内容，但目前北京夜间经济已经从以夜市、餐饮为主要构成的1.0版本过渡到融合了文化旅游等新兴业态的2.0版本，目前正在进入线上线下、多元业态深度融合的全新3.0时代，夜间消费内容和形式不断多样化，涵盖了旅游、购物、文化、健身、休闲等多种消费活动，电影和文艺汇演、旅游景点和公园、逛街购物、健身等业态的消费者占比均已达夜间消费者总数的50%，带动相关市场蓬勃发展。以"夜游"为例，2024年园博园"京彩灯会"接待游客约10万人次，营业收入超1200万元，新型文旅市场呈现供需两旺的趋势。同时，从线上夜间消费类型看，线上文娱（游戏、视频、音乐、社交软件等）用户最多，占比64.73%；其次为线上外卖，占比58.02%；线上购物（直播带货、电商平台）次之，占比49.77%；线上游览（云观展、云旅游）、网络课程、其他占比分别为27.18%、20.31%和1.53%，高水平供给、高质量服务、高品质内容推动新型夜间消费扩容（见图3）。

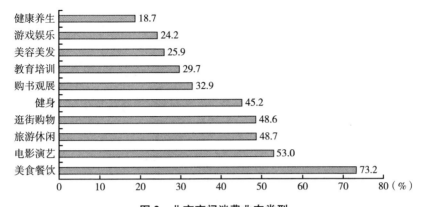

图2　北京夜间消费业态类型

资料来源：北京市统计局《北京市夜间消费调查报告》。

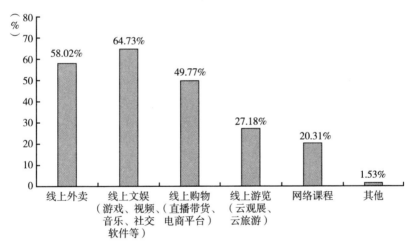

图3　北京线上夜间消费业态类型

资料来源：问卷调查《北京市夜间消费满意度调查》。

（三）产业维度：消费地标不断涌现，集聚优势凸显

2019年，北京市商务局印发《北京市关于进一步繁荣夜间经济促进消费增长的措施》（即"夜间经济1.0版政策"），标志着"夜间经济"步入高质量发展的新时期。随后，北京相继推出"夜间经济2.0版政策"和

"夜间经济3.0版政策",布局建设"夜京城"消费地标、打卡地、生活圈,进一步拓展了夜间多元消费。目前,北京已培育了包括蓝色港湾—亮马河国际风情水岸在内的13个"夜京城"特色消费地标、38个融合消费打卡地和30个品质消费生活圈点位,北京的夜间消费场景更鲜活、夜间消费供给更多元。同时,北京积极建设国家级夜间文化和旅游消费集聚区,自2021年文化和旅游部启动集聚区建设工作以来,截至2024年2月,北京共计入选14个集聚区。第一批共入选前门大街、天桥演艺区、798艺术街区、亮马河风情水岸、华熙LIVE、古北水镇6个聚集区,第二批入选王府井、欢乐谷、大悦城、环球城市大道、乐多港5个集聚区,第三批入选东城区隆福寺文化街区、石景山区首钢园、通州区北京(通州)大运河文化旅游景区中区3个集聚区。入选的14个国家级夜间文化和旅游消费集聚区类型覆盖了历史文化街区型、文旅休闲商业街区型、工业遗址创意型、都市滨江休闲区型、旅游度假区型、主题乐园型、文旅演艺集聚区型等多种类型,有效推动了文旅产业与相关消费产业的纵深融合(见表1)。

表1　国家级夜间文化和旅游消费集聚区入选省份及数量

单位:个

省份	首批数量	第二批数量	第三批数量	小计
北京市	6	5	3	14
天津市	2	2	3	7
上海市	6	6	4	16
江苏省	6	6	4	16
浙江省	6	6	3	15
山东省	6	6	4	16
广东省	5	6	4	15
福建省	5	6	4	15
河北省	6	2	3	11
海南省	1	2	3	6
辽宁省	3	2	3	8

省份	首批数量	第二批数量	第三批数量	小计
吉林省	3	1	4	8
黑龙江省	1	1	3	5
江西省	5	6	3	14
河南省	5	4	3	12
湖北省	4	3	4	11
湖南省	4	6	4	14
安徽省	2	6	4	12
山西省	1	4	3	8
广西壮族自治区	6	5	4	15
重庆市	6	6	3	15
四川省	6	7	3	16
云南省	5	5	4	14
贵州省	4	4	3	11
陕西省	4	4	3	11
甘肃省	3	2	3	8
内蒙古自治区	3	1	3	7
新疆维吾尔自治区	2	2	3	7
青海省	1	1	1	3
宁夏回族自治区	1	3	3	7
西藏自治区	1	2	2	5
新疆生产建设兵团	1	1	1	3
合计	120	123	102	345

资料来源：根据文化和旅游部发布名单整理。

（四）市场维度：市场供给能力突出，夜间商圈活跃

北京市超过八成的商户选择在夜间营业，[①] 夜间营业商户数占比居于全国大中城市前五，例如，海淀区夜间经济高地华熙 LIVE·五棵松，在 134 家商业企业中有 52 家餐饮营业到 24：00，16 家餐饮营业到次日 2：00。但

---

① 夜间营业商户是指 18 时以后在平台上至少有 5 单交易的商户。营业到 22 时以后的夜间营业商户是指 22 时以后在平台上至少有 5 单交易的商户。

整体来看，全市夜间经营主体仍然有不足40%的商户在22：00后营业，特别是24：00后营业商户占比仅为15%。夜间供给能力决定商圈热度，在全市主要商圈中，CBD、三里屯、望京三大商圈夜经济活跃位列前三，东部相对于西部热度更高，主城区相对于周边地区热度更高。从各区来看，北京市夜间消费主要集中在朝阳区，根据手机位置数据显示，在22：00时朝阳各商圈夜间活动人口占全市的30%，居全市首位；西城区夜间消费主要集中在西单和前门—大栅栏，东城区主要集中在南锣鼓巷、簋街等具有老北京文化特色的商圈；通州、石景山的环球影城、首钢园等夜间消费新地标迸发生机。例如，北京环球影城度假区带动了周边5公里范围内的梨园、临河里、土桥等商圈的夜间消费。

从国际比较的维度来看，一是在经济收入与就业方面，纽约夜间经济产值较高，2016年就达到了350.1亿美元的总产值和290亿美元的年收入，夜间经济提供了29.9万个就业岗位，为纽约创造了大量的就业机会，是城市就业的重要组成部分，其夜间经济的强大实力和成熟度在全球处于领先地位。随着北京市夜间消费的活跃程度和消费品类丰富度逐渐提升，经济收入和就业岗位数量也在逐步增加，但相比之下依然存在较大差距。二是在优势产业方面，伦敦的餐饮、购物、娱乐等消费品类丰富，特别是发达的文化娱乐产业为夜间经济提供了支撑，如伦敦西区剧院每周接待超28万人，吸引了大量的消费者，提升了城市的夜间活力和吸引力。另外，伦敦夜店和酒吧的夜间营业时间较长，20：00~23：00以及23：00以后的消费占比较高。而北京的夜间消费主要以传统的餐饮为主，夜间文化消费供给尚难以满足多元化的消费需求。同时，北京受夜间经营时段制约，23：00以后的"深夜"消费占比相对较低，不利于夜间经济规模的持续扩张。三是在场景环境方面，东京利用自身丰富的文化资源，通过举办烟花大会、增加文艺演出等，吸引了大量的游客和市民参与夜间活动，同时新宿、银座、涩谷、六本木等商业区的24小时营业场所也满足了不同人群的夜间消费需求。总体来看，纽约、伦敦、东京等国际大都市的夜间经济发展较为成熟，经济收入和就业岗位数量显著，产业基础雄厚、消费品类和场景丰富、消费时段分布广泛。虽然北京的夜间经济在近年来也取得了显著进展，但在夜间经济繁荣度、成熟度、便利性、多元化等方面仍有提升空间。

二　北京夜间经济高质量发展面临的主要问题

（一）"夜京城"空间布局的均衡性和联动性有待加强

现有城市规划对全时段的考虑不足，难以从城市建设发展的战略层面引领全域夜间经济实现协调可持续的良性发展。根据北京市统计局、北京市商务局对全市重点商圈统计监测数据，全市52个商圈占地面积共145.8平方公里，覆盖居住人口270.2万人和工作人口223万人，分别仅占全市居住人口和工作人口的9.7%和16.4%，其中32个商圈分布在城六区，仅有20个商圈在郊区。同时，"夜京城"载体的功能复合度和联动性较弱，尚未形成较为成熟的夜间经济聚集区，难以带动夜间经济产业资源从点、线的发展转向复合型的块、圈、带状发展，例如，国家大剧院作为北京中心城区的夜间活跃区之一，周边缺乏充足的商业、交通配套，难以形成夜间经济规模效益。

（二）各区夜间经济发展对新场景、多节点考虑不足

目前"夜京城"布局的消费场景较为单一，主要集聚在商圈、景区等场景。在场景的开发利用方面对滨水空间、文博场馆、公园绿地等特色空间利用不足，各个点位对在地特色夜间经济资源的挖掘和利用不足，难以形成独具特色和辨识度的"夜京城"新地标。同时，受限于社区型夜间节点不足，"夜京城"消费场景的覆盖面有待向社区"最后一公里"延伸。调查结果显示，56.34%的受访者偏好3千米以内的夜间消费点位，但现有设施难以满足高频次、便利性需求。朝阳区（28.09%）、海淀区（21.53%）、丰台区（20.92%）等区域对新增3千米内夜间商业设施需求较高，反映了社

区型夜间经济的迫切需求。尽管政策鼓励建设 24 小时便利店等，但网点空间受限，短期内难以满足需求，如北京 24 小时便利店占比仅为 67.8%，"一刻钟便民生活圈"夜间配套仍需加强。

（三）夜间经济业态内容与夜间消费者需求存在错配

据问卷星调研结果，在 699 份北京市夜间消费者问卷中，68.85% 的消费者在选择夜间消费目的地时倾向于把食、游、购、娱多业态融合作为首要条件，且相较于餐饮、零售，更偏好于演出、展览等体验型消费活动。尽管北京市夜间消费的业态范围日渐丰富，但融合型业态仍然存在供需不匹配的问题，难以满足消费者多层次的夜间消费需求。北京市商务局数据显示，全市 52 个重点商圈的 5.6 万个兴趣点中，购物餐饮占比近九成，购餐比约为 1∶53.1，夜间经济存在"好吃不好玩、够吃不够玩"问题。同时，现有政策对新型夜间文娱业态规划不足，音乐会、话剧、脱口秀等供给能力较上海、成都差距较大，演出场次、品类、品牌影响力需提升。此外，北京夜间消费缺乏城市标识性特色项目，历史文化景点、现代都市风貌等资源夜间渗透不足，资源间衔接互动欠缺，代表性夜游、夜演项目较少，活动形式单一，难以吸引消费者高频消费。

（四）夜间经济供给主体延时经营存在诸多因素限制

北京市商务局《北京市商圈活力研究报告》显示，酒吧、电竞类等夜间属性较强的业态能够达到全天营业率 100% 的水平，但餐饮、文化展演等业态夜间属性较弱，全天营业率较低。例如，超过八成的餐饮商户经营时间难以延长到 23∶00 以后，已认定为"深夜食堂"的商业街区难以满足 30% 商户营业至 24∶00 的要求。夜间经济业态生存艰难，主要是由于夜间经营成本和收益失衡。运营主体反映，晚间人工、水电气成本高企，但夜间销售额远低于白天，成本高与销售额低的矛盾突出，影响商家夜间营业积极性，限制政策执行效果，尤其在夜生活不突出区域。政策支持惠及面有限，但目前倾向于直接补贴商户，对运营主体在夜景装置、能源支出等成本支持不足。以民营戏剧产业园为例，政策对 3000 座以下演出场所提供低票价补贴，但未涵盖房租、夜间运维等成本支持。

三　国际大都市推动夜间经济发展的经验做法

（一）伦敦：顶层设计统筹多元主体参与

构建"24 小时城市"政策体系。英国自 1995 年将夜间经济纳入城市发展战略。伦敦政府 2017 年提出建设 24 小时城市愿景，已发布 8 份相关政策文件，涵盖夜间经济、城市管理等领域，并设立 4 个相关部门。与早期依赖 24 小时营业许可不同，新政策更注重夜间经济可持续发展，提出通过举办活动、开放场地、延长营业时间等措施增加夜间活动多样性，改变以饮酒为主的传统，并建议政府与健康机构合作。同时，通过识别和划分夜间活动区域，制定相应管理措施。

规划打造夜间经济特色产业集聚区。《伦敦规划 2004》将西区纳入中央活动区（CAZ），承担文化娱乐和夜间经济功能。在政府推动下，西区汲取城市特色文化优势，形成以"戏剧文化"为核心的夜间经济，成为英国戏剧文化代名词和全球夜间文化消费高地。在不足 1.6 平方公里的区域内，聚集 40 多家剧院，延长夜间演出时间和频次，带动周边商业配套，催生"白天逛街、晚上看剧"的戏剧主题游，促进衍生收益，成为西区夜间经济新动能。

设立夜间经济管理的岗位及部门。2016 年 8 月，伦敦市长设立"夜皇"一职，负责推动夜间经济文化价值提升、业态多样化发展，保障夜间经济场所建设与运营，优化政策、预防犯罪、改善交通等。"夜皇"还担任"夜间区冠军网络"主席，每季度召集会议，听取 33 个地方当局的发展建议，分享实践经验，促进各区交流合作。伦敦市政府还成立夜间委员会，成员包括地方议会、商业、音乐、警局、交通及酒店餐饮业等专业人士，负责向市长和市议会提供改善夜生活法规和政策的建议，与"夜皇"共同实现"24 小时伦敦"愿景。

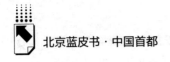

（二）纽约：政企合力推动优势资源整合

整合存量资源打造特色夜游项目。纽约通过挖掘存量旅游资源，打造精品夜游项目，而非依赖新地标。布鲁克林夜间经济增长最快，但新增设施仅占5%，斯塔滕岛仅为1%。纽约采用"官方指导、旅游机构运营"的开发架构，整合资源，推出多样化夜游产品。创新利用屋顶空间举办活动，开发高空酒吧、画廊等新业态。同时，借助科技打造独特夜间景观，如时代广场的 LED 大屏、灯箱等，成为夜间经济的亮点。

政企合力推动城市整体营销。纽约官方旅游网站与旅行社合作，推广夜游线路和项目，帮助游客在 19400 家餐饮、2100 家酒吧、1800 家艺术场馆、2400 家展演场所中选择个性化线路。网站提供细分旅游手册，旅行社整合线路。纽约还完善夜间基础设施，延长公共交通运营时间，加强照明、消防、治安等服务，确保夜间活动安全，如 24 小时地铁运营。

（三）阿姆斯特丹：制度创新与模式创新并行

先行先试推行"夜间市长"制度。阿姆斯特丹是"夜间市长"的发源地，为缓解市中心压力，利用近郊闲置文化空间探索新模式。为改善垃圾、噪声和安全问题，设立"夜间市长"制度，由夜生活参与者和专家投票选出。夜间市长负责宣传、维护秩序、听取反馈，并担任产业与政府的联络人，将夜生活纳入城市规划，提升经济效益。

创新夜间经济产业发展模式。阿姆斯特丹通过政策引导和资金投入扶持本地产业，注重营业模式建立和人员培训，提升整体素质。创新元素如摄影师、DJ 等在夜间经济中发挥重要作用。城市街头文化特色如艺术画廊等通过便民设施和专属场地得到展示。政府还扶持新兴文化活动，成立管理委员会协调时间、形式和空间，促进新兴文化与传统文化的融合，共同推动夜经济发展。

广泛鼓励公众参与治理。阿姆斯特丹通过公众参与改善夜间城市安全与包容性，解决噪声、垃圾和高犯罪率等问题。首先，开展居民问卷调查，收集居民对夜间安全和文化包容度的意见。其次，举办研讨会提高居民、游客和工作者参与意识，促进经济发展。最后，采取干预措施解决夜生活问题，满足大众需求。

四 北京夜间经济高质量发展的对策建议

（一）科学规划空间布局，完善夜间经济主体格局

系统规划夜间经济产业发展空间布局。将夜间经济纳入北京市城市总体规划，制定《北京市夜间经济空间布局和发展行动指引》，在提升现有"夜京城"承载地服务品质的基础上，重点向城市副中心、平原新城等发展区域倾斜，拓展夜间经济产业发展空间，结合各区实际条件优选 1~2 个重点乡镇和街道建设夜间经济试点示范。修订完善《北京市城市夜景照明管理办法》，纳入"暗夜保护区"相关内容，探索打造"暗夜经济"先行示范区，支持有关区政府对所辖区域设立"暗夜经济区"开展可行性研究，制定出台实施方案。

围绕重点区域打造"夜京城"活力支点。可依托场馆群打造新型"夜京城"核心体，重点围绕首钢园、工人体育场、奥体中心、五棵松、副中心剧院等场馆群建设商业配套设施，依托场馆主导产业和客群基础，适当配置室外经营场地，延伸主导产业的服务链条。借鉴伦敦打造中央活动区（CAZ）的经验做法，通过对商务楼宇的空间改造和运营，增加商务区的商业服务设施建设空间，以商务+商业的多业态混合布局加强金融街、中关村等商务区对夜间消费的兼容，缓解就业型街区的"夜间经济洼地"现状。

聚焦薄弱区域健全便民型夜间消费网络。与"一刻钟便民生活圈"建设工作相结合，在原有"夜京城"生活圈基础上，进一步在夜间消费需求较为突出的安贞、万寿路、麦子店、中关村、马家堡、东铁匠营、苹果园、南邵镇、北苑、新华、旧宫等区域布局夜间消费网点设施，利用区域内原有社区商业配套设施开设 24 小时夜间服务功能，布局建设一批智慧

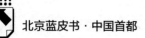

化夜间消费服务设施，可在小街道配置便利型夜间服务设施，设立"移动商业载体"。

（二）优势资源融合驱动，优化夜间经济供给品质

大力发展夜间经济文商旅体融合新业态。通过扶持夜生活文化传统传承人，培养夜生活文化创意人才，吸引夜生活文化经纪人等，组织人力深度挖掘北京夜生活文化传统特色和休闲资源，培育独具地方"夜生活"文化特色的业态矩阵。促进数字技术企业、文化艺术企业、生活服务企业、文博单位等市场主体深度合作，培育壮大数字文博、数字演艺、数字文旅等"数字+"的夜间经济新业态、新模式。

营造独具特色的"夜京城"消费新场景。激活夜京城"文化芯"地标，结合中轴线申遗工作部署，聚焦故宫、王府井、前门、永定门、天坛等地标性区域，运用数字技术将特色文化、旅游、商业资源串联集合起来，实现集团式夜间经济业态本土化。在"夜京城"地标、打卡地植入高品质的公共文化艺术设施、景观小品，支持其与国内国际知名的博物馆、美术馆、大剧院合作，搭建国际化艺术创作和展示平台。

引进和培育特色夜间经济品牌节事活动。依托"北京消费季"夜间经济板块打造"夜京城"活动品牌。推动"夜京城"地标、商圈、生活圈联动开展活动，支持"夜京城"地标、商圈与专业活动策划机构、新消费品牌企业、互联网平台企业等合作，围绕夜间市集、夜间民俗活动、夜间演出等领域开展主题鲜明的夏季、周末或节日精品夜市活动。支持各大国家级和市级文化场馆开展专业讲座、艺术展演、国际交流等高层次夜间文化交流活动。

（三）供需双向政策加持，提升夜间经济发展势能

以专项政策支持撬动夜间经济有效供给。探索设立夜间经济专项引导基金，吸引社会资本参与夜间经济特色项目的投建和改造提升，支持"夜京城"地标、打卡地创建国家级夜间文化和旅游消费集聚区。出台针对文化场馆夜间创新项目研发的鼓励性政策，支持运营主体推出适合夜间消费的新型产品

服务。支持"小店夜间经济"发展，在夜间经济集聚区合理规划小店夜间经济的商业设施，出台支持小店夜间经济的专项金融服务方案，为特色小店搭建银企对接平台，鼓励银行企业创新结算、融资等夜间经济金融服务，并通过租金补贴、公域私用等方式为中小型夜间经营主体提供低成本的经营空间。

以夜间消费促进计划定向激发市场活力。制订夜间消费扶持计划，探索"政企互动"的夜间消费金补贴模式，推进"夜京城"地标、商圈数字人民币试点工作。以政府为"支点"，撬动丰富的市场资源，可由零售企业、电商平台等企业，以及银行等金融机构作为夜间消费券的发放主体，分领域、分类型精准发放夜间消费券，针对餐饮、零售、旅游可考虑发放小量金额、有效期短、使用灵活的消费券，发放更多体育健身、文化演出、科技娱乐消费券。招募一批具有行业经验和"带货"能力的推介官，加强与国内国际权威旅行杂志、新媒体的合作，在更广的平台推介"夜京城"品牌。

深入实施"一圈一策"营造良好商业氛围。对"夜京城"承载地的店招店牌、牌匾标识、广告灯箱等营造商业氛围的设施依照标准规范纳入绿色审批通道，合理放宽夜间经济活跃时段"夜京城"承载地沿街面的市容环境管理，优化夜间外摆经营的限制性政策，以划定外摆区的方式允许临街商铺限时利用街道公共空间。简化特色夜间市集、夜游项目等大型活动审批流程，对同一场地举办相同内容的多场次大型活动，实行一次许可。

（四）疏堵结合精细治理，营造夜间经济活力环境

构建多元主体参与的协同治理机制。构建跨区域跨部门的常态化协调和沟通机制，统筹管理全市夜间经济发展、组织夜间经济研究与发布政策、实施夜间经济重点项目、监测与分析夜间经济数据等。明确市、区、街（乡镇）三级夜间经济"掌灯人"的具体职责及考核标准，切实发挥"掌灯人"在制度规范建立、基础设施建设、人员管理调配等方面的综合管理作用。组建夜间经济首席"执行官"理事会，公开招募成员单位，建立理事会独立运行机制和管理制度，搭建协同治理新平台，公开招聘具有夜间经济相关行业管理经验的人员担任"首席执行官"。

多措并举规范夜间经济市场运行秩序。建立负面清单制度，严格限制对市容环境、食品卫生、消防安全等影响较大的经营业态。对餐饮、演艺、特种服务等业态采取行政审批或行政许可，其中，对俱乐部、酒吧等加强业务许可和经营指导。制定出台《夜间经济示范区运营规范》，明确规定夜间经济示范点的运营模式、运营条件、经营布局等基本要求以及选址区域、经营时间、经营业态、经营规范等管理细则。充分利用智慧公安平台建设开展夜间综合服务，逐步建立包括交通、安全、卫生健康等公共项目在内的"夜间数据中心"，构建关口前移的夜间经济智慧治理新模式。

全方位保障夜间配套设施及公共服务。基于现有的"夜京城"交通服务保障进一步优化轨道线路设置，开通一批区域微循环的 24 小时夜间交通专线，加强对重点区域轨道交通站点客流量的实时监测，以最大断面客流满载率 80% 为标准灵活调整发车间隔时长。开辟汽车租赁服务和代驾服务网点，鼓励小微型客车分时租赁，支持有条件的夜间经济运营主体、商业企业采取定制公交等方式开通夜间班车，保障消费者和工作者通行。在部分街道夜间经济活跃时段限制机动车通行，将道路调整为分时制步行街，并进一步优化周边动静态交通组织管理。确保"夜京城"承载地水电气供给，完善污水收集排放、餐饮油烟净化、垃圾分类处理等配套设施，延长"夜京城"承载地道路保洁和垃圾清运时间。在夜间经济活跃地配置噪声隔离设施，在适当条件下为周边沿街居民安装隔音门窗，在所属路段安装车辆鸣号监控探头。构建夜间安全防控体系与应急机制，成立夜间执法专项工作组，完善夜巡制度，在重点区域和场所增设警务值勤点，配齐、配齐专职和兼职消防救援力量。通过设立线上线下 24 小时消费者维权热线和投诉站点，及时响应并处理游客投诉和商户违规经营行为。

参考文献

高辰颖、黄江松：《盘活夜经济　打造首都消费新名片》，《前线》2023 年第 11 期。

刘晨、钮钦：《城市夜间经济发展的国际经验与启示》，《中国国情国力》2020 年第 8 期。

徐宁、田茜：《夜间经济的理论研究与运营推广路径》，《企业经济》2021 年第 6 期。

毛中根、龙燕妮、叶胥：《夜间经济理论研究进展》，《经济学动态》2020 年第 2 期。

胡歆韵、杨继瑞、郭鹏飞：《夜间经济对居民消费及其结构升级的影响研究》，《当代经济科学》2022 年第 3 期。

王微、王青、刘涛等：《国际消费中心城市：理论、政策与实践》，中国发展出版社，2021。

Montgomery John, "Cities and the Art of Cultural Planning," *Planning Practice & Research*, 1990.

Bianchini, F., "Night Cultures, Night Economies," *Planning Practice & Research*, 1995.

Chatterton P., Hollands R., "Theorising Urban Playscapes：Producing, Regulating and Consuming Youthful Nightlife City Spaces," *Urban Studies*, 2002.

Hobbs D., Winlow S., Hadfield P, et al., *Violent Hypocrisy Governance and the Night-time Economy*, Oxford University Press, 2005.

B.21
国际大都市区人口就业圈层
演变经验与启示

杜 选　洪振挺*

摘　要： 本报告探讨了大都市区人口就业圈层演变的经验与启示，指出在城市化高级阶段，大都市区人口就业圈层的演变对区域发展至关重要。本报告首先分析了伦敦、东京和巴黎大都市区的演变特色，包括绿色生态规划、多中心格局、区域协调发展等；其次通过深入研究，洞悉城市发展规律，为城市规划等提供科学依据；再次探讨了中国人口就业圈层的空间格局特征及演变趋势；最后提出强化规划引领、推动绿色发展、完善交通体系和优化产业结构，以促进人口就业圈层的合理分布和城市可持续发展等启示。

关键词： 大都市区　就业圈层　城市化发展

在城市化发展的高级阶段，大都市区人口就业圈层的演变对区域发展起着至关重要的作用。随着城市化进程的加速，大都市区的空间结构不断发生变化，人口就业圈层的分布也呈现全新的特征与趋势。本报告对大都市区人口就业圈层的演变展开深入研究，有助于深入洞悉城市发展的内在规律，为城市规划、交通建设以及产业布局等提供科学依据。优化人口的空间布局，协调就业与居住的关系，需从单纯关注常住人口的视角延伸至推动人口与就业圈层的协调配置。为了更深入地洞悉人口和就业在大都市区内的空间分布

---

* 杜选，博士，福建莆田学院副教授，主要研究方向为国际大都市、就业等；洪振挺，博士，南方科技大学全球城市文明典范研究院研究员，主要研究方向为国际大都市、就业等。

特征与规律，考察国际上成熟大都市区在人口就业圈层方面的经验与规律尤为关键。

一 人口就业圈层识别方法

（一）中心市界定

在城市规划和地理学研究中，城镇人口规模指标是界定中心市的重要依据。例如，一个区域若其人口密度达到或超过1500人/公里^2，并且城镇化率不低于70%，则该区域可被视为中心市。这样的标准有助于明确城市的核心区域，便于进行城市功能的规划和资源配置。而对于大都市区而言，中心市的总人口规模则是一个更为关键的指标，通常要求总人口不少于50万人，这样的规模能够支撑起大都市区的经济活动和基础设施建设，确保都市圈的高效运转和居民生活的便利性。通过这样的界定，城市规划者能够更精确地识别和划分城市的不同功能区，为城市的可持续发展提供科学依据。

（二）外围县界定

城镇化率已达到或超过60%的县（市、区），并且与中心市或已纳入该都市区版图的外围县（市、区）地理位置相邻近的，可以被认定为外围县。这些区域通常展现出与中心市相似的发展趋势，拥有较为完善的基础设施和较高的居民生活水平，它们在地理和经济上与中心市紧密相连，共同构成了都市区的扩展部分。

（三）非标准型大都市区的界定

人口就业圈层涵盖了多种模式，主要包括中心市分离型、主副双中心型、无中心市型以及多核心分散型。以中心市分离型为例，在这种模式下，一个大都市区中存在两个在空间上相互独立的中心市，这两个中心市各自形成不同的人口就业圈层特点。主副双中心型是指一个"中心市"人口未达 50 万人，但其外围区域却拥有一个城镇化率超过 60%，与中心市联系紧密的辖区，两者城镇人口总和超过 50 万人，共同构成了独特的人口就业圈层结构。无中心市型由城镇化率超过 60% 且城镇人口超过 50 万人的区域构成，其人口就业圈层呈现出别样的分布特征。至于多核心分散型，则是指那些由镇和街道构成的地级市，他们具有较高的城镇化率，且全部人口属于大都市区，在这种模式下，人口就业圈层表现分散但又相互关联的特性。

（四）位序—规模法则

在探究大都市区规模结构的过程中，采用了位序考察法，通过特定的公式来分析其人口分布特征。公式表述为：$\ln Pi = \ln P - q \ln Ri$，其中 Pi 代表第 i 个大都市区的人口数量，P 为最大规模大都市区的人口数量，Ri 则表示第 i 个大都市区的位序。而集中分散指数 q 的不同直接反映了大都市区规模分布的多样性特征。

（五）大都市区首位度

大都市区首位度指数用于衡量大都市区规模分布状况，包括两都市区首位度指数、四都市区首位度指数和十一都市区首位度指数等。两都市区首位度指数主要关注两个最大都市区之间的规模对比，而四都市区首位度指数则扩展到四个主要都市区的规模比较，十一都市区首位度指数则进一步将视野拓宽至十一个主要都市区，从而提供了一个更为全面和细致的城市规模分布分析框架。

二　国际大都市区人口就业圈层的演变经验

（一）伦敦大都市区的演变特色

一是绿色生态规划与空间布局优化。1983 年，《大伦敦发展规划》提出生态城市建设政策，其中包括设立自然保护区和生物通道，以此构建城市生态网络。2004 年，《大伦敦空间发展战略规划》强调均衡发展，其目标是建设增长、公平且可持续的伦敦，为城市的可持续发展奠定了基础。2021 年，《伦敦规划 2021》提出"生态绿色"空间愿景，该愿景涉及伦敦增长走廊、机遇地区、市中心、绿化带和大都市开放区等多个方面，进一步推动了伦敦生态城市建设的进程。

二是绿色空间体系成效显著。通过一系列科学规划，伦敦成功构建起极为完备的绿色公园网络，进而形成了"生态贯通—功能复合"的绿色空间体系。例如大伦敦战略性开放空间体系，将都市开放性空间、地区性公园、城市公园等巧妙且有机地整合在一起。这一举措极大地提升了城市生态环境质量，有力地推动了城市的可持续发展，同时对人口的居住和就业选择产生了深远影响。

三是生态技术应用与治理模式创新。在伦敦奥林匹克公园的修复和再利用进程中，多维度地探索"绿色生态"治理模式，涵盖生态规划设计、廊道营建以及植物多样性营造等方面。设计公司与政府携手合作，借助利河水系构建生态廊道，营造多样化的植被体系，切实保护生物多样性，从而提升了区域生态环境功能，为城市生态建设提供了宝贵的实践经验。

（二）东京大都市区的演变特色

首先是多中心格局下的人口就业分布。东京大都市区以东京都心 5 区为核心，向外扩展至区部其他 18 区、近郊新城及 1 都 3 县，形成圈层化结构。这种布局在保持中心高密度就业的同时，通过外围次中心实现人口和功能的区域再配置。其次是人口就业圈层特征明显。核心圈层吸引高技能、高收入人群，居住密度高；外围圈层就业多元化，包括制造业、物流等，居住密度相应变化，形成合理分布。再次是交通引领城市发展与就业流动。东京通过密集的地铁网络和放射型轨道交通，支撑大量长途通勤，提高效率，促进人口在不同圈层间快速流动，使就业人口灵活选择居住和工作地点。最后是交通引导产业布局优化。便捷交通促使产业沿交通干线分布，形成集聚带。交通枢纽和主要线路沿线吸引企业集聚，推动产业发展，影响人口就业分布，使就业机会与交通便利性紧密相连。

（三）巴黎大都市区的演变特色

一是区域协调与均衡发展策略。巴黎大都市区高度重视区域协调发展，通过制定区域规划加强巴黎与周边城市的联系与合作，特别注重交通连接和产业互补，促进资源共享与协同发展。其空间结构由"核心区、中心城区、城市副中心、平原新城、生态涵养区"等多圈层构成，体现了科学的圈层理念。通过加强交通连接和产业互补，实现资源高效共享与协同发展，提升大都市区综合竞争力和可持续发展能力。政策引导和资源分配促进了周边城市发展，提高了区域整体竞争力，使人口就业在大都市区内相对均衡分布，减轻了巴黎市区压力，推动了周围地区人口就业圈的形成。

二是文化旅游产业的带动效应。文化遗产和旅游资源作为独特禀赋，能产生显著的经济和社会效应。通过吸引游客激活相关产业，促进就业增长，支撑城市可持续发展。巴黎作为文化之都，其丰富资源吸引大量游客，推动旅游文化产业蓬勃发展，创造了旅游服务、文化创意、餐饮住宿等就业机会，调整了就业圈层结构。市区文化旅游产业带动就业集中化，同时对周边地区产生显著带动效应。周边城市发展旅游纪念品制造和乡村旅游等配套产业，吸引就业人口，改变就业分布格局。文化旅游产业促进区域经济协同发展，通过产业链延伸和资源优化配置，为城市及周边地区可持续发展提供支撑。

三　中国人口就业圈层空间格局特征现状

（一）中国人口就业圈层的总体分布格局

中国大都市区人口就业在整体上呈现核心区域高度集中、边缘区域相对分散的情况，这种分布格局是城市地理形态、交通网络、产业布局等多种因素共同作用的结果。

　　大都市区通常指特定地理范围内，经济、人口、产业等要素高度聚集的区域。在中国大都市区，城市中心往往是人口就业高度集中的地方。上海大都市区作为一个高度集中的区域，具有明显的圈层结构和功能网络化特征，通过不同圈层的分工与联系，支撑上海作为全球城市的国际竞争力。以全球城市上海为核心，形成了包含核心圈层、近域圈层、郊区圈层和外围圈层的结构，体现了内部功能的集聚与扩散，展示了不同圈层间的分工与联系。

　　在大都市区边缘，工作机会较少。随着城市扩展和产业转移，这些地区逐渐形成新的就业中心。多中心就业格局对构建城市弹性空间结构至关重要，不仅能提升环境质量，还能分隔人口密集区，减少低效流动。以武汉为例，其就业空间呈"双中心+扇形放射"模式，汉口和武昌形成主副中心，5个组团中心扇形外扩，这种多中心格局有助于增强城市韧性。

　　形成这种布局的原因有以下几点。第一，城市地理形态影响。城市地理形态影响经济、空间布局和功能演进。规划者需理解地理特性，制定符合实际的发展计划。国际大都市核心区域正快速变革，成为金融和商务中心，对经济繁荣至关重要。为适应全球职能，核心区域不断拓展，建立新中心，展现城市适应力。通过增强实力和整合体系，城市保持全球竞争力，推动功能多元化，借鉴国际经验，优化发展路径。第二，交通网络导致。轨道交通系统对大都市区多中心空间结构的形成与发展至关重要。通过科学规划与系统建设，可提升近远郊线网比重、次中心 TOD 耦合度及轨道网络密度。这些措施不仅能促进交通便捷性，还能显著提升大都市区多中心空间结构发展水平，推动城市经济均衡发展与社会可持续发展。这些措施不仅能够促进交通的便捷性，还能显著提升中国大都市区多中心空间结构的发展水平，进而推动城市经济的均衡增长与社会的可持续发展。第三，产业布局因素。产业布局对国际大都市核心区发展至关重要。核心区是金融和商务服务业的集中地，随着经济全球化和后工业化，创意文化产业和旅游业的重要性也日益增加，推动核心区向多产业融合转变。为适应全球职能需求，核心区通过新建或发展新中心区块实现空间扩展，强化城市综合实力。产业布局深刻影响城市经济和空间特征，是应对就业难题、实现功能多元化和空间扩展的关键。

（二）中国人口就业不同圈层特征

作为高端服务业的磁石，核心圈层汇聚了城市金融、贸易、研发、文创总部等关键领域，成为专业服务与高端消费的代名词。在产业结构的天平上，核心圈层的第三产业占据着绝对的主导地位，这不仅彰显了服务功能的集中化趋势，也映射出制造功能向外围区域的有序转移。就业岗位以金融、商务服务业等高端服务业为主，吸引了大量高素质、高技能人才就业。中间圈层呈现产业多元化就业特征，其承载的功能主要涵盖金融后台服务、文化创意与创新的集中区域、教育科研的聚集地带、都市型工业的集中区、服务于日常生活的大型综合物流中心、贸易展览与休闲娱乐设施，以及居住区及其配套服务等。该区域的就业岗位覆盖了金融、科研、教育、制造业等多个行业，就业人口的构成相对多元。外围圈层主要以制造业和农业就业为主，这些行业为该区域提供了大量的工作岗位和经济支撑。外围圈层主要分布在相对独立的综合城市，承载金融、文化、贸易、研发、制造等综合功能，这些综合功能在推动区域经济发展、促进就业以及提升居民生活水平方面发挥着至关重要的作用。

（三）中国人口就业不同圈层演变趋势分析

首先，从中心向周边扩散。在众多大都市区域，随着城市化进程的推进，人口和就业趋势逐渐从核心区域向外围地区扩散。为了减轻中心区域的压力，城市规划者开始推动城市向外扩张，启动了一系列新区的建设项目。随着城市基础设施的持续完善，例如地铁线路向郊区的延伸，交通的便捷性得到了显著提升，这促使部分企业和居民开始向城市边缘的新区迁移。随着新区建设的不断深入，吸引了众多企业的进驻，创造了更多就业机会，从而使得人口就业趋势进一步向这些周边区域扩散。

其次，在某些区域出现重新集聚现象。在一些大都市区的发展历程中，特定区域的人口和就业出现了重新集中的现象。随着城市产业结构的调整以及创新驱动发展战略的推进，这些区域依托其卓越的政策环境和完善的创新生态系统，成功吸引了众多高科技企业和创新人才。由此，这些区域逐渐发展成为以高新技术产业为核心的产业集群，就业岗位高度集中，吸引了来自四面八方的人才汇聚，使得人口和就业在这些特定区域实现了新的集中，从而改变了原有的就业分布格局。

最后，都市圈人口基数庞大，人力资源丰富。如表1所示，对比各大都市与其都市圈的人口数量。北京的人口为2185.80万人，而北京都市圈的人口数量则高达6514.67万人，都市圈人口是城市人口的近三倍，这一显著的增长凸显了北京作为政治、经济和文化中心的强大吸引力和辐射力。相比之下，伦敦的城市人口为890.00万人，伦敦都市圈人口为1854.70万人。东京的城市人口为1417.68万人，东京都市圈人口为3700.00万人，都市圈人口也远超城市人口。巴黎的城市人口为1100.00万人，巴黎都市圈人口为1468.4473万人，差距相对较小。北京不仅在城市人口数量上领先，其都市圈的人口规模更是远超其他城市，这不仅体现了北京作为国际大都市的人口集聚效应，也反映了其在区域发展中的引领作用。北京都市圈的庞大人口基数，为其经济发展、文化交流和科技创新提供了丰富的人力资源，同时也对城市的管理和服务提出了更高的要求。

表1　各大都市及都市圈人口数量现状

单位：万人

指标	北京	北京都市圈	伦敦	伦敦都市圈	东京	东京都市圈	巴黎	巴黎都市圈
人口数量	2185.80	6514.67	890.00	1854.70	1417.68	3700.00	1100.00	1468.45

资料来源：北京数据、伦敦都市圈数据、东京都市圈数据、巴黎都市圈数据都来源于《北京人口蓝皮书：2023年末，北京市常住人口为2185.8》，https：//www.360kuai.com/pc/9f67bdbd8b60e726d？cota＝3&kuai_ so＝1&sign＝360_ 57c3bbd1&refer_ scene＝so_ 1；北京都市圈数据来源于《汇聚数据.全球30大都市圈人口及GDP情况》，https：//population.gotohui.com/topic-3828；伦敦数据来源于《英国的城市人口数量是多少》，https：//liuxue.hanlin.com/p/116432.html；东京数据来源于《胡昂院士讲座：东京都市圈50年变迁与展望（上）》，https：//www.sohu.com/a/612280717_ 121123909；巴黎数据来源于《法国人口最多的十个城市 法国人口城市排名 法国各城市人口》，https：//www.maigoo.com/top/422170.html。

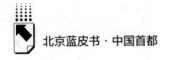

四 中国人口就业圈层空间格局的影响因素分析

（一）新城区的建设因素

城市新区建设作为人口就业圈层演变的关键要素之一，既推动了区域经济的增长，又凭借完善的基础设施与产业集聚效应，吸引了大量投资与人才。城市新区建设有利于优化城市空间布局，切实缓解老城区压力，进而提升整个城市的运行效能。积极引入高新技术产业并营造创新环境，不但增强了城市的竞争力，还提升了其吸引力，推动了城乡一体化发展，有效缩减了城乡之间的差距。作为区域协调发展的典范，城市新区亦促进了资源共享与优势互补。

（二）产业结构调整的作用

产业结构调整具有重要作用，它能促进产业向高附加值、高技术方向发展，从而优化就业结构，对就业圈层演变发挥着重要引导作用。结构调整还有助于推动区域经济一体化，协调产业布局和分工，实现资源的优化配置，促进产业互补发展。产业结构调整还能够提升区域产业竞争力，吸引投资和人才流入，带动就业增长。通过促进区域协调发展，可实现人口就业圈的均衡发展。

（三）政策引导因素

城市规划推动城市更新和产业空间优化，引导人口就业格局持续演变。政策通过项目改造促进有机更新，完善公共服务，为产业布局提供空间。交通枢纽建设提升内外交通便捷性，带动周边区域更新，形成枢纽都市区，对经济和社会产生深远影响。重大事件如上海世博会直接推动区域更新，改变城市发展方向和速度。产业政策旨在引导产业发展方向、结构和布局，推动可持续发展。政府通过税收优惠、财政补贴和土地使用便利吸引企业，促进就业集聚中心形成。制定行业标准和规范引导企业健康发展，保障员工权益和工作环境。这些政策优化了就业结构，推动了人口就业圈层变化。

（四）社会文化因素

"创意文化产业"和"旅游业"等产业的发展与社会文化因素紧密相连，对人口就业圈层有着重要影响。创意文化产业的发展离不开丰富的文化资源和创意人才，其蓬勃发展能够为人口就业圈层提供众多就业机会。而旅游业的发展则高度依赖城市的文化吸引力和历史遗产，带动人口在相关领域的就业分布。此外，城市中心的多元化发展也充分体现了社会文化因素的多样性，这种多样性进一步作用于人口就业圈层，促使其呈现更为丰富的形态。

五　国外都市经验对首都北京人口就业圈层发展的启示

（一）强化规划引领，优化空间布局

大都市区有必要积极汲取伦敦的经验，高度注重城市规划的科学性与前瞻性。在规划进程中，要对功能圈层进行合理划分，明确各个圈层的主导功能。例如，核心圈层应着重强化高端服务功能，外围圈层则可设置产业园区等。通过科学合理的规划，引导人口就业实现合理分布，进而促使城市功能与人口就业协调发展，最终提高城市的运行效率。从科学视角来看，合理的城市规划能够优化资源配置，推动产业协同发展，达成人口与就业的良性互动，为城市的可持续发展筑牢坚实基础。

（二）推动绿色发展，提升城市品质

伦敦大都市区在绿色生态城市建设方面的经验表明，构建一个"生态连通—功能多样"的绿色空间体系，能够显著提升城市生态环境质量，并为市民提供促进身心健康的服务。北京在推进城市发展和建设的过程中，可

以借鉴伦敦的做法，在考虑人口就业圈的情况下，从优化空间布局、构建生态空间系统、保护和节约国土资源等关键方面入手，将可持续发展的要求和生态文明的理念深度融入。通过合理规划，使生态建设与人口就业相互促进，让生态空间为人口就业提供良好的环境支撑，同时人口就业也能助力生态建设的可持续发展，从而实现韧性发展的建设目标。

（三）完善交通体系，促进区域协同

城市空间孕育了城市交通，而城市交通的发展又反向塑造城市空间。东京都市圈的轨道交通系统案例揭示了东京都市圈通过提升沿线土地的可达性，优化人口和就业的集中与分布，进而促进城市空间结构的演变。这种模式为北京大都市区轨道交通的规划与建设提供了宝贵的借鉴，特别是在促进城市空间结构向多中心发展方面。

（四）优化产业结构，培育创新动力

北京大都市区应当加强对高端制造业、现代服务业以及战略性新兴产业的培育与支持，以此提升产业的附加值和竞争力。积极倡导企业创新，全力构建一个有利于创新创业的良好环境。产业的创新与进步能够催生更多高质量的就业机会，进而吸引高技能人才。在这一进程中，特别需要考虑人口就业圈的影响，通过产业的发展促进人口就业，再以人口就业推动产业的进一步升级，最终增强城市的经济活力。从科学的角度来看，推动这些产业的发展有助于改善经济结构，提升资源的使用效率，强化城市的核心竞争力。重视人口就业圈层的作用，可以实现产业与人口之间的良性互动，为城市的可持续发展提供坚实的支持。

参考文献

伍毅敏、石晓冬、杨明等：《大都市区人口就业圈层分布与演变特征——伦敦、纽

约、东京、巴黎的经验与启示》,《世界地理研究》2023 年第 5 期。

孔祥梅、陆林、花玉莲:《中国大都市区范围新近发展与演化研究——基于全国人口普查数据》,《地域研究与开发》2024 年第 3 期。

吴萍:《伦敦大都市区城市建设的"绿色生态"思维及其借鉴意义》,《上海房地》2024 年第 5 期。

张磊:《都市圈空间结构演变的制度逻辑与启示:以东京都市圈为例》,《城市规划学刊》2019 年第 1 期。

郑德高、朱郁郁、陈阳等:《上海大都市圈的圈层结构与功能网络研究》,《城市规划学刊》2017 年第 S2 期。

黄亚平、郑加伟、仲早莺:《武汉都市区就业中心空间特征及后疫情时代规划思考》,《西部人居环境学刊》2020 年第 5 期。

B.22
城乡融合发展的国际经验借鉴及其启示*

方 方**

摘　要： 　城乡融合发展是新发展阶段我国破解城乡发展失衡难题，构建新发展格局的重要抓手，这对我国城乡规划与治理现代化能力提出了更高的要求。国外一些发达国家较早探索了城乡均衡发展战略，形成了促进城乡均衡与乡村发展的实践经验。本报告在梳理法国大巴黎地区城乡均衡发展与德国巴伐利亚州城乡等值化实践的基础上，归纳了城乡融合发展的理念内涵与政策启示，最后提出新时期北京推进城乡融合发展的创新路径。研究表明，法国大巴黎地区与德国巴伐利亚州推动城乡融合发展的理念内涵存在一致性，表现为尊重城乡差异，强调城市的引擎作用，将乡村发展作为城乡改革的落脚点；精准施策，采取促进城乡产业升级、制定农业农村法律法规、改善乡村环境等措施，推动城乡关系取得积极成效。在借鉴国外城乡融合发展经验的基础上，提出通过重新定位新型城乡关系，优化城乡产业融合规划与布局，构建完善城乡融合发展的支撑体系等措施，探索北京城乡融合发展的优化路径。

关键词： 　城乡融合发展　城乡等值化　新型城乡关系

一　引言

党的十八大以来，我国城乡融合发展取得显著进展。城乡居民收入差距

---

* 本报告是北京市社会科学院一般课题"乡村建设的区域格局、实施机制与高质量发展路径"（项目编号：KY2025C0356）研究成果。
** 方方，博士，北京市社会科学院经济所副研究员，主要研究方向为区域经济与城乡融合发展。

不断缩小，城乡居民收入比由 2013 年的 4.7 降低至 2023 年的 2.4，城乡居民消费结构差距不断缩小，2023 年城乡居民恩格尔系数分别为 29.5%、33.0%；① 持续推进县城城镇化补短板强弱项，促进医疗与教育资源向农村地区倾斜，城乡基本公共服务设施建设不断提升，教育、医疗、养老等设施，以及水、电、路、讯等设施基本实现城乡全面覆盖，"十四五"时期，农村人居环境显著改善，全国农村生活污水治理率超过 45%，约 80% 的行政村垃圾治理取得显著进展，农村居民生活品质不断提升；② 通过农业产业链价值链延伸，促进农村一二三产业加快融合，新型农业经营主体不断涌现，培育家庭农场近 400 万家、农民合作社 222 万家、农业产业化联合体 8000 余个，有效带动农业增效与农民增收。③ 但是，我国城乡融合发展仍面临一些问题与挑战，例如，制约城乡要素流动的体制机制障碍依然存在，城乡产业协同与融合水平不高，区域间城乡发展差距过大，农村人居环境短板问题突出，城乡公共资源配置均衡化有待提升等，亟待探索深化体制机制改革与优化城乡资源配置的有效路径。

　　城乡融合发展与乡村振兴之间存在相辅相成的关系，城乡融合发展的最终目的是实现乡村振兴与农业农村现代化。国内学者侧重于探讨城乡融合发展与乡村振兴之间的理论逻辑、作用机制与实践路径，为深化我国特色的城乡融合发展理论与实践提供了学理支撑。国际上一些处于快速工业化阶段与后工业化阶段的国家或地区，也面临着城乡发展失衡、乡村衰退等问题，通过实施一系列针对性的城乡发展战略，谋划城乡融合的项目与方案，积累了城乡融合发展与乡村振兴的实践经验。基于此，本报告通过梳理国外城市城乡融合发展的典型经验，归纳城乡融合发展的理论内涵与成效，以期为探索新时期北京城乡融合发展的创新路径提供科学参考。

---

① 《中华人民共和国 2023 年国民经济和社会发展统计公报》。
② 《精准施策 巩固提升农村污水治理成效》，《光明日报》，2024 年 7 月 31 日。
③ 《新型农业经营主体保持良好发展势头》，https：//www.gov.cn/lianbo/bumen/202312/content_ 6921803.htm，2023 年 12 月 19 日。

二 国际城乡融合发展案例的经验借鉴

（一）法国大巴黎地区：城乡均衡发展

自二战结束后，法国大巴黎地区经历了快速的工业化与城市化过程，为应对工业化与城市化导致的城乡发展失衡等问题，法国政府实施了一系列土地、产业等创新政策，制定了支持多元产业发展、拓展绿色空间、优化交通基础设施等措施，推进城乡均衡发展。

1. 发展历程

大巴黎地区是法国快速工业化与城市化的典型区域，该区域集聚了法国19%的人口与30%的地区生产总值，与此同时，要素快速集聚也导致了大巴黎地区城市建成区空间急剧扩张、城乡收入差距扩大、乡村发展滞后等问题。根据不同时期面临的城乡发展矛盾，大巴黎地区采取了不同的国土开发与城市规划策略。总体历程大致可划分为三个阶段（见表1）。一是二战后恢复重建至1965年的限制发展战略时期。这一时期为解决人口与经济要素过度集中对城市发展产生的压力，采取限制性的战略思路；政府出台《巴黎地区国土开发计划》等一系列政策纲要，从空间上控制大巴黎地区城市建成区向郊区的无序蔓延，采取了提升郊区人口与经济密度、降低市中心人口与经济密度等措施，促进大巴黎地区经济社会均衡发展。二是1965年至20世纪末的整体均衡发展战略时期。这一时期采取"以发展为主"的战略思路，通过对城市建成区进行空间改造、划定乡村边界、远郊区建设新城等方式，促进大巴黎地区城市建成区与近郊、远郊地区之间发展平衡，进而提升大巴黎地区整体竞争力。这一战略总体成效显著，空间趋于均衡有序，区域自然环境、居民民生得到明显改善。三是21世纪初至今的空间再平衡发展战略时期。面对21世纪以来出现的经济增长乏力、高失业率、高贫困率、社会不平等、生态环境恶化等突出问题，大巴黎地区提出实施空间再平衡战略，推进建设空间连续的都市区，促进都市区恢复活力、包容发展、优化创新，进一步提升大巴黎地区的城市竞争力。

表1　法国大巴黎地区城乡均衡发展阶段的战略思路与主要成效

发展阶段	战略思路	代表性政策纲要	主要结果
第一阶段：二战后恢复重建至1965年	实施限制发展的战略思路。通过制定限制性措施，严控大巴黎地区城市空间规模与人口与经济密度，提升郊区人口与经济密度，探索通过新建卫星城镇以提升乡村发展活力，实现区域经济社会均衡发展	1956年《巴黎地区国土开发计划》；1960年《巴黎地区国土开发与空间组织总体计划》；1960年《农业指导法》	①大巴黎地区城市建成区无序蔓延态势未得到有效控制；②市中心污染性工业企业得到疏解；③郊区交通等基础设施条件不断改善
第二阶段：1965年至20世纪末	实施整体均衡的战略思路。强调土地混合利用，通过划定"乡村边界"，严控城市建成区无序蔓延，在远郊乡村地区有计划建设新城，增加城市建成区绿地空间，注重人口与产业空间均衡配置，鼓励农地整治与规模化经营，缓解中心城区生态与就业压力，促进地区之间均衡发展	1965年《巴黎大区国土开发与城市规划指导纲要（1965-2000）》；1970年《乡村整治规划》；1976年《法兰西之岛地区国土开发与城市规划指导纲要（1975-2000）》	①大巴黎地区核心区与外围区之间的发展趋于均衡；②城市建成区空间重组改造成效显著，绿色空间扩展，自然与人文环境之间更趋平衡；③就业、住房等环境明显改善，人口与产业空间更趋均衡
第三阶段：21世纪初至今	实施空间再平衡发展战略。围绕影响力、连续性、包容性和复原力四个目标，建设具有创新精神与包容性的大巴黎地区，制定改善公共服务设施、支持企业创新发展、减少环境污染、合理规划建成区土地利用等措施，促进城市空间扩展、交通建设、就业住房与环境保护之间的平衡	2014年《关于国土空间公共行动现代化和大都市区确认法》；2023年《大巴黎都市区国土协调纲要》	①大巴黎区航空、汽车、数字技术等创新行业迅速发展；②通过向低收入家庭增加经济适用房供给，优化交通网络，增加就业机会，促进住房与就业的地域再平衡；③城市生态格局得到优化，绿色建筑、都市农业等绿色产业持续推进

2. 经验借鉴

一是增强城市发展动能，提升对周边地区的辐射带动作用。为解决大巴黎地区人口与资源过度集聚带来的负面效应，通过制定完善国土空间与产业规划，持续增强城市发展动能，提升都市区对周边地区的辐射带动作用。通过提升主城区与郊区之间交通网络便捷度、改善城区生态环境，不断提升城市发展质量。

二是注重国土空间的合理开发与利用，优化重构城乡发展空间。为有效应对不同行业领域用地矛盾与城市蔓延等问题，大巴黎地区由单纯依靠限制土地利用的策略，向整体均衡、综合管理的土地利用策略转变。强调不同功能区域土地混合利用，提升区域土地综合利用效率。在郊区农村地区，依据《农业指导法》实施农产品价格补贴、土地整治等措施，着力解决农地细碎化问题，促进农地规模集中与高效利用，进而带动农民就业增收。

三是注重新城开发与建设，促进区域全面协调发展。大巴黎都市区重视新城开发与建设，通过增强新城对周边乡村地区的辐射带动效应，实现区域均衡发展。采取多中心发展模式，在近郊地区设立 9 个副中心与 5 座新城，有序引导中心城区的工业企业与人口向郊区新城迁移。这些新城具备相对完善的基础设施建设，较高的公共服务水平与自我发展能力，通过发展工业产业，有效缓解了主城区的资源环境与就业居住压力，同时也提升了郊区经济社会发展活力，促进了大巴黎都市区实现全面协调发展。

（二）德国巴伐利亚州：城乡等值化

巴伐利亚州是德国行政面积最大、人口规模排名第二的州。自 20 世纪 50 年代起，该州开始探索实施"城乡等值化"、土地整理与村庄更新、农业生产力改造提升等一系列改革措施，促进城乡协调发展水平与乡村竞争力不断提升，成为德国乃至全世界城乡改革的典范。

1. 发展历程

巴伐利亚州是德国历史上的农业强州，农业产值占生产总值的近三成，近六成人口居住在乡村地区，经济发展相对滞后。为应对快速工业化与城镇化导致乡村人口大量外流、乡村产业衰退、乡村环境恶化等突出问题，德国及巴伐利亚州当地采取了一系列改革措施，主要历程包括三个阶段（见表2）。一是二战后至 20 世纪 70 年代末的初始探索期。二战结束后，德国出现严重的经济衰退，大量乡村人口向城市地区集聚，城乡矛盾激化；进入 20 世纪 60 年代，城市居民开始关注环保问题，大量城市居民迁入乡村，出现"逆城市化"现象，进一步冲击了相对薄弱的乡村基础设施、公共服务与资源环境。1950 年德国赛德尔基金会提出"城乡等值化"理念，率先在巴伐利亚州开展试验，通过采取城乡空间发展规划、开展土地综合整理与村庄革新、完善环境保护法律体系等措施，开展了"城乡等值化"的有益探索，在优化产业结构、提升产业效率、提升乡村基础设施等方面成效显著。二是 20 世纪 80 年代初至 20 世纪末的快速发展期。随着可持续发展理念的提出，德国开始关注乡村可持续发展带来的长远效益。巴伐利亚州制定出台《农村发展纲要》《村庄改造条例》等政策纲要，全力推进乡村土地综合整治，健全完善土地整治的法律与资金保障机制；吸引企业、高校等资源向乡村聚集，充分保障农民实现充分就业与稳定增收，推动巴伐利亚州城乡等值化发展进入新阶段。三是 21 世纪初至今的转型发展期。进入 21 世纪，面对国际金融危机、乡村人口增长下降与人口老龄化、乡村内生发展动力不足、农村中小企业衰退等严峻挑战，巴伐利亚州采取了一系列扩大土地整治规模、高效利用土地、增强乡村经济活力、打造多功能农业、推进环保型农业生产方式等措施，提升乡村综合竞争力，再次将乡村打造成为充满活力、生态宜居的地区。

表 2　德国巴伐利亚州城乡等值化的发展阶段、思路与成效

发展阶段	战略思路	代表性政策纲要	主要结果
第一阶段：二战后至 20 世纪 70 年代末	以城乡等值化理念作为区域发展与国土规划的目标，强调社会公平、发展城乡经济与保护自然环境与资源；对乡村发展进行重新规划，重点推进城乡关系调整、土地整理、多功能农业，制定完善乡村支持性政策，着力提升乡村公共服务、基础设施与生态环境	1953 年联邦德国《土地整理法》；1955 年联邦德国《农业法》；1965 年巴伐利亚州《城乡空间发展规划》；1972 年巴伐利亚州《环境保护法》	①企业、高校、科研机构等部门向巴伐利亚州乡村地区迁移，增加乡村就业机会；②推行综合开发的乡村发展模式，使乡村拥有与城市等值的生活、就业与居住水平；③农业补贴未根本性解决乡村发展内生动力问题
第二阶段：20 世纪 80 年代初至 20 世纪末	通过发展外向型经济，吸引工业企业、高校等资源集聚，带动区域与城乡经济发展；大力推进乡村土地综合整治，推动实现村庄居住、就业、休闲、教育和生活五大功能；推进村庄改造，由国家、州、乡镇等政府财政承担 80% 的项目资金，为整治项目提供必要的法律与资金保障	1980 年巴伐利亚州《农村发展纲要》；1984 年巴伐利亚州《村庄改造条例》；1988 年巴伐利亚州《土地整理与村庄更新促进农村发展的纲要》	①工业企业、高校资源向巴伐利亚州乡村地区集聚，有效带动区域经济发展，促进城乡居民就业增收；②乡村土地综合整治促进村庄基础设施改造升级、农业集约经营、乡村景观保护

发展阶段	战略思路	代表性政策纲要	主要成效
第三阶段:21世纪初至今	以整体推进的方式确保农村能够享受同等的生活条件、交通条件、就业机会;持续推进乡村土地综合整治项目,实施村庄更新计划,引入公众参与理念,根据乡村地域特色与资源禀赋制定差异化的乡村产业发展与土地利用规划;增强乡村经济活力、提升农村生活质量,鼓励发展多功能农业与有机生态农业	2003年德国《生态农业法》;2014年德国《莱茵河-威悉河农村发展计划》;2015年《巴伐利亚州乡村发展计划(2014-2020)》	①通过土地综合整治,巴伐利亚州60%的土地完成村庄更新项目,带动乡镇经济提升15%,拉动农村投资与消费快速增长,城乡生产总值差距持续缩小;②促进乡村地区多功能农业发展,农业环境保护与可持续性不断提升,乡村人口不断回流,社区凝聚力进一步增强

2. 经验借鉴

一是土地整理与村庄更新的有机结合,为乡村发展提供根本动力。巴伐利亚州将土地整理与村庄更新结合,作为乡村发展的关键举措,提升了经济活力。尊重城乡差异,融入等值化理念,明确产业分工,构建科学规划体系,促进资源合理配置。改善农业生产条件,保护农业景观和自然环境,优化农田基础设施,支持生态旅游,提升土地价值。设立专项基金改善农村基础设施,吸引城市资本、技术和人才,鼓励企业、高校和研究机构到乡村创业合作,激发创新活力。州政府采取严格措施保障生态环境,保护乡村景观,改善环境质量。

二是构建完善的乡村规划、生态保护与农业生产的法律法规体系。巴伐利亚州在联邦德国《土地整理法》的基础上,制定了配套法规政策,确保土地整理合法有效,推动领域全面进步。该州创新土地制度,允许农民以股份形式入股农业企业,促进农地规模经营。在规划衔接上,联邦、州、地区与乡村政府实现有机衔接,乡村规划需符合上级法规,同时可制定地方详细规划。巴伐利亚州还制定了生态保护与可持续发展法规,促进农业景观保护与自然资源合理利用,加强森林资源管理,并完善环境保护政策,如设立工业排放标准、开展环境影响评估。

三是建立了自上而下与自下而上相结合的规划机制，注重公众参与性。巴伐利亚州通过双向互动的规划体系提升了乡村规划科学性，强调公众参与，增强居民归属感与责任感，为其他国家提供新样板。在自上而下规划中，州政府依据联邦法律制定详细法规和统一标准，确保乡村更新一致性与连贯性。在自下而上规划中，重视农民主体地位，鼓励村民参与规划实施，增强信息透明度，在征求各方意见后修订措施，满足乡村长远发展需求。

（三）对比分析与政策启示

法国大巴黎地区和德国巴伐利亚州两个案例在背景条件、内涵理念与具体举措等方面存在一定的共性特征。主要表现为以下几个方面。

1. 背景条件

在推动城乡发展改革的起源上，两个地区具有相似的历史背景。在推进城乡改革的初期，两地均处于二战结束后经济体系重建的关键阶段。城市经济体系严重衰退，对区域整体经济增长的带动作用有限，与此同时，乡村人口向城市的过度集聚，又进一步削弱了城市经济活力，也带来乡村地区的凋敝。通过实施针对性的城乡改革措施，乡村基础设施、公共服务与人文环境有显著提升，城乡差距逐渐缩小。进入 21 世纪，面对全球经济环境剧变，两地城市经济发展活力不足，同时叠加乡村人口老龄化、中小企业衰退、内生增长动力不足等问题，导致后续乡村经济增长乏力，对此，两地实施新一轮的改革措施，旨在探索并发掘乡村经济的新增长点，促进城乡均衡发展。

2. 内涵理念

两地推进城乡融合发展的具体措施各有不同，但在推动城乡融合发展的内涵理念上存在显著一致性。其本质在于尊重城乡发展的固有差异、结合城乡互补性特征、实施针对性的改革措施、强调城市在推动城乡融合发展的引擎作用、将乡村发展作为城乡改革的最终落脚点。一方面，充分发挥城市的引领作用。城市作为区域经济社会发展的重心，以产业升级与创新驱动，增强其在产业优化布局、创造就业岗位等方面的承载力，为乡村人口就业提供支撑，使城市成为实现城乡融合发展的根本保障，为推动乡村改革提供动力。另一方面，乡村全面改革是促进城乡融合发展的关键环节。聚焦土地与产业两大要素，以土地整理为切入点，探索符合当地发展实际的土地资源空间优化与高效利用模式，遴选培育适宜的乡村产业类型，激发乡村内生动力和发展活力。

3. 实施成效

两地通过科学规划和精准施策，着力构建了和谐共生的新型城乡关系，推动城乡融合发展取得积极成效。在城市发展方面，通过城市产业结构优化升级，为城乡居民提供更多的就业岗位，通过培育一批具有核心竞争力的企业，推动区域经济可持续发展；通过有序疏解城市非核心功能，严控建成区无序扩张，扩增城市绿地空间，优化城乡发展空间布局。在乡村发展方面，制定农业保护、生态环境、土地整理等有针对性的法律法规与政策框架，使农地资源得到有效保护，通过土地整理与规划提升农地质量；随着乡村基础设施和服务设施不断改善，有效吸引本地乡村人口回流，同时推动乡村成为城市居民向往的居住地，极大增强乡村社区凝聚力；挖掘农业的多功能价值，发展观光农业、体验农业等，推动农业绿色转型，实现乡村可持续发展。

三　新时期北京推动城乡融合发展的优化路径

国外城乡发展案例表明，科学的政策与规划设计能够有效带动城乡融合发展。当前，我国快速工业化与城镇化导致城乡矛盾激化，由此产生的诸多问题与法国、德国有一定的相通之处，在新时期探索符合我国国情的城乡发展路径具有紧迫性与必要性。本报告通过构建北京新型城乡关系，探索城乡融合发展的优化路径，以期为构建全国城乡融合发展大格局提供新思路。

（一）重新定位新型城乡关系，明确城乡各自职能与定位

新时期北京重塑城乡关系，需在"大城市带动大京郊、大京郊服务大城市"城乡融合发展战略指引下，进一步明确城乡各自职能与定位，立足

城市发展优势，使"四个中心"功能成为带动北京及区域经济发展的动力源，深挖农村特色资源禀赋优势，与"四个中心"功能形成有益互补，重点深化城乡功能融合、要素融合、公共服务融合和产业融合"四个融合"，推动城乡融合发展政策体系细化落地，构建城乡产业联动、资源互补、人才双向流动的城乡发展新格局。

（二）优化城乡产业融合规划与布局，打造乡村多元化产业体系

法国与德国案例表明，产业是城乡融合的关键要素，制定科学的城乡协同产业规划对城乡融合发展至关重要。北京实现城乡产业协同，需着力优化调整城乡产业布局，引导乡村打造多元化产业体系，释放产业要素新动能。一是优化城乡产业融合规划与布局。以优化城乡产业融合布局作为北京推动城乡融合发展与构建新发展格局的着力点。前瞻性规划布局城乡产业，结合城市与乡村自身资源优势，找准城乡产业协同的契合点，精准发掘具有良好发展前景、较强城乡产业关联效应的产业，打造城乡产业生态。二是打造乡村多元化产业体系。根据北京城市功能定位，系统部署乡村多元化产业体系，明确乡村产业发展导向，建议出台具有针对性的支持性产业目录。提升都市型农业的智能化、绿色化水平，鼓励发展高科技农业、生态循环农业，在乡镇层面试点打造现代农业产业园区与示范展示基地，为农业科技成果的转化与应用搭建平台；挖掘乡村地域特色，打造具有辨识度的地理标志农产品基地，提升农业品牌效应；拓展农业多功能属性，探索发展现代种业、农村电商、休闲农业、数字农业、银发经济等新产业新业态，促进与城市消费之间的精准结合。

（三）构建完善城乡融合发展的支撑体系

结合北京城镇化与乡村发展，从平台支撑、保障机制等视角构建城乡融合支撑体系，推动土地、劳动力、资本、技术、数据等要素自由流动，实现高效配置。一是搭建城乡人才、资本流动平台，引导要素双向流动，完善产业协同生态。借助北京企业家以及农业技术、乡村治理等领域的人才资源，

畅通下乡渠道，支撑乡村产业振兴、治理现代化与科技创新。二是构建城乡产业协同数字平台，整合符合乡村定位的企业资源，通过技术输出、联合共建等方式试点合作渠道；结合5G、大数据等技术，打造数字平台，提升协同效率；围绕农业中关村建设，试点数字农业转化与应用，推动农业数字化、智能化与绿色化。三是探索城乡融合发展保障与激励机制，健全财政投入机制，支持平台与载体建设；通过特色产业贷款、小额贷款、金融信息数据库等措施构建农村金融服务体系，鼓励工商资本入乡；支持涉农技术创新与转化，对技术人员提供政策倾斜。

参考文献

刘彦随：《中国新时代城乡融合与乡村振兴》，《地理学报》2018年第4期。

茅锐、林显一：《在乡村振兴中促进城乡融合发展——来自主要发达国家的经验启示》，《国际经济评论》2022年第1期。

曾刚、王琛：《巴黎地区的发展与规划》，《国外城市规划》2004年第5期。

曾刚：《法国巴黎区的规划与整治及其对上海建设的启示》，《世界地理研究》1997年第2期。

吴唯佳、唐燕、唐婧娴：《德国乡村发展和特色保护传承的经验借鉴与启示》，《乡村规划建设》2016年第1期。

毕宇珠、苟天来、张骞之等：《战后德国城乡等值化发展模式及其启示——以巴伐利亚州为例》，《生态经济》2012年第5期。

叶剑平、毕宇珠：《德国城乡协调发展及其对中国的借鉴——以巴伐利亚州为例》，《中国土地科学》2010年第5期。

后 记

2025 年作为"十四五"规划的收官之年，具有极为重要的意义。它不仅是全面检验"十四五"规划成果的关键时刻，更是为"十五五"规划顺利开局奠定坚实基础的重要节点。站在这一承前启后的关键时期，深入探究 2024～2025 年中国首都在关键领域的发展态势，对于精准把握城市发展脉搏、洞察未来大国首都发展走向具有不可替代的重要价值。《中国首都发展报告（2024～2025）》创造性地构建了首都发展综合评价指标体系，对 2024 年北京在全国政治中心、科技创新中心、文化中心、国际交往中心"四个中心"功能建设上的重要成效进行了全面评估。报告注重学术研究与应用对策研究相结合，基于专业视角从多个维度出发，为新时代中国首都的高质量发展提出了具有前瞻性和可操作性的建议。研判 2024～2025 年首都发展的主要成效、基本现状、重点难点，将持续追踪首都发展的最新动向，为政府决策提供智力支持，为社会各界提供宝贵的经验借鉴。

本书以北京市社会科学院市情研究所、北京世界城市研究基地的全体研究人员为核心团队成员，由高等院校、科研机构的专家、学者共同撰写完成。本书由北京市社会科学院皮书论丛资助出版。

本书由北京市社会科学院党组书记、院长贺亚兰研究员任主编，市情研究所所长陆小成研究员任执行主编，负责总体设计和结构安排、板块汇总及修改等工作。市情研究所陆小成研究员、赵雅萍博士、刘小敏博士、任超博士、李原博士、田蕾博士、侯昱薇博士共同撰写了总报告《2024～2025 年中国首都发展状况与形势分析》，其中，刘小敏博士负责了首都发展综合评价指标体系的研创与指数评估。市情研究所何仁伟研究员、刘小敏博士、贾澎博士、徐爽博士任副主编并参与全书文字校对和修改等工作。何仁伟研究员负责了"四个中心"建设篇编辑修订工作；刘小敏博士负责绿色低碳发展篇编辑修订工作；贾澎博士负责首都都市圈篇编辑修订工作；徐爽博士负责国际经验篇编辑修订工作。

本书的出版要感谢北京市社会科学院各位院领导，以及各研究所、科研处、智库处及其他职能处室和院外高校科研机构、政府部门的领导、专家、学者的大力支持。

书中引用和参考了许多专家学者的观点，一并表示感谢，对可能存在的疏忽请专家批评和指正。由于水平和能力有限，不妥之处在所难免，也许还有部分观点值得进一步商榷和论证。敬请城市经济、城市治理、首都发展、京津冀城市群等研究领域，以及经济学、管理学、社会学、文化学、生态学、城市学等学科背景的专家、学者、读者提出批评意见或建议。

本书编委会

2025 年 4 月

Abstract

Development Report on the Capital of China (2024 – 2025) is divided into five major sections: the main report, the development of new quality productive forces and the construction of the 'Four Centers' in the capital, the green and low-carbon development and harmonious livable city of the capital, the construction of the capital metropolitan area and the Beijing-Tianjin-Hebei world-class urban agglomeration, and the international comparison of the capital's development. The report focuses on the main achievements, basic status, and key difficulties of the capital's development from 2024 to 2025, and emphasizes the combination of academic research and applied countermeasure research. Based on professional perspectives, it proposes high-quality development suggestions for the capital of China in the new era from different dimensions.

This report creatively constructs the comprehensive evaluation index system of capital development. After the evaluation of the indicator system, from 2010 to 2023, the comprehensive index of capital development, the comprehensive index of urban development, and the index of coordinated development of the capital all have showed a upward trend. The capital has made significant achievements in various fields such as its own development, overall urban development, and coordinated development of the capital. The level of development has steadily improved, the scale of development has continued to expand, and the quality of development has gradually improved, moving towards a positive and upward trajectory as a whole.

This report evaluates the important achievements of Beijing's 'four centers' functional construction in 2024, including the national political center, science and technology innovation center, cultural center, and international exchange center.

Beijing has strengthened the construction of the national political center, focused on improving its service and guarantee capabilities, and played a key role in optimizing the functional layout of the capital, laying a solid foundation for regional coordinated development. Beijing has also strengthened the construction of international science and technology innovation centers, enhanced national independent innovation capabilities in science and technology, and promoted collaborative innovation in the Beijing-Tianjin-Hebei regio. Moreover, Beijing has strengthened the construction of national cultural centers, focused on the protection and inheritance of cultural heritage, promoted the high-quality development of cultural industries, and promoted the upgrading of public cultural services. We have strengthened the construction of an international exchange center, successfully served and guaranteed the Beijing summit of the Forum on China-Africa Cooperation and other major state events, improved the carrying capacity of international exchanges, and enhanced the soft power of urban culture. The main challenges and development difficulties faced by Beijing are: the urgent need to solve the problems of capital function restructuring and resource mismatch, insufficient infrastructure carrying capacity, pressure on cultural heritage protection, insufficient innovation and development capabilities of cultural market entities, unbalanced public cultural services, further enhancement of radiation power, and insufficient international competitiveness of cultural products and services.

During the 15th Five Year Plan period, Beijing, as the capital of a major country and a mega city, proposes its future development path and prospects. Beijing should take 'capital development' as the guiding principle, cultivate new quality productive forces as the driving force, and continue to deepen the high-quality development of the capital. Further optimize the functional zoning of the capital and enhance the service guarantee capability of the political center; Further focus on the implementation of scientific and technological achievements in core areas, improve the scientific and technological system and mechanism, give full play to the role of enterprise innovation entities, and deepen international scientific and technological cooperation; Further deepen the protection and inheritance of cultural heritage, achieve innovative development of cultural industries through deep integration with technology, and enhance the efficiency and level of public cultural services; Further optimize the international communication environment, enhance the attractiveness of the city, and add international elements; Further optimize the layout of green industries, adjust the energy structure, promote Beijing's green and low-carbon development, and build a world-class harmonious and livable city; Further promote the active decentralization of non capital functions, promote deep collaboration between industry, innovation, and talent, and accelerate the high-level construction of the capital metropolitan area and the high-quality development of the Beijing-Tianjin-Hebei world-class urban agglomeration; Further learn and draw on the important experience of developed countries' capitals in industrial clusters, technological innovation, night economy, optimization of employment circles, and urban-rural integration development, to build a modern industrial cluster and technological innovation system in the capital, and to construct and improve the support system for urban-rural integration and new quality productivity development in the capital.

Keywords: Capital of China; New Quality Productivity; The Construction of the 'Four Centers' Function; A Harmonious and Livable City

Contents

I General Report

Abstract: The year 2024 marks the 75th anniversary of the founding of the People's Republic of China and is a critical period for the implementation of the 14th Five-Year Plan, during which the capital has made new progress in various endeavors. The year 2025 is a pivotal year for comprehensively evaluating the achievements of the 14th Five-Year Plan, realizing strategic transformation, and initiating high-quality development, holding significant importance for Beijing's development. This report first constructs a comprehensive evaluation system for the capital's development to assess its progress, and specifically evaluates Beijing's achievements in political, technological, cultural, and international exchange domains. In 2024, Beijing achieved notable successes in ensuring its role as a political center, advancing technological innovation, fostering cultural prosperity, enhancing international exchange capabilities, and promoting green and low-carbon development. However, the capital also faces challenges such as functional support barriers, safety concerns in a megacity, insufficient momentum in technological innovation, limited cultural influence, and resource and environmental constraints. Looking ahead, Beijing needs to accelerate digital governance, strengthen public safety, advance the construction of the "Four Centers," empower new productive forces through technological innovation, develop high-end industries, optimize cultural facilities, enhance international competitiveness, promote green and low-carbon development, and build a harmonious and livable city.

Keywords: Capital of China; Capital Development Index; Politital Center; Science and Technology Innovation Center; Cultural Center; Center for International Relations

II Construction of Four Centers

B.2 Study on the Difficulties and Countermeasures to Improve the Service Guarantee Capacity of the National Political Center   *Zeng Xiangming*, *Wang Yujuan* / 035

Abstract: As the political center, cultural center, international communication center and scientific and technological innovation center of the country, it is of great significance to strengthen the function of Beijing as a political center to optimize the layout of the capital's functions and to build a solid foundation for the coordinated development of the region. However, Beijing is currently facing a number of difficulties: the mismatch problems of reorganization and evacuation of the capital's functions and resource need to be solved; the weakening of the capital's service guarantee capacity has led to its insufficiency of infrastructure carrying capacity; and the process of regional integration in the Beijing-Tianjin-Hebei synergistic development is slow. To this end, the first strategy is to optimize the functional zoning of the capital and enhance its service guarantee capacity; the second is to incubate a super government cloud and promote the process of informatization and digitization of government services; and the third is to strengthen the collaborative development of Beijing-Tianjin-Hebei to achieve a reasonable distribution and sharing of resources, and to explore effective paths to enhance the national political service guarantee capacity.

Keywords: Beijing; Political Center; Service Guarantee capacity; Regional Integration

B.3 Research on the Efficiency of Sci-Tech Finance in Promoting New Quality Productive Forces Development of Beijing   *Li Yuan* / 045

Abstract: New quality productive forces have become the most dynamic factor in promoting economic and social development, while the financial system profoundly influences the speed, quality, and efficiency of their development. Supporting the growth of new quality productive forces has thus become a key focus for the development of Sci-Tech Finance. Beijing, with its advanced financial sector, possesses a solid foundation in financial supply, technological innovation, and industrial development, which make it well-positioned to achieve significant progress in Sci-Tech Finance. A comprehensive evaluation index system for the prosperity of urban Sci-Tech Finance in China has been constructed, encompassing 26 secondary indicators. This system assesses the efficiency of Sci-Tech Finance in fostering the development of new quality productive forces. Through horizontal comparisons, it is evident that Beijing holds significant advantages in the supply of financial products and services, the cultivation of innovation-driven industries, and the application of scientific and technological achievements. However, challenges remain in areas such as financing costs, capital market activity, and the intensity of policy support for Sci-Tech Finance. To address these issues, it is recommended to further optimize financial products and services in both direct and indirect financing, and to vigorously develop new quality productive forces.

Keywords: Sci-Tech Finance; New Quality Productive Forces; Financial Efficiency

Contents ↖↘

Abstract: The National Cultural Center is a strategic positioning of Beijing as a city. In 2024, Beijing achieved remarkable results in the construction of the National Cultural Center, including the protection and inheritance of cultural heritage, high-quality development of the cultural industry, upgrading of public cultural services, and the construction of international communication capabilities. The rapid development of technology, policy support from the central and Beijing municipal governments, abundant cultural resources, and the growing cultural needs of the public have brought opportunities. However, it also faces challenges such as the pressure of cultural heritage protection, insufficient innovation capabilities of cultural market entities, imbalanced public cultural services, the need to further enhance its radiating influence, and insufficient international competitiveness of cultural products and services. Looking ahead to 2025, Beijing will focus on the strategic goal of the National Cultural Center, further deepen the protection and inheritance of cultural heritage, integrate closely with technology to achieve innovative development of the cultural industry, improve the efficiency and level of public cultural services, leverage the new advantages of integrated cultural and tourism development, strengthen cultural coordinated development, and expand pathways for cultural exchange.

Keywords: The Construction of the National Cultural Center; Protection and Inheritance of Cultural Heritage; Cultural Industries

Abstract: In 2024, Beijing successfully served and guaranteed major state events such as the Beijing Summit of the Forum on China-Africa Cooperation. At the same time, it has actively hosted high-level international conferences and exhibitions, improved the internationalization of government affairs and public services, attracted international organizations and institutions to settle in the city, and enhanced the city's cultural soft power, thus contributing to the realization of the goals of the 14th Five-Year Plan and the high-quality development of the capital. Against the backdrop of profound adjustments in the global political and economic landscape and increasingly fierce international competition, Beijing still needs to overcome difficulties in serving the overall diplomatic situation of the country, optimizing its spatial layout, deeply participating in the construction of the Belt and Road, deepening the opening up of the service industry in a comprehensive manner, and upgrading the capacity of internationalized comprehensive services. Looking ahead to 2025, Beijing will continue to optimize the environment for international exchanges, enhance its functions as a source of global resource allocation, scientific and technological innovation, and international cultural exchange, so as to create an even more attractive center for international exchanges, and contribute to the building of a community of human destiny.

Keywords: National Center for International Relations; Service Guarantee; International Comprehensive Services

B.6 The Path of Developing the First-launch Economy in Beijing from the Perspective of New Quality Productivity

Peng Zhiwen, Xu Shuyu / 089

Abstract: Beijing, as the capital of China and a hub for international consumption, possesses unique advantages in fostering a first-tier economy. Actively promoting the development of the first-launch economy involves creating consumption scenarios based on novel concepts of time and space, offering distinctive emotional experiences through innovative development paradigms, facilitating domestic and international dual circulation via an expanded opening-up framework, constructing a characteristic consumption ecosystem by integrating emerging industries, exploring new models of synergy between the first-launch economy and high-quality productivity, enhancing the transmission efficiency of production knowledge by optimizing the allocation of factors in the digital economy, continuously incorporating labor into the digital economy's production processes, promoting the comprehensive development of individuals, resolving contradictions between consumption and production, and fundamentally boosting consumption—all of which hold significant implications for the economic and social progress of the capital city.

Keywords: First-Launch Economy; International Consumption Center City; New Quality Productivity

III   Green and Low-carbon Development

B.7   Analysis of Beijing's Progress in Promoting 'Carbon Peak and Carbon Neutrality' and the Situation in 2025

Chen Nan, Gao Yujun / 108

Abstract: This paper uses the PSR model to construct a low carbon development index in three dimensions: pressure, state and response, to assess the low carbon development level of the 16 administrative districts of Beijing and the provinces and municipalities with comparable economic size to Beijing from 2011 to 2022. The study finds that, at the national level, Beijing's low carbon development index is among the highest in the country, with the pressure and state scores ranking first in the country, but the low carbon development index response score is lower. From the perspective of the three major sub-regions in Beijing, the total score of the low carbon development index of Beijing's central and sub-central urban areas is significantly higher than that of plain new towns and ecological conservation area, with the score of the pressure layer showing the characteristics of

Ecological Conservation Area >Central and Sub-central Urban Area >Plain New Towns, the score of the state layer showing the characteristics of Central and Sub-central Urban Area >Plain New Towns >Ecological Conservation Area, and the score of the response layer showing the characteristics of Central and Sub-central Urban Area >Plain New Towns >Ecological Conservation Area, but the response layer scores of the three major sub-districts are lower than the pressure layer and state layer scores, and there is still potential for development in the process of low-carbon development. In terms of the influencing factors of low carbon development, the technology level, the level of opening up to the outside world and the government regulation all have significant positive effects on the low carbon development of Beijing, but there are differences in the significance of the effects in different sub-areas. Finally, it is suggested that Beijing should continue to promote low-carbon development during the 15th Five-Year Plan period in terms of optimizing the layout of green industries, adjusting the energy structure, deepening the construction of a green technology innovation center, and promoting greening and digitalization for collaborative transformation and upgrading.

Keywords: Beijing; 'Dual-carbon' Targets; Low-carbon Development

B.8   Research on the Evolutionary Trend and Driving Factors
of Urban Carbon Emissions in Beijing under the Perspective
of Beautiful China

Ye Tanglin, Zhang Yanshu and Zheng Liyun / 122

Abstract: Orderly promoting carbon peaking and carbon neutrality is an importantapproach for Beijing to build a pilot area for 'Beautiful China' and a key measure for its construction of an internationally-class harmonious and livable capital. This report analyzes the current situation of carbon emissions in Beijing from the aspects of carbon emissions, energy consumption, and carbon market construction and uses the geographical detector method to identify the driving factors affecting Beijing's carbon emissions. The findings show that Beijing has basically formed a dual control pattern of total and intensity carbon emissions, the energy consumption structure is continuously optimized, and the construction of the carbon market has achieved initial results. However, there are problems such as the difficulty of carbon reduction, the need to improve the structure of energy carbon emissions, and the decline in the activity of the carbon market. The geographical detector results show that the level of economic development, the level of digital economy development, and innovation capability are important influencing factors of Beijing's carbon emissions. In the future, Beijing should deeply tap into the potential of urban emission reduction; continue to optimize the structure of energy carbon emissions; and further improve the construction of the carbon market.

Keywords: Beijing; Carbon Emissions; Beautiful China

B.9 Evaluation on the Effect of Beijing-Tianjin-Hebei

Green-high Quality Development Enabled by

Digital Economy of Capital   *Tang Jiangwei* / 139

Abstract: using the panel data of 13 prefecture level and above cities in Beijing Tianjin Hebei, this paper empirically tests the impact of Beijing Tianjin Hebei Digital Economy on Regional Green high-quality development. The empirical results show that: the development of Beijing Tianjin Hebei digital economy has a significant positive role in promoting the regional green high-quality development. The development of Beijing Tianjin Hebei digital economy has effectively promoted the regional green high-quality development by promoting the upgrading of regional industrial structure and reducing carbon emissions through technology upgrading and data elements. The impact of digital economy on green high-quality development has obvious threshold effect. Because the development of digital economy needs to go through the process of gradual transmission and manifestation of industrial investment, technology upgrading and so on, the positive role in promoting green high-quality development will begin to manifest only when the development level of digital economy reaches a specific threshold level. Influenced by factors such as knowledge learning, policy imitation and competition among cities, and the implementation of the Beijing Tianjin Hebei integration strategy, the development of digital economy has a significant and positive spatial spillover effect on regional green and high-quality development. While promoting local green and high-quality development, the development of digital economy in central cities with Beijing as the core will also have a significant spatial spillover effect on surrounding areas.

Keywords: Digital Economy; Green Developmet; Spatial Effects; Beijing-Tianjin-Hebei

B. 10   Research on the Contribution Differences of Green Technology Innovation Entities in Beijing   *Liu Xiaomin* / 153

Abstract: Green technology innovation is key to addressing climate change and promoting sustainable resource utilization. In 2024, Beijing proposed building an international benchmark city for the green economy, requiring an average annual growth of 10% in green invention patents. This study, based on Beijing's green technology patent data since 2000, analyzes the development status, trends, and challenges from the perspectives of listed companies and research institutions, and proposes policy recommendations. The research finds that green patent applications and grants in Beijing have continued to grow since 2000, peaking in 2018; after 2019, utility model patents significantly declined. Research institutions and listed companies exhibit differentiated characteristics in green invention patent applications and grants, mainly influenced by the 2018 patent application policy adjustments and local regulations in Beijing. Recommendations include: establishing a systematic innovation development guarantee mechanism to ensure the sustainability of green innovation; improving funding and incentive policies for research institutions, implementing precise funding and long-term incentives;

ensuring the continuity of green invention patent applications by listed companies; strengthening talent cultivation in universities and research institutions, deepening industry-university-research collaboration, and encouraging partnerships between research institutions and enterprises; and continuously enhancing innovation support for green transportation and building energy efficiency industries, while improving the green technology innovation ecosystem.

Keywords: Green Invention Patent; Green Utility Model Patent; Benchmark City for Green Economy; Beijing

B.11　The Effectiveness, Difficulties, and Enhancement Paths of Beijing's Construction of an International First-class Harmonious and Livable City　*Guo Ruiyu, Tan Shanyong* / 176

Abstract: The construction of Beijing into an international first-class harmonious and livable city is not only an important responsibility entrusted by the Party and the State, but also a necessary path for Beijing to promote the city's high-quality development. In 2024, the city's environmental quality was significantly improved, the achievements in social governance was outstanding, the city's economy was steadily growing, the city's safety and security was significantly improved, the level of openness and innovation was continuously improved, and the construction of an international first-class harmonious and livable city achieved outstanding results. However, due to various factors, there are difficulties and challenges in building Beijing into an international first-class harmonious and livable city, such as the dilemma of urban governance, resistance to economic growth, risks to urban safety, shortcomings in the quality of life, and limitations in the capacity for openness and innovation. As a next step, Beijing needs to solve the difficulties and challenges by improving the green ecological civilization system, strengthening urban governance, promoting the integration of numbers and realities, promoting upgrading through evacuation and remediation, as well as further strengthening the regional synergistic development and other paths or measures, in order to enhance Beijing's level of being an international first-class harmonious and livable capital to a greater extent.

Keywords: International First-class Harmonious and Livable City; Ecological Civilization; Urban Safety; Urban Governance; Openness and Innovation

B.12 Enhancing Tourism Public Services in Beijing's Sub-Center for the Construction of a Harmonious and Livable City

Zhao Yaping / 194

Abstract: As one of the two wings of Beijing's new development strategy, the strategic positioning of Beijing's sub-center is to serve as a demonstration zone for a world-class harmonious and livable capital. Tourism public services are an essential component of building a harmonious and livable city, and it plays a significant role in enhancing the city's overall image and attractiveness, improving residents' quality of life, and promoting social progress. However, there are still some issues in the tourism public services of Beijing's sub-center, such as the lack of systematic planning, a single supply entity leading to mismatched supply and demand, and the need to improve the quality of tourism public service personnel. It is advisable to draw lessons from international experiences in constructing diversified service systems, applying high-tech solutions, designing with a human-centered approach, and fostering cross-departmental collaboration. In the future development of tourism public services in Beijing's sub-center, it is necessary to strengthen top-level design to guide the prosperous development of tourism public services at a high level; enhance policy support to build high-standard tourism public service platforms; innovate driving methods to carry out comprehensive public welfare activities in tourism services; expand international cooperation to absorb development experiences through multiple channels; and improve institutional construction to establish a robust long-term mechanism for tourism public services.

Keywords: Harmonious and Livable City; Beijing Sub-center; Tourism Public Services

Ⅳ   Capital Metropolitan Area

B. 13   Thoughts on Accelerating the Construction of the Capital Metropolitan Area in the Context of the Coordinated Development of the Beijing-Tianjin-Hebei Region

Wang Xuetao, Lyu Jingwei / 210

Abstract: Under the impetus of the coordinated development of the Beijing-Tianjin-Hebei region, the construction of the capital's metropolitan area has achieved a series of remarkable results. These include the active relocation of non-capital functions, in-depth collaboration in industries, innovation, and talent, the interconnection of transportation infrastructure, and the improvement of public resource sharing, all of which have injected strong impetus into the construction of the capital's metropolitan area. By constructing an index system and measuring the level of coordinated development in the Beijing-Tianjin-Hebei region based on the distance collaboration model, this paper analyzes the constraints and bottlenecks of the coordinated development of the Beijing-Tianjin-Hebei region in promoting the construction of the capital's metropolitan area from aspects such as the mechanism and system, market-oriented reform, industrial collaboration, and resource flow. It proposes path choices such as promoting the construction of cross-regional coordination mechanisms, accelerating the pace of market-oriented reform, strengthening industrial collaboration, and promoting efficient resource flow, aiming to accelerate the construction process of the capital's metropolitan area through the coordinated development of the Beijing-Tianjin-Hebei region.

Keywords: Coordinated Development of Beijing-Tianjin-Hebei Region; Capital Metropolitan Area; Distance Collaboration Model

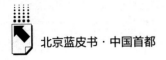
B.14   A Study on the Spatial Layout and Network Relationships

of the Robot Manufacturing Industry in the Beijing-

Tianjin-Hebei Region   *Zhao Jimin* / 226

Abstract: Promoting the optimized layout of high-end, precise, and advanced industries is a key task within the coordinated development strategy of the Beijing-Tianjin-Hebei region. The robotics industry is a strategic pioneering sector in the coordinated development of the Beijing-Tianjin-Hebei region and a core component of high-end, precise, and advanced industries. It plays a crucial role in driving the regional economic transformation and upgrading, as well as enhancing the competitiveness of cities. Based on the industrial and commercial data, branch data, and foreign investment data of robotics manufacturing enterprises in 13 cities within the Beijing-Tianjin-Hebei region, we analyzed the current development status of the robotics industry in the region and the network relationships of these enterprises' branches and foreign investments in other domestic cities. Using social network analysis methods and the Alderson-Beckfield translation model, we explored the directions for further optimizing the layout of the robotics industry in the Beijing-Tianjin-Hebei region from the perspective of enterprise connections.

Keywords: Beijing-Tianjin-Hebei Region; Robot; Spatial Layout; Network Relationship

B.15   Research on Innovative Operation Mode of Urban Rail

Transit in the Capital City Circle Based on Free Seat

Lu Xiaocheng / 237

Abstract: Innovation in the operation mode of rail transit in the capital metropolitan area is an inevitable requirement for improving urban transportation efficiency and enhancing passenger travel experience. With the continuous improvement of the rail transit network, the issue of ticket buying has been greatly improved and advanced. However, during peak commuting periods, holidays such as the Spring Festival, and hot routes, the phenomenon of difficulty in obtaining tickets remains prominent due to the explosive growth of passenger travel and other constraints. By conducting on-site inspections of the Tokyo metropolitan area's rail transit, especially the Shinkansen (similar to China's high-speed rail), the practice of setting up free seats, no designated seats, and train numbers has fundamentally solved the problem of no tickets or difficulty in buying tickets. We should learn from the important experience and development model of setting up free seats in Tokyo Metro, further optimize the carriage setting and operation mode of railway trains within the Chinese capital metropolitan area, promote free seat carriages and moderately increase the number of no seat tickets, effectively solve historical difficulties such as ticket buying difficulties, improve the operational efficiency of rail transit, enhance passenger travel experience, and contribute to the high-level construction and high-quality development of the China's capital metropolitan area.

Keywords: Capital Metropolitan Area; Rail Transit; Operation Mode; Tokyo Metropolitan; Free Seat Experience

B . 16   A Study on the Image Construction of Beijing as the National Cultural Center within the Context of the Beijing-Tianjin-Hebei Metropolitan Region

Yuan Yuan / 252

Abstract: The national cultural center is an important function of Beijing as the capital. Fully leveraging the exemplary role of Beijing as the national cultural center is of great significance for building a strong socialist cultural nation and creating a world-class cultural landmark. The Beijing-Tianjin-Hebei region is characterized by geographical proximity, close human connections, and a shared cultural heritage. These factors provide a profound historical and cultural resource base for Beijing to become a capital of advanced socialist culture with Chinese characteristics. Moreover, the coordinated development of culture in the Beijing-Tianjin-Hebei region can further promote the high-quality construction of the modern capital metropolitan area and shape a world-class urban agglomeration in the region. On the basis of exploring Beijing's own cultural strengths, the coordinated development of historical and cultural resources in the Beijing-Tianjin-Hebei region can create a "one-core, two-wings" development pattern. By empowering this process with digital technology, a fully integrated cultural industry chain across the Beijing-Tianjin-Hebei region can be established. This will effectively enable Beijing to play its exemplary role as the capital in leading regional economic development through cultural influence.

Keywords: National Cultural Center; Beijing-Tianjin-Hebei Metropolitan Region; Cultural Coordination in the Beijing-Tianjin-Hebei Area

B.17　Problems and Countermeasures for the Development of High-skilled Talents in Beijing-Tianjin-Hebei Region

Tian Lei / 264

Abstract: Skilled personnel are an important force supporting 'made in China' and 'created in China', and also a support and factor guarantee for promoting the coordinated development of the Beijing-Tianjin-Hebei region. With the in-depth adjustment of industrial structure and the continuous optimization of industrial cooperation pattern, under the framework of the integrated development of talents in the Beijing-Tianjin-Hebei region, the three places have gradually realized measures linkage and resource sharing in the introduction of skilled talents, through training, evaluation services, and personnel exchanges. At present, there are three dislocations in promoting the development of high-skilled talents in the Beijing-Tianjin-Hebei region: the dislocation of industrial transformation and the skill structure of existing workers; The mismatch between the supply of skill training and the demand of industry; Employee development needs are misaligned with enterprise evaluation system. To this end, the leading role of Beijing as the leading city should be brought into play to improve the concentration level of high-skilled talents in Beijing-Tianjin-Hebei; Improve the design of cross-regional policies and systems related to the cultivation, use, evaluation and incentive of skilled personnel; Based on the pattern and characteristics of competitive industries and emerging industries, promote the construction of a high-skilled personnel policy system for the development of new quality productivity; Improve the skill-oriented salary distribution and long-term incentive system, create a good environment for the development of highly skilled talents, promote the deep integration of talent chain and innovation chain industrial chain capital chain, and promote the Beijing-Tianjin-Hebei cooperation towards a new journey of Chinese-style modernization.

Keywords: Beijing-Tianjin-Hebei; Highly Skilled Personnel; Talent Power

V International Experience

B. 18 Comparative Study on Industrial Clusters and Innovation

Systems in the Beijing-Tianjin-Hebei Metropolitan Region

and the Tokyo Bay Metropolitan Area *Xu Shuang* / 279

Abstract: As global economic integration and regional coordination accelerate, industrial clusters and innovation systems have emerged as critical drivers of high-quality regional economic development. The Beijing-Tianjin-Hebei Metropolitan Region and the Tokyo Bay Metropolitan Area are two representative national regions in China and Japan, respectively, playing indispensable roles in the formation of industrial clusters and the development of innovation systems within the global value chain. This study compares the characteristics of industrial clusters in the Beijing-Tianjin-Hebei Metropolitan Region and the Tokyo Bay Metropolitan Area, exploring their similarities, differences, and interaction mechanisms in development, technological innovation, and policy implementation.

By analyzing the innovation systems in these two regions, the study proposes policy recommendations to optimize the industrial clusters and innovation systems in the Beijing-Tianjin-Hebei Metropolitan Region, providing valuable theoretical and practical insights for advancing the region's high-quality economic development.

Keywords: Beijing-Tianjin-Hebei Metropolitan Region; Tokyo Bay Metropolitan Area; Industrial Clusters; Innovation Systems; Regional Integration and Coordinated Development

B.19 Beijing's Creation of High-Quality Cultural and Tourism Themed Tours: International Experience and Countermeasures-Taking the Beijing Central Axis as an Example *He Renwei / 292*

Abstract: As an important window to showcase the charm of Chinese civilization, the development of cultural and tourism themed tours along the Beijing Central Axis still faces many challenges. This report draws on the successful experiences of the protection, inheritance, and utilization of world cultural heritages such as the Eiffel Tower in Paris, the Colosseum in Rome, and the Kinkaku-ji Temple in Kyoto. Countermeasures and suggestions are put forward to create high-quality cultural and tourism themed tours along the Beijing Central Axis and contribute to the construction of an international consumption center city. These measures include developing creative tourism products, deeply exploring cultural connotations, improving infrastructure and services, strengthening international promotion and marketing, and promoting the in-depth integration of tourism with communities and business districts.

Keywords: International Consumption Center City; Beijing Central Axis; Cultural and Tourism Integration

B. 20   International Experience and Promotion Path of High

Quality Development of Beijing's Nighttime Economy

Abstract: Beijing has regarded the nighttime economy as an important means to build a city brand, construct an international consumption center city, and an international first-class harmonious and livable capital. Beijing's nighttime economy has developed relatively rapidly in recent years and ranks among the top in major cities across the country. However, at the same time, there are still some problems in the supply system of the Beijing's nighttime economy, such as insufficient industrial layout, unrich business formats and contents, and the need to optimize the development environment. Based on the experience models of international metropolises in developing the nighttime economy, this paper provides references for the high-quality development of the Beijing's nighttime economy. It is proposed that in the new stage of the development of the Beijing's nighttime economy, a systematic thinking should be adhered to, and high-quality development should be comprehensively promoted from aspects including top-level design, scene cultivation, industrial development, and precise governance.

Keywords: Beijing; Nighttime Economy; International Consumption Center City; Harmonious and Livable City

B. 21   Experience and Inspiration from the Evolution of

Employment Circles of the Population in International

Metropolitan Areas

Abstract: This article discusses the experience and inspiration from the evolution of employment circles of the population in metropolitan areas. The article points out that in the advanced stage of urbanization, the evolution of employment circles of the population in metropolitan areas is crucial to regional development.

The article first analyzes the evolution characteristics of the metropolitan areas of London, Tokyo and Paris, including green ecological planning, multi-center pattern, regional coordinated development, etc.. Secondly, through in-depth research, it provides insights into the laws of urban development and provides a scientific basis for urban planning. Then it discusses the spatial pattern characteristics and evolution trends of China's employment circles. Finally, the article proposes inspirations including strengthening planning guidance, promoting green development, improving the transportation system and optimizing the industrial structure to promote the reasonable distribution of employment circles and sustainable urban development.

Keywords: Metropolitan Area; Employment Circle; Urbanization

B.22 International Experience Reference of Urban-rural Integration Development and its Enlightenment to Beijing   *Fang Fang* / 332

Abstract: Urban-rural integration development is an important lever to solve the problem of imbalanced urban-rural development and build new development pattern in the new development stage, which puts forward higher requirements for the modernization ability of urban and rural planning and governance in China. Some developed countries abroad have explored the exploration of urban-rural balanced development strategies at an early stage and have accumulated practical experience in promoting urban-rural equilibrium and rural development. Based on a review of the practices of urban-rural balanced development in the Greater Paris region of France and urban-rural equivalence in Bavaria, Germany, this paper summarizes the conceptual connotations and policy implications of urban-rural integration development, and finally puts forward innovative approaches for Beijing to promote urban-rural integration development in the new era.

The research shows: there is consistency in the conceptual connotations of promoting urban-rural integration development in the Greater Paris region of France and Bavaria in Germany, which menifests respecting the differences between urban and rural areas, emphasizing the leading role of cities, and taking rural development as the focus of urban-rural reform. Moreover, through targeted policies, they adopt the measures such as promoting the upgrading of urban and rural industries, formulating laws and regulations for agriculture and rural areas, and improving the rural environment, which bring positive results in urban-rural relations.

On the basis of drawing on the experience of urban-rural integration development abroad, this paper explores the optimized path of urban-rural integrated development in Beijing through the measures such as repositioning the new urban-rural relationship, optimizing the planning and layout of urban-rural industrial integration, creating a diversified rural industrial system, and constructing a supporting system for urban-rural integration development.

Keywords: Urban-rural Integration Development; Urban-rural Balanced Development; New Urban-rural Relationship

社会科学文献出版社

皮 书

智库成果出版与传播平台

❖ 皮书定义 ❖

皮书是对中国与世界发展状况和热点问题进行年度监测，以专业的角度、专家的视野和实证研究方法，针对某一领域或区域现状与发展态势展开分析和预测，具备前沿性、原创性、实证性、连续性、时效性等特点的公开出版物，由一系列权威研究报告组成。

❖ 皮书作者 ❖

皮书系列报告作者以国内外一流研究机构、知名高校等重点智库的研究人员为主，多为相关领域一流专家学者，他们的观点代表了当下学界对中国与世界的现实和未来最高水平的解读与分析。

❖ 皮书荣誉 ❖

皮书作为中国社会科学院基础理论研究与应用对策研究融合发展的代表性成果，不仅是哲学社会科学工作者服务中国特色社会主义现代化建设的重要成果，更是助力中国特色新型智库建设、构建中国特色哲学社会科学"三大体系"的重要平台。皮书系列先后被列入"十二五""十三五""十四五"时期国家重点出版物出版专项规划项目；自2013年起，重点皮书被列入中国社会科学院国家哲学社会科学创新工程项目。

权威报告·连续出版·独家资源

皮书数据库
ANNUAL REPORT(YEARBOOK)
DATABASE

分析解读当下中国发展变迁的高端智库平台

所获荣誉

- 2022年，入选技术赋能"新闻+"推荐案例
- 2020年，入选全国新闻出版深度融合发展创新案例
- 2019年，入选国家新闻出版署数字出版精品遴选推荐计划
- 2016年，入选"十三五"国家重点电子出版物出版规划骨干工程
- 2013年，荣获"中国出版政府奖·网络出版物奖"提名奖

皮书数据库

"社科数托邦"
微信公众号

成为用户

　　登录网址www.pishu.com.cn访问皮书数据库网站或下载皮书数据库APP，通过手机号码验证或邮箱验证即可成为皮书数据库用户。

用户福利

- 已注册用户购书后可免费获赠100元皮书数据库充值卡。刮开充值卡涂层获取充值密码，登录并进入"会员中心"—"在线充值"—"充值卡充值"，充值成功即可购买和查看数据库内容。
- 用户福利最终解释权归社会科学文献出版社所有。

数据库服务热线：010-59367265
数据库服务QQ：2475522410
数据库服务邮箱：database@ssap.cn
图书销售热线：010-59367070/7028
图书服务QQ：1265056568
图书服务邮箱：duzhe@ssap.cn

社会科学文献出版社 皮书系列
SOCIAL SCIENCES ACADEMIC PRESS (CHINA)
卡号：534941522884
密码：

S 基本子库
SUB DATABASE

中国社会发展数据库（下设 12 个专题子库）

紧扣人口、政治、外交、法律、教育、医疗卫生、资源环境等 12 个社会发展领域的前沿和热点，全面整合专业著作、智库报告、学术资讯、调研数据等类型资源，帮助用户追踪中国社会发展动态、研究社会发展战略与政策、了解社会热点问题、分析社会发展趋势。

中国经济发展数据库（下设 12 专题子库）

内容涵盖宏观经济、产业经济、工业经济、农业经济、财政金融、房地产经济、城市经济、商业贸易等 12 个重点经济领域，为把握经济运行态势、洞察经济发展规律、研判经济发展趋势、进行经济调控决策提供参考和依据。

中国行业发展数据库（下设 17 个专题子库）

以中国国民经济行业分类为依据，覆盖金融业、旅游业、交通运输业、能源矿产业、制造业等 100 多个行业，跟踪分析国民经济相关行业市场运行状况和政策导向，汇集行业发展前沿资讯，为投资、从业及各种经济决策提供理论支撑和实践指导。

中国区域发展数据库（下设 4 个专题子库）

对中国特定区域内的经济、社会、文化等领域现状与发展情况进行深度分析和预测，涉及省级行政区、城市群、城市、农村等不同维度，研究层级至县及县以下行政区，为学者研究地方经济社会宏观态势、经验模式、发展案例提供支撑，为地方政府决策提供参考。

中国文化传媒数据库（下设 18 个专题子库）

内容覆盖文化产业、新闻传播、电影娱乐、文学艺术、群众文化、图书情报等 18 个重点研究领域，聚焦文化传媒领域发展前沿、热点话题、行业实践，服务用户的教学科研、文化投资、企业规划等需要。

世界经济与国际关系数据库（下设 6 个专题子库）

整合世界经济、国际政治、世界文化与科技、全球性问题、国际组织与国际法、区域研究 6 大领域研究成果，对世界经济形势、国际形势进行连续性深度分析，对年度热点问题进行专题解读，为研判全球发展趋势提供事实和数据支持。

法律声明